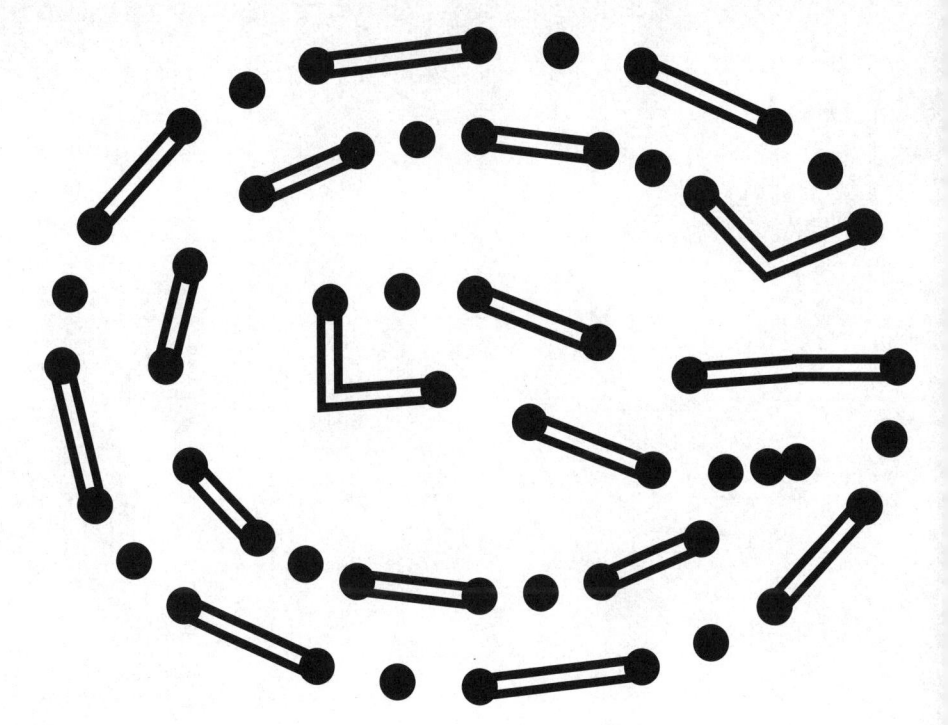

나란 무엇인가?

프롤로그

이런 잡지

김대식 뇌과학자

아름다운 숲속에 빽빽이 들어선 나무들을 잘라 삶고 찝니다. 이렇게 얻은 펄프에서 불순물을 걸러내고 표백을 해 하얀 종이를 얻습니다. 거대한 종이 롤을 더 거대한 인쇄기에 넣어 돌리면 글과 그림이 찍혀 나옵니다. 원하는 사이즈로 자르고 묶어주면 드디어 완성되는 책과 잡지. 참 복잡하고 번잡합니다.

이렇게 물어볼 수 있겠습니다. 화면으로 보고, 사진으로 찍고, 이 세상 어디에나 전달 가능한 온라인 콘텐츠가 가득한 오늘날 죽은 나무로 만든 종이 책과 잡지가 왜 필요할까요? 더구나 오프라인 인쇄물은 정적입니다. 페이지를 눌러도 변하는 것이 없고, 동영상은 상상조차 할 수 없습니다. 미래 소비자라는 젠지(Gen-Z)는 물론이고 밀레니얼조차도 종이 매체를 잘 찾지 않습니다. 그런데 종이로 만든, 움직이지도 않고 동영상도 나오지 않은 잡지가 이렇게 또 새로 나왔습니다. 무모한 걸까요, 아니면 죽어가는 매체에 대한 오마주일까요?
　　　먼저 생각해볼 일이 있습니다. 과거, 현재 그리고 미래의 차이는 무엇일까요? 미래는 아직 존재하지 않는 것이고, 과거는 현재의 우리가 더 이상 바꿀 수 없는 것들의 합집합이었습니다. 30만 년 전 호모 사피엔스가 동아프리카에서 탄생한 후부터 비교적 최근까지 그랬습니다. 과거 기록과 역사를 왜곡하려는 시도는 언제나 있었지만, 아날로그 세상에서는 완벽한 복제와 왜곡이 불가능합니다. 아무리 과거를 바꾸려 해도 왜곡의 흔적 역시 함께 보존되기 때문입니다.
　　　온라인 세상이 등장하자 이 모든 게 바뀌었습니다. 완벽한 복제가 가능한 온라인 세상에선 오리지널과 복제의 차이가 무의미해집니다. 디지털 콘텐츠는 언제나 재창출 가능하기에, 온라인 세상에서의 과거는 현재의 내가 추구하는 미래를 위해 언제든지 변형되고 재해석될 수 있습니다. 과거와 미래 모두 이기적인 현재의 노예가 되어가는 세상을 우리는 지금 경험하고 있는지도 모릅니다.
　　　콘텐츠도 여기서 예외가 될 수 없습니다. 모든 것이 변하는, 아니 반드시 변해야 하는 온라인 세상의 필연성 덕분에 빠른 변화가 가능해졌습니다. 그 결과 '얄팍함'은 어느새 '흥미로움'이 되었고, 변치 않는 '깊은 의미'는 '지루함'이 되어버렸습니다.
　　　이 시점에 질문해봅니다. 아날로그 콘텐츠는 정말 지루하기만 한 걸까요? 깊은 생각은 어쩔 수 없이 멋없고 정형화되어야 할까요? 스크린 터치 한 번으로 다른 동영상으로 점프할 수 있는 온라인 콘텐츠보다 더 쿨하면서, 동시에 생각과 마음을 터치해 나의 시선과 삶을 점프하게 해주는 오프라인 콘텐츠는 불가능한 걸까요?
　　　깊이와 흥미로움의 경계를 가볍고 자유롭게 오고가고 싶었습니다. 누구나 한 번쯤 품게 되는 질문을 지금의 문장과 감각으로 나누어보고 싶었습니다.

«매거진 G»가 그 자체로 지금 세상에 종이 잡지가 있어야 할 '존재'의 이유를 되묻듯, 이번 창간호는 다양한 분야의 필자들과 함께 생각해보았습니다. 도대체 '나'란 무엇일까요?

작가 전승환은 내 안의 또 다른 나, 새로운 나를 표현하는 데 적극적이 되자고 권하고, **통계물리학자 김범준**은 '관계'에 바탕을 둘 때 '나'가 성립하며 또 '더 나은 나'도 성립할 수 있다고 주장합니다. **사회학자 노명우**는 신분이나 계급 등이 '나'를 설명해주던 중세, 직업이 '나'를 설명해주던 20세기, 평생직업 신화가 사라지고 정체성 자체가 유동하는 21세기의 차이를 각각 서술하고, **번역가 신견식**은 한국어의 '나'라는 대명사에는 시제가 붙지 않지만 실제 삶에서 '나'의 정체성은 시간에 따라 변한다는 소박한 진실을 들려줍니다.

신경인류학자 박한선은 외부에 대한 감각과 느낌이 '나'와 '너'를 가르는 시발점이며, 이를 경계로 차별이 일어나거나 반대로 자아가 확장된다고 설명하며, **신경생물학자 강봉균**은 뇌의 구조 그리고 '기억'은 시시각각 달라지므로 '나'를 정적인 존재가 아니라 동적인 존재로 바라보아야 한다고 말합니다. **미생물학자 류충민**은 인간 몸과 미생물을 한 통으로 보는 '홀로바이옴' 개념을 소개하면서 '나'라는 존재는 미생물 등의 다른 존재와 항시 공생하고 있음을 알려주며, **천문학자 이명현**은 우주적 스케일에서 볼 때 인간인 '나'는 무척 미미한 존재이나 우주 자체를 생각할 수 있는 지적 존재라는 점에서 고귀하고 특별한 존재이기도 하다고 말합니다. **비교종교학자 오강남**은 '지금의 나'를 죽이고 '새로운 나'로 거듭나라는 화두가 힌두교, 불교, 유교, 기독교, 동학에서 어떻게 언급되는지 요약 설명하고, **만화가 정우열**은 카툰에세이를 통해 프리다이빙이 주는 자유, 중력에서 벗어났을 때 내가 느끼는 자유를 이야기합니다.

뇌과학자 김대식은 기술의 발전을 통해 '나'와 '자아'를 복제할 수 있을지 상상해보고, **작가 이묵돌**은 신체 이식이 보편화된 미래를 짧은 소설로 그려봅니다. **철학자 홍창성**은 서구의 '나' 개념이 '인간복제' 같은 현대적 화두를 설명하기에

한계가 있다고 지적하며 그 대안으로 불교의 무아 개념을
제시하며, **철학자 김상환**은 근대 이후 서구철학에서 '나'를 어떻게
정의해왔는지, 동양철학에서는 '나'를 어떻게 파악해왔는지
설명하면서 특정 인칭이나 모습으로 고정되지 않는 '아무개로서
나'를 기형도의 시를 토대로 정의합니다. **대중문화학자 이규탁**은
'나'를 이야기하는 대중가요 열 곡을 선정해 소개합니다.
　　　　작가 정여울은 모든 '나'는 타인의 비난에 쉽게 상처받지만
동시에 상처를 스스로 치유하며 성장할 수 있는 힘을 가지고
있다는 사실을 알려주고, **명상가 김도인**은 명상을 통해 기존의
나와 이별하고 새로운 나를 만나는 방법을 들려줍니다. **심리학자
김철수**는 외부 환경 대 나, 내 몸 대 내 마음, 내 마음의 밝은 면
대 어두운 면 등 경계를 어디에 긋느냐에 따라 나 자신에 대한
인식이 달라진다고 말합니다. **사회학자 오찬호**는 코로나19 사태
중에 발생한 '대구 혐오' 사례를 바탕으로 '부족적' 사고방식이
어떻게 '나-우리'와 '너-너희'를 가르는 차별을 조장하는지 짚고,
건축가 이일훈은 건물을 오직 소유의 대상으로 보려는 관점,
건축가 자신의 개성을 건축물에 투영하려는 욕망의 예를 들면서
'나'와 '건축'의 건강한 관계에 대해 말합니다. **문화인류학자 재레드
다이아몬드**는 짧은 인터뷰를 통해 오늘의 자신을 만든 세 가지
경험을 들려줍니다.

다양한 분야의 필자들에게 글을 받아 수록한 종이 잡지. 죽은
나무로 만든 종이에 겁 없이 인쇄해 버렸으니 더 이상 말을 바꿀
수도, 왜곡할 수도 없습니다. 글은 더 이상 변하지 않지만, 오늘
독자가 읽은 글이 내일 독자의 한 일부로 탈바꿈할 수 있다는
신비에 대해 생각하며 《매거진 G》를 세상에 소개합니다.

프롤로그

Tendency	우리에겐 더 많은 부캐가 필요하다
Surroundings	관계 속의 나
	퍼스낼리티의 작은 역사
Words	나의 현재 대명사
	SAYINGS

Mechanism	느낌의 시작과 경계의 진화
	뇌, 기억 그리고 나
Micro & Macro	미생물과 산다: '생물학적 나'에 대한 단상
	생각하는 별먼지
Beyond	심층 종교의 가르침과 나
	GRAVITY ZERO

Inspiring	나를 복제할 수 있을까
	견딜만한 존재의 가벼움
Deep thinking	무아無我
	나, 아무개 X
Pop culture	Sing for Myself
	Read Me: 나 읽기 도구들

Inner side	내 성장의 비밀: 비난에 대처하는 용기
	살면서 '나'와 몇 번 이별하셨나요?: 나와의 이별과 만남
	'나'와 '나 아님'을 가르는 일
Critic	당신은 어떤 부족의 사람인가요?
	집을 지을 것인가, 죄를 지을 것인가: '나'를 건축에 담는 방식
People	신중한 낙관주의자, 재레드 다이아몬드

컨트리뷰터
에필로그
이미지 출처

김대식	002
전승환	008
김범준	014
노명우	030
신견식	044
ⓖ	048
박한선	062
강봉균	082
류충민	094
이명현	108
오강남	122
OLDDOG	132
김대식	138
이묵돌	153
홍창성	178
김상환	196
이규탁	210
ⓖ	222
정여울	226
김도인	238
김철수	250
오찬호	264
이일훈	274
ⓖ	290
ⓖ	302
ⓖ	314
ⓖ	316

전승환 작가

더 많은
우리에겐 부캐가
필요하다

우리에게 저마다 다양한 인격이 존재한다면 어떨까. 특별히 병을 앓아서가 아니라, 원래 그것이 일반적인 상태라면? 언뜻 수긍이 잘 안 될 것이다. 내가 나라는 하나의 인격으로 살아가는 게 아니라 또 다른 사람이 되어 살아간다는 건 불가능해 보이니까. 하긴, 어제까지만 해도 내성적이고 소극적이던 사람이 갑자기 진취적인 성향으로 변한다면 처음엔 낯설고 놀라는 게 당연하다. 하지만 사실 병을 앓지 않아도 우리는 누구를 만나느냐에 따라, 어떤 상황에 있느냐에 따라 얼마든지 성격이 바뀐다. 나만 하더라도 소극적인 사람 중에선 제일 적극적인 사람이지만, 적극적인 사람 중에선 제일 소극적인 사람이니까.

우리 사회는 개인의 다양성이 존중되는 사회(가 되어가고 있)다. 예전에는 올곧고 한결같기를 사회적으로 강요하는 분위기였지만, 지금은 여러 모습을 보이는 사람을 점점 더 선호한다. 자신을 표현할 수 있는 다양한 방법이 생겨난 덕분일 텐데, 이와 같은 사회 분위기는 대중매체에서도 고스란히 드러난다. 여러 예능 프로그램에서 소위

'부캐'(원래 캐릭터가 아닌 또 다른 캐릭터)라 불리는 것이 등장하고 크게 인기를 끄는 것이 그 단적인 예시다. 신인 가수 '유산슬'로 활동했던 유재석, '린다G'로 활동했던 이효리처럼, 한 사람이 여러 모습으로 여러 이야기를 표현하는 것에 사람들은 열광한다. 아마도 그들의 모습을 보며 우리가 표출하고자 했던 내면의 욕구를 대신 충족하는 건 아닐까? 나는 이런 흐름이 굉장히 긍정적이라 생각한다. 굳이 엄격함에 갇혀 있을 필요 없이 자신의 다양한 모습을 '부캐'라는 형태로 보여주는 게 굉장히 건강해 보인다. 온순하기만 하던 사람이 술자리에서 분위기를 주도하는 사람으로 변하는가 하면, 활발한 사람인 줄 알았는데 주말만 되면 아기자기한 혼자만의 취미를 즐기며 집에서만 시간을 보내기도 한다. 아무렴 어떤가. 스스로 편하고 행복하기만 하다면.

     생각해보면 우리는 원래부터 다양한 모습을 내면에 가지고 있다. 하지만 그 모든 걸 쉽게 표현하지 못하며 살아왔다. 바로 타인의 시선 때문에. 우리가 평소와 다른 모습을 보였을 때, 헤어스타일이나 옷 스타일을 바꾸거나 평소와 다르게 말하고 행동했을 때, "너답지 않아", "너랑 어울리지 않아"라는 핀잔을 들어본 적 있는가? 그런데 한번 찬찬히 생각해보자. 나다운 게 대체 뭔가? "내 속엔 내가 너무도 많아"라는 어느 노랫말처럼 우리는 내 속에 내가, 너무도 다양한 내가 있다는 것을 이미 잘 알고 있다. 어제의 나와 오늘의 내가 다를 때도 있다. 오늘의 나는 싫지만, 내일의 나는 좋을 수도 있다. 자신에 대한 강한 확신이 들다가도 문득 내가 나를 잘 모르게 느껴질 때도 있다. 이렇게 갈팡질팡하고 우유부단한 자신이 밉다가도 좋아지는 것이 바로 '나'란 존재다.

     "너 원래 안 그랬잖아", "너 원래 그런 애였잖아"라는 말들은 알게 모르게 서로의 다양성을 해친다. 이제 그 말에 숨은 획일성의 함정을

피해야 한다. '원래 그런 사람'은 없다. 부모나 연인조차도 우리의 마음을 모른다. 상대의 모습이 자신의 생각과 다르다고, 그것이 '원래의 모습'과 다르다고 쉽게 말해선 안 된다. 누구도 다른 이를 쉽게 재단하며 틀에 가둘 수 없다. 심지어 스스로도 말이다. 사람들은 시간에 따라, 환경이나 상황에 따라 계속 변한다. 우리는 사회적 동물이기에 서로 끊임없이 영향을 주고받는다. 때론 그런 변화가 자기 자리에서 살아남기 위한 몸부림일 수도 있다. 도태되기 싫어서, 또는 돋보이고 싶어서 다르게 행동하는 것이다. 그런 모습에 스스로 지칠 때도 당연히 있겠지만, 괜찮다. 잊지 말아야 할 것은 우리는 얼마든지 그런 다양한 모습을 소화할 수 있는 존재라는 것이다. 내가 생각하지 못했던 나의 모습에 부끄러워하거나 혼란스러워하지 않아도 된다. 신대륙을 발견한 탐험가의 마음처럼, 그 새로운 모습을 기꺼이 받아들이고 호기심을 가지고 탐구하는 자세만 필요하다. 인생이란 원래 그렇게 자신도 미처 몰랐던 면을 끊임없이 발견해가면서, '나'라는 존재를 탐험하는 여정일 테니까.

  우리는 모두 행복을 추구하지만, 사실 행복은 딱 고정된 결승점에 도달했을 때만 얻을 수 있는 게 아니다. 결승점을 향해 나아가는 과정에서 생기는 부산물이다. 우리가 사랑하는 가족, 연인, 친구와 만나 시간을 보낼 때, 딱 '목적'에 맞는 뭔가를 '달성'해야 행복한 게 아니라 행복을 느끼는 지점들이 매번 달라지는 것처럼 말이다. 사랑하는 연인이 머리를 묶으면 어떻고 풀면 또 어떤가. 어제는 푼 게 예쁘고, 오늘은 묶은 게 예쁜 게 사랑인데!

  이제 마음이 너무 잘 바뀐다고, 내 속에 내가 너무도 많다고 너무 고민하지 말자. '나'라는 존재를 울타리 속에 가둬두지 말고 좀 더 많은 가능성과 확장성에 주목하자. 미처 알지 못했던 자신의 모습이 보이면,

당황하거나 불편해하지 말고 충분히 생각해보고 즐기는 것이다. '아, 나에게도 이런 점이 있었구나' 하며 당신이 마음에 들어하는, 남의 시선이 아닌 스스로 생각할 때 자신과 어울리는 모습을 찾아가는 것이다. 우리 인생에 어떻게 살아야 한다는 정해진 답은 없다. 그저 우리가 원하는 대로, 진짜 하고 싶은 것을 찾아 한 발 한 발 나아갔으면 한다.

　　나는 당신의 다양한 모습이 너무나도 궁금하다.
　　내 속에 내가 너무도 많아서 걱정하는 대신, 어떤 나를 세상에 먼저 보여줄지 설렜으면 좋겠다.
　　당신의 새로운 모습은 언제든지 대환영이다.

관계 속의

통계물리학자

김범준

나

세상을 함께 살아가는 우리 모두는 다른 이들과 관계를 맺고 있다. 누군가의 딸, 아들이면서 누군가의 어머니, 아버지이기도 하고, 누군가의 친구이며 또 누군가의 직장 상사이기도 하다. 내가 누구인지는 결국 수많은 다른 이들과의 관계에 의해 규정된다. 처음 만나는 사람에게 자신이 어떤 사람인지 소개할 때 우리는 모든 관계에서 독립된 '나' 자체가 아닌, 내가 속한 관계를 얘기할 때가 많다. 내가 맺은 수많은 관계를 제외하고 나를 설명하는 것은 가능하지 않다. 그렇게 설명된 나는 내가 아니다.

"그 사람을 알고 싶으면 그 친구를 보라"는 말이 있다. 그의 친구가 어떤 사람인지 알아야 그 사람을 제대로 이해할 수 있다는 뜻이다. 그런데 문제가 있다. 그의 친구가 어떤 사람인지 알고 싶으면 이제 또 그의 친구의 친구가 어떤 사람인지 알아야 한다. 그 사람이 어떤 사람인지 알려면 또 그 사람의 친구를 알아야 한다. 이 과정의 연쇄가 이어지다 보면, 결국 전 세계 모든 이들이 어떤 사람인지 알아야 우리는 특정한 한 사람을 알 수 있게 된다. 한 사람이 누군지 알고 싶어 상상의 양팔저울의 왼쪽 팔에 올리면, 저울 반대쪽 오른편에는 그 사람을 제외한 지구인 모두를 올려야 한다는 뜻일 수 있다. 아니, 우리 각자가 관계 맺는 상대가 사람에만 국한되지는 않으니, 나와 관련된 우주의 모든 존재를 반대쪽 팔에 올려야 할 수도 있겠다. 필자 주변 과학자들은 비과학적 해석이라고 하겠지만, 한 사람의 존재의 무게는 다른 모든 존재의 총 무게와 같다고 얘기할 수도 있다.

관계를 맺고 있는 다른 모든 이를 무시하고서는 우리는 결코 어느 한 사람도 이해할 수 없다. 그렇다면 도대체 우리 모두는 어떤 방식으로 서로 연결되어 있는 걸까?

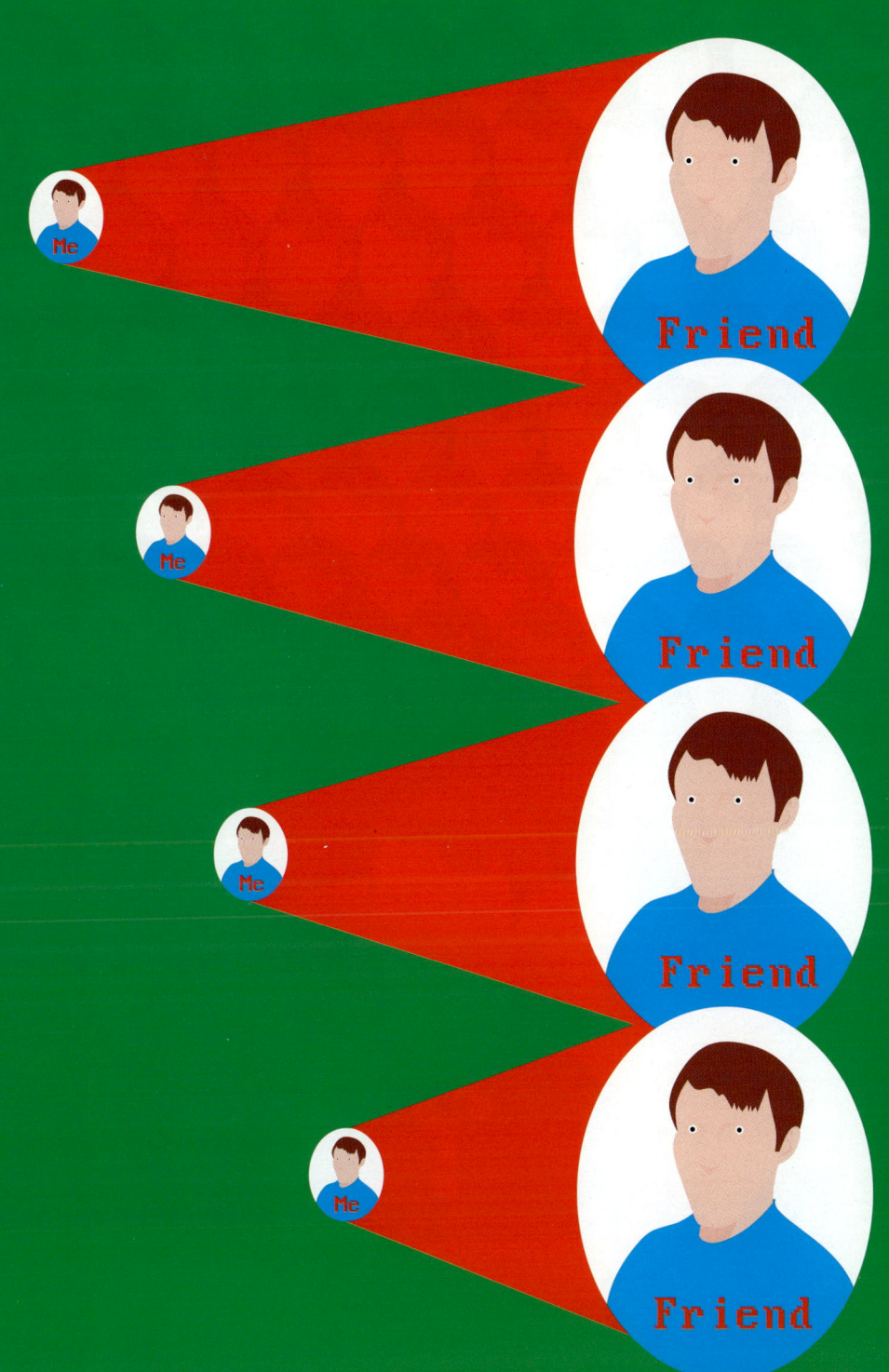

내 친구의 친구의 친구

우리는 한 번도 만난 적 없는 사람과도 놀랍도록 짧은 단계를 통해 연결될 수 있다. 시외버스 옆자리, 처음 뵙는 분과 얘기를 나누다 필자와 그분의 공통 지인이 있다는 것을 알게 되어 깜짝 놀랐던 기억이 있다. 이런 일이 생기면 우리는 "와, 참 세상 좁네요"라고 말하고는 한다. 사회에서 서로 관계 맺고 살아가는 사람들이 놀랍도록 짧은 단계로 연결된다는 현상의 이름이 바로 '좁은 세상 효과'다. 독자도 한번 돌이켜보라. 비슷한 경험을 한 적이 있을 것이다. 우연이 거듭된다는 것은 그럴 수밖에 없는 필연적인 이유가 있다는 뜻이다. 좁은 세상 효과가 생기는 이유는 뭘까? 가장 먼저 물어야 할 질문이 있다. 우리 각자에게는 친구가 몇 명 있을까?

이 질문에 대한 답이 딱 하나인 것도, 답이 명확한 것도 아니다. 친구 혹은 지인의 기준이 사람마다 천차만별이기 때문이고, 또 내가 친구라고 생각하는 사람이 마찬가지로 나를 친구라고 생각한다는 보장이 없기 때문이기도 하다. 매일 얼굴을 보는 정말 가까운 사람이 아니라 어느 정도 느슨한 사회관계를 유지하는, 좀 쑥스러울 수는 있어도 전화로 안부 정도는 물을 수 있는 사람을 '친구'라고 가정해보자. 지금 이 글을 읽고 있는 독자도 어렵지 않게 그 수를 개략적으로 파악해볼 수 있다. 휴대전화의 연락처 목록을 열고 "흠… 이 사람 정도면 전화로 안부는 물을 수 있지"라고 생각한 사람의 수를 세어보면 된다.

영국의 인류학자 로빈 던바(Robin Dunbar)의 연구가 바로 이러한 사회관계의 크기에 대한 것이었다. 던바의 연구에 따르면 우리 각자는 평균 150명 정도와 안정적인 사회관계를 유지한다. 즉, 사회연결망에서

'한 단계'에 나와 연결되는 직접적인 지인의 수가 바로 150명 정도다. 이 '150'을 '던바의 수(Dunbar's number)'라고 한다.

그렇다면 한 다리 건너서, 즉 '두 단계'에는 몇 명과 연결될까? 이런 계산을 할 때 물리학자들은 대충의 크기만을 어림짐작해보는 방식을 선호한다. 이 간단한 문제의 답은 150에 150을 곱한 '2만 2,500명'이지만, 우리는 대충의 크기가 궁금할 뿐이다. 두 단계에 연결되는 사람이 1,000명 정도인지 1만 명 정도인지, 아니면 10만 명 정도인지가 궁금할 뿐, 2만 2,000명과 2만 2,500명 중 어느 값이 더 정확한지에 관심이 있는 것이 아니다. 이럴 때는 과감하게 던바의 수 '150'을 '100'으로 어림해 계산하는 것이 훨씬 더 쉽고 편하다. 어차피 던바의 수도 정확한 추정이 아닌 근사적으로 구해진 평균값이라는 것을 생각하면 크게 문제 삼기는 어려운 그럴듯한 어림 방법이다.

자, 우리 각자의 친구 수를 100명으로 어림하면, 우리는 두 단계에 1만 명과 연결된다. 같은 계산을 계속 이어가면 세 단계에는 100만 명, 네 단계에는 1억 명, 다섯 단계에는 무려 100억 명과 연결된다. 모든 사람에게 친구가 딱 100명씩 있다고 가정해도 우리는 다섯 단계에 전 세계인 모두와 연결된다.

좁디좁은 세상

지금까지의 논의를 비판적으로 살펴본 독자라면, 위의 결론에 이르는 과정에서 필자가 슬쩍 구렁이 담 넘어가듯 대충 건너뛴 점이 있다는 것을 알아챘을 수도 있다. 내 친구가 100명, 그리고 내 친구 100명 각각의 친구가 또 100명이라고 해서, 두 단계에 내가 1만 명과 연결될 수는 없다.

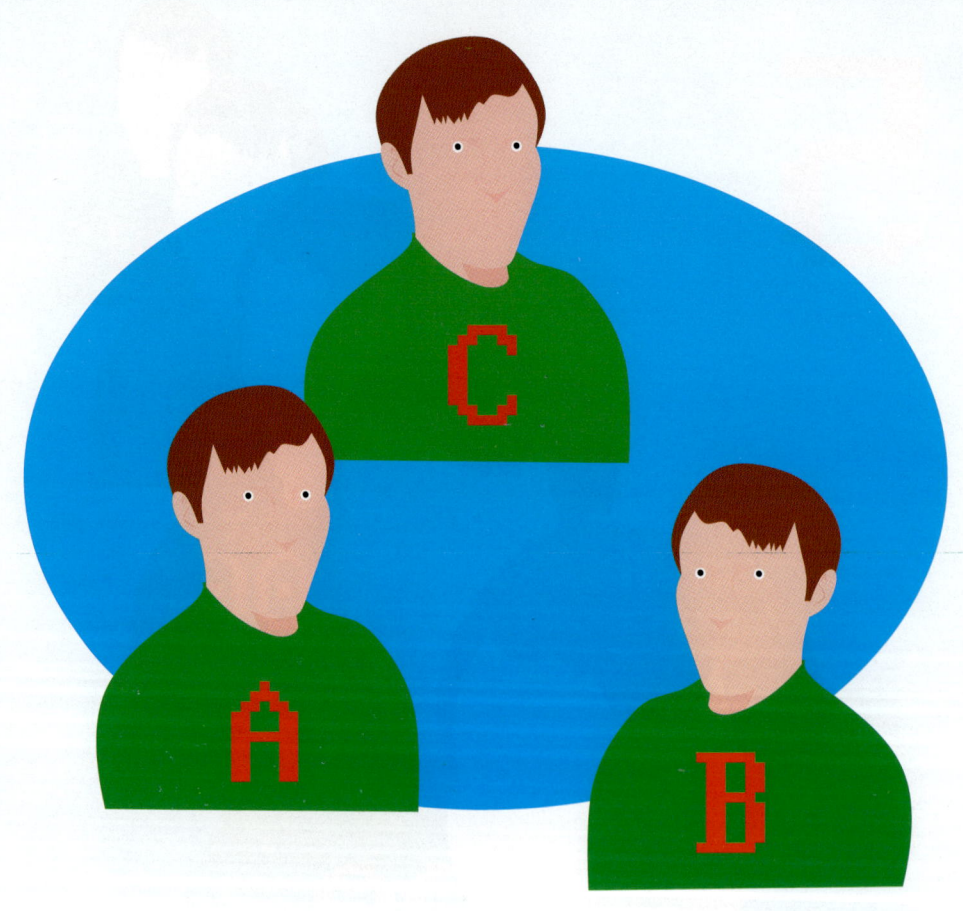

내 친구의 친구 중에는 이미 내 친구 100명에 들어 있던 친구도 많기 때문이다. 나, 내 친구 한 명, 그리고 나와 친구의 공통 친구 한 명, 이렇게 세 명으로 구성된 작은 사회연결망을 그림으로 그리면 삼각형 꼴이 된다. 만약 나와 내 친구 사이에 공통의 친구가 단 한 명도 없어서 사회연결망에 삼각형이 단 하나도 없다면, 나는 두 단계에 1만 명과 연결될 수 있다. 하지만 현실의 연결망에는 제법 많은 삼각형이 있다.

삼각형의 밀도는 사회연결망 구조가 주어지면 어렵지 않게 계산할 수 있다. 내 친구 중 두 명을 고르는 경우의 수를 계산해보자. 친구가 세 명이면 (A, B), (B, C), (C, A)이니 경우의 수는 '3'이다. 네 명이면 '6'이고, N명이면 $N(N-1)/2$가 된다. 이 경우의 수와 내 친구 둘이 실제로 서로 친구관계인 경우의 수를 세어서 두 숫자의 비를 구하면 삼각형의 밀도를 계산할 수 있다. 내 친구 A, B, C 중 A와 B만 서로 친구관계라면, 밀도는 1/3이다. 여러 사회연결망 연구에 의하면 삼각형의 평균 밀도는 20~80퍼센트 정도다. 필자도 현실의 연결망을 이용해 삼각형의 밀도를 계산해본 적이 있다. 대학생들은 수업을 여러 개 듣는다. 이들이 수업을 통해 어떻게 서로 연결되는지 익명의 데이터로 살펴봤다. 계산해보니 이 연결망의 삼각형 밀도는 40퍼센트였다.

우리 각자에게 친구가 100명씩 있다고 해도, 수많은 삼각형의 존재로 말미암아 우리는 두 단계에 '100명 곱하기 100명'보다는 적은 수의 사람과 연결된다. 하지만 나와 내 친구 사이에 공통으로 겹치지 않는 친구가 10명씩은 있다고 가정하면 '10 곱하기 10'씩은 늘어나는 꼴이 된다. 아마 현실에서 단계가 거듭될 때마다 곱해지는 수는 '10'과 '100' 사이 어디쯤의 수일 것이다.

미국의 사회심리학자 스탠리 밀그램(Stanley Milgram)의 실험 결과에 따르면 인구가 3억 명인 미국에서 임의로 택한 두 사람을 연결하는 사회관계의 길이는 평균 여섯 단계다. 잠깐 계산기를 눌러보니, '26'을 여섯 번 곱하면 3억 정도가 된다. 즉, 밀그램의 실험결과에 따르면 단계가 거듭될수록 연결되는 사람의 수가 평균 26배씩 늘어나는 셈이다. 일곱 단계에 연결되는 사람의 수도 알 수 있다. 26을 일곱 번 곱한 값, 약 80억 명이다. 즉, 밀그램의 실험 결과가 미국 밖에서도 유효하다면 전 세계인은 평균 일곱 단계에 연결된다는 결론이 나온다.

전 세계인이 일곱 단계라는 짧은 사회관계 경로로 연결된다는 결론은 다른 방식으로도 쉽게 얻을 수 있다. 이 글을 읽고 있는 한국인 독자가 미국인 한 사람과 연결되는 경로를 가정해보면 된다. 미국 안에서 여섯 단계이니, 미국에 살고 있는 사람을 딱 한 명만 알고 있어도 독자는 미국인 모두와 일곱 단계면 연결된다. 혹시 아는 사람이 단 한 명도 없다면, 미국에 지인이 있는 한국인 친구에게 연결을 부탁하면 된다. 직접 알고 있는 사람이 있든 없든, 독자는 단 한 번도 만난 적 없는 임의의 미국인과 길어야 여덟 단계면 연결된다. 독자에게 무언가 특별한 점이 있어서도 아니고, 우리나라가 딱히 미국과 가까워 일고여덟 단계라는 결과가 얻어지는 것이 아니라는 점이 중요하다. 지구 위 어디에 살든, 우리 각자는 전 세계인 대부분과 약 일곱 단계면 연결된다. 앞서 소개한 대학교 수강신청 익명 데이터로 살펴보니, 두 학생 사이의 평균적인 연결 단계 길이도 무척 짧았다. 약 1.9에 불과했다. 대학 캠퍼스에서 우연히 마주친 처음 본 학생이라도 평균적으로는 딱 한 명의 다른 학생을 통해 서로 연결될 수 있다는 뜻이다. 같은 대학의 학생이라면 함께 수업을 듣고 있거나, 함께 수업을 듣는 공통의 지인이 있다는 얘기다.

이처럼 우리가 사는 세상은 정말로 좁은 세상이다. 일곱 단계 정도면 전 세계의 누구와도 연결될 수 있다. 미국의 대통령, 남미의 농부, 알래스카의 에스키모, 모두와 말이다. 우리가 사는 세상은 정말 좁다.

전체가 부분의 합보다 큰 이유

필자는 물리학자다. 물리학에서도 관계는 중요하다. 물리학에서는 '관계'라는 말을 '상호작용'이라는 용어로 달리 부른다. 상호작용하는 많은 입자들이 어떠한 거시적인 특성을 보여주는지는 필자가 속한 통계물리학 분야의 전통적인 연구 주제다. 이 통계물리학에서 자명한 사실이 하나 있다. 입자가 아무리 많이 모여 있어도 서로 상호작용하지 않는다면, 전체를 이해하기 위해서는 이 중 딱 하나의 입자만 살펴보면 된다. 이때 전체는 부분의 단순한 합이 된다. 통계물리학에서 전통적으로 가장 중요한 연구주제는 물이 끓어 수증기가 되는 것과 같은 상전이(相轉移) 현상이다. 상호작용하지 않는 입자들은 상전이 현상을 보이지 않는다. 아무리 많이 모여 있어도 그 전체가 딱히 재밌는 특성을 보이지 않는다. 부분에는 없는 새로운 특성을 전체가 보여주려면, 구성요소들 사이의 상호작용이 필요하다.

하나 더하기 하나는 둘이다. 이 '둘'이 무엇인지 알기 위해서는 '하나'가 무엇인지 아는 것만으로는 부족하다. 이 문장에서 두 개의 '하나' 사이의 관계를 규정짓는 '더하기'의 의미를 함께 알아야 한다. 통계물리학은 관계의 과학이다.

통계물리학만 그런 것이 아니다. 우리 모두가 함께 살아가는 사회도 마찬가지다. 통계물리학이나 복잡한 세상사나 재밌는 일은 관계 때문에 생긴다. 어느 누구와도 관계를 맺지 않고 각기 따로 농사지으며 살아가는 두 사람을 생각해보자. 둘 중 한 사람은 일 년에 자기 논에서 쌀 두 가마니, 그리고 같은 면적의 자기 밭에서 배추 100포기를 수확하고, 다른 한 사람은 자기 논에서 쌀 한 가마니, 같은 면적의 밭에서 배추 200포기를 수확한다고 한다. 둘이 각기 생산하는 농작물을 더하면 쌀 세 가마니와 배추 300포기가 된다. 전체가 거두는 농산물의 총량은 각자가 수확한 농산물의 합과 같다. 관계가 없으면 전체는 부분의 합과 같다. 하지만 둘이 관계를 맺으면 결과가 달라진다. 둘 중 상대적으로 쌀농사에 강점이 있는 사람은 밭을 논으로 바꿔 일 년에 쌀 네 가마니를, 배추농사에 강점이 있는 사람은 거꾸로 논을 밭으로 바꿔 배추 400포기를 수확할 수 있다. 그러고는 각자가 자신의 수확물의 절반을 상대에게 주고, 상대 수확물의 절반을 그 대가로 받는다. 이렇게 하면 둘은 각각 쌀 두 가마니와 배추 200포기를 거둔 셈이 된다. 각자가 더 잘하는 일을 하고 그 결과를 서로 나누면 둘 다 이익을 본다. 이 경우 연결은 둘 모두에게 이익이 된다.

마찬가지다. 인류의 긴 역사에서 놀라운 성취를 거둔 문명들은 하나같이, 그 사회를 이루는 사람들 사이의 관계 조율이 성공의 관건이었다. 고대에 고인돌을 세우는 일도 여럿이 함께 소통하며 관계를 맺었기 때문에 가능했다. 혼자서는 아무리 힘을 들여 애를 써도 고인돌을 세우지 못한다. 전체가 부분의 합보다 커지는 것이 가능한 이유는 바로 사람들 사이의 관계 때문이다.

    사람들 사이의 관계로 말미암아 우리는 더 가깝게 연결되고, 세상은 더 생산적이 된다. 대표적인 예가 도시다. 한 도시에서 살아가는 사람들의 소득 총합, 전체 생산량(GDP), 그리고 등록된 특허의 총수는 인구수가 그 절반인 도시의 두 배가 아니라 2.2배다. 도시를 운영하는 데 필요한 기반 시설의 양은, 인구가 두 배 늘면 1.8배가 된다. 도시는 클수록 상대적으로 더 효율적이 된다. (도시가 커지는 것이 항상 바람직하다고 주장하는 것은 아니다. 인구가 두 배 늘면 범죄의 수는 2.2배 는다. 대도시는 범죄에 더

취약하다.)

　　　도시를 구성하는 사람들의 다양성이 늘어날수록 도시에서 등록되는 특허의 수가 더 늘어난다는 연구결과도 있다. 다양성은 사회·문화적 측면뿐 아니라 경제적 측면에서도 바람직하다고 할 수 있다. 다양한 사람이 모여 서로 관계를 맺어 소통하는 것은 더 나은 세상을 위해 꼭 필요한 일이다.

　　　나는
　　　|관계다

20세기는 물리학의 세기였다. 물리학은 주로 환원론적 접근 방식으로 자연의 비밀에 도달하고자 한다. 태양이 도대체 어떤 물체인지 이해하려 할 때, 물리학자가 먼저 하는 일은 부분으로 나누는 것이다. 태양을 구성하는 근본물질이 무엇인지를 파악하고 이들 사이의 상호작용을 이해하면 태양이 어떻게 작동하는지 알 수 있다. 큰 전체를 작은 부분으로 나누는 과정을 이어가는 환원론적 접근방식을 통해 물리학은 놀라운 성과를 거두었다. 우리도 한 부분을 이루는 이 우주가 어떤 근본입자들로 구성되어 있는지, 그리고 이들 사이에 어떤 상호작용이 벌어지고 있는지, 현대 물리학은 속속들이 알게 되었다.

　　　이러한 성취는 그 자체로 정말 눈부셨지만, 성공에 취해 과학의 성과를 과대평가하는 경향도 생겼다. 애초 무엇을 이해하고 싶었는지를 잊기도 한다. 전체로서 우리에게 인식되는 자연을 이해하고자 시작했는데, 구성요소를 알아내고는 전체를 이해했다고 오해하는 식이다. 예컨대, 셰익스피어의 문학을 이해하기 위해 작품을 구성하는 알파벳을 이해하는 방법을 택하는 셈이다. 알파벳을 모두 알고, 알파벳으로 구성된 단어들이 충족해야 하는 문법 규칙을 모두 파악했다고 해서, 누구나 셰익스피어가 될 수 있는 것은 아니다. 김소월의 시 〈진달래꽃〉을 이해하고 감상하는 것은 그 안에 담긴 한글 자모를 이해하는 것과는 질적으로 다른 문제다.

현대 물리학의 놀라운 발전으로 우리는 이제 우주를 구성하는 알파벳을 알아냈을 뿐이다. 이러한 알파벳이 모여 우리 눈앞에 펼쳐진 이 모든 자연의 장관을 어떻게 만드는지 알아내는 것은 완전히 다른 문제다. 세상은 부분을 도려내어 이해할 수 없는 전체다. 현미경으로 그림을 감상할 수는 없다.

코로나19로 사람들 사이의 관계에도 변화가 생겼다. 직접 만나 소통하는 현실공간은 축소되었다. 사람들 사이의 이동 패턴과 관련된 데이터를 보면 명확히 알 수 있다. 우리는 더 적은 수의 사람을 만나고, 더 짧은 거리를 이동한다. 우리는 더 작아진 세상에 살고 있다. 이러한 오프라인 공간의 축소로 사람들이 소통을 멈춘 것은 아니다. 요즘 필자가 속한 학계나 대학에서는 직접 만나지 않고 관계를 이어가는 온라인 공간의 급격한 확장을 쉽게 볼 수 있다. 코로나19로 온라인 공간은 더 확장되었다. 현실공간의 축소와 온라인 공간의 팽창이 일시적인 현상인지, 코로나19가 극복된 이후 다시 우리가 이전과 비슷한 수준의 관계 공간으로 되돌아갈지는 아직 확실치 않다. 하지만 분명한 것이 하나 있다. 우리 모두는 관계와 소통을 벗어나서는 살 수 없는 존재다. 현재 진행 중인 관계의 질적 변화와 관계 공간의 변이가 관계 속에 놓인 '나'에게 어떤 영향을 미칠지는 중요한 문제다. 세상 속에 놓인 모든 '나'의 존재는 결국 세상 속에 놓인 다른 '나'들과의 관계가 결정한다. 내가 맺는 관계가 바로 나다.

퍼스낼리티의
의

작은

노명우

사회학자

역사

'나'에 대한 감각을 중심으로 역사를 써보고자 한다. 1280~1290년에 그려진 것으로 추정되는 그림으로부터 시작해본다. 바사리가 «르네상스 미술가 평전»에서 첫 번째로 소개한 조반니 치마부에(Giovanni Cimabue)는 이탈리아 르네상스의 선구자로 알려진 조토(Giotto)의 스승이다. 그의 그림 중 ‹산타트리니타의 마에스타›가 가장 유명하다. 성당을 장식하는 제단화인 이 그림에 치마부에는 아기 예수를 안고 있는 성모 마리아와 천사를 그려 넣었다. 예술사적인 의미가 있다지만 2020년을 살고 있는 현대인의 감각으로는 이 그림에서 아름다움을 찾기가 쉽지 않다. 좀 더 솔직하게 말하자면, 예술작품에서 감명을 받았을 때 몸이 전율한다는 '스탕달신드롬'을 전혀 불러일으키지 않는다.

그림 속에 천사가 여덟 명이나 등장하는데 천사의 얼굴은 서로 구별되지 않는다. 이 어설픈 묘사는 화가의 테크닉 부족 탓일까. 그렇게 해석하기엔 성모 마리아 배경에 휘장을 그려 넣은 솜씨가 예사롭지 않다. 그보다 오히려 화가가 천사 각각의 고유 특성, 즉 우리가 현대적 의미에서 퍼스낼리티(personality)라고 명명하는 것을 중요하게 여기지 않았기 때문이라는 해석이 더 설득력 있을 것이다. 그림 속 인물의 얼굴을 찬찬히 살펴보면 천사와 성모 마리아의 얼굴도 비슷하다. 심지어 아기 예수의 얼굴 또한 천사의 얼굴과 다르지 않다. 이 그림에서 퍼스낼리티에 대한 감각은 전적으로 부재한다. 개성적 존재로서의 '나'는 아직 발견되지 않은 시기다.

현재와 좀 더 가까운 16세기 프랑스로 가본다[내털리 제먼 데이비스(Natalie Zemon Davis)의 «마르탱 게르의 귀향»을 참조하라]. 마르탱 게르(Martin Guerre)라는 남자가 있다. 그는 1542년 베르트랑드(Bertrande)와 결혼했다. 1548년 마르탱 게르는 돌연

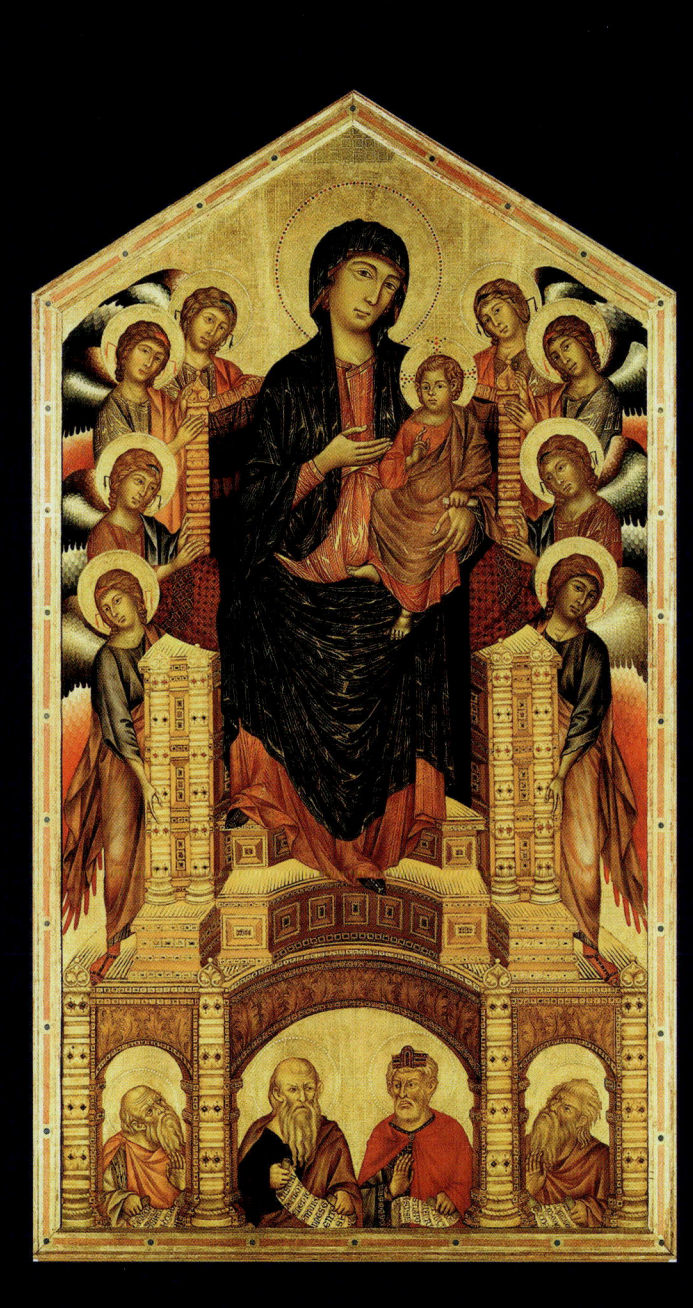

사라졌다. 1556년 여름 마르탱 게르라고 주장하는 남자가 나타났다. 아내 베르트랑드와 마을 사람은 그를 마르탱 게르라고 여겼다. 그로부터 3년 후인 1559년 재산상속을 둘러싸고 분쟁이 생기면서 그 남자의 진위 여부가 쟁점이 되었고, 1556년에 돌아온 마르탱 게르는 가짜라고 고발되었다. 첫 번째 재판에서 아내 베르트랑드는 그가 남편 마르탱 게르임이 틀림없다고 증언했고 그는 무죄로 석방되었다. 1560년에 열린 두 번째 재판에서는 판결이 뒤집혀 그 남자는 마르탱 게르를 사칭한 죄로 사형을 선고받았다. 세 번째 재판 도중 의족을 한 남자가 나타나 자신이 진짜 마르탱 게르라고 주장했고, 마르탱 게르의 형제는 그 남자가 진짜 마르탱 게르라고 증언했다. 베르트랑드는 첫 번째 재판에서의 증언을 뒤집어, 의족을 한 남자가 진짜 마르탱 게르라 증언했다. 1556년에 마르탱 게르라고 주장하며 나타났던 남자는 사칭 혐의로 사형에 처해졌다.

  재판이 세 차례 진행되는 동안 판결이 뒤집힌 이유를 이해하려면 '마르탱 게르'라는 기호의 의미에 주목하는 게 좋다. 마르탱 게르는 '지위'의 '이름'일 수 있다. 가문과 가문의 결합으로 결혼이 이뤄지고 가문 구성원 자격 여부에 따라 재산 상속이 이뤄지는 한, 이 맥락에서 중요한 것은 1556년에 돌아온 남자가 게르 가문의 일원이 될 자격이 있는지다. 게르 가문의 구성원인지 아닌지에 따라 그의 신분도, 재산도 결정된다. 재판은 재산 상속 자격 여부를 판단하는 데만 초점이 맞춰진다. 재판관에게 마르탱 게르는 '지위'의 '이름'이다.

  마르탱 게르는 또한 개인의 고유 특성을 지칭하는 기호, 즉 '나'의 '이름'일 수도 있다. 베르트랑드에게 마르탱 게르는 '지위'의 이름이 아니라 '나'의 이름이다. 베르트랑드에게는 마르탱 게르가 두 종류다. 하나는 부정하고 싶은 마르탱 게르다. 1542년 베르트랑드와 결혼했고 아내에게 충실하지 않았으며 무책임하게 돌연 1548년에 떠난 마르탱 게르는 베르트랑드가 부인하고 싶은 마르탱 게르의 퍼스낼리티다. 1556년에 나타난 마르탱 게르는 1548년에 떠난 마르탱 게르와 달리 아내에게 충실하고 자상하다. 베르트랑드는 1548년에 떠난 마르탱 게르의 퍼스낼리티를 욕망하지 않고 1556년에 나타난 마르탱 게르의 퍼스낼리티를 사랑한다. 마르탱 게르라는 이름이 베르트랑드가 욕망하고 사랑하는 사람에게 부여하는 기호라면, 1556년에 나타난 남자는 마르탱 게르를 사칭하지 않았다.

하지만 16세기에 벌어진 마지막 재판에서 베르트랑드라는 '나'의 감각은 중요 고려 사항이 아니었다. 가문 구성원 자격 여부만 중요했다. 1556년에 나타난 퍼스낼리티에 이끌렸던 베르트랑드는 마지막 재판에서는 결국 시대적 한계를 넘지 못했다. 베르트랑드는 증언을 뒤집었다. 아니 뒤집을 수밖에 없었다. '나'에 대한 감각은 슬며시 고개를 들었으나 자격 판단이 우선시되어야 한다는 대세에 밀려났.

13세기에 그려진 치마부에의 〈산타트리니타의 마에스타〉는 600여 년이 지난 1889년 다시 그림 속에 등장한다. 화가 프레더릭 레이턴(Frederic Leighton)은 치마부에가 〈산타트리니타의 마에스타〉를 완성한 후 산타 마리아 노벨라성당을 장식하기 위해 피렌체를 행진하는 장면을 그림으로 그렸다. 치마부에는 월계관을 쓴 모습으로 자신이 그린 〈산타트리니타의 마에스타〉 앞에 서 있다. 프레더릭 레이턴은 당대 피렌체의 중요한 인물을 이 그림에 담았다. 치마부에의 제자 조토를 비롯하여 시인 단테 알리기에리(Dante Alighieri)도 등장한다. 그림을 확대하면 등장한 인물 한 명 한 명의 얼굴이 다르다. 그림 속에 등장하는 사람들은 군중이지만 각각의 '나'이기도 하다. 군중을 구성하고 있는

각각의 '나'의 얼굴은 당연히 다르다. '나'에 대한 감각의 완벽한 부재에서 시작하여 16세기 마르탱 게르의 재판 과정에서 슬며시 고개를 내밀었던 '나'에 대한 감각은 19세기 후반에 오면 이렇게 전면에 부각한다.

나를 직업으로 설명하던 시대

1929년 사진작가 아우구스트 잔더(August Sander)는 야심찬 프로젝트를 시작한다. 그는 시대를 사진으로 기록하는 작업을 구상했고, 사진집 《우리 시대의 얼굴(Antlitz der Zeit)》을 발간한다. 그는 시대란 다름 아닌 수많은 '나'의 집합체라 생각했다. 그는 '나'를 촬영하고 '나'를 이어 시대의 초상을 마련한다. 만약 당신에게 20세기의 사람을 재현하는 프로젝트가 맡겨진다면 당신은 시대를 어떻게 기록할 것인가? 잔더는 20세기 사람의 범주를 '농민', '장인', '여성', '전문직 종사자', '예술가', '대도시의 불구자 및 실업자', '최후의 사람' 등 일곱 개로 나누는 방법을 택했다.

잔더의 사진집에 등장하는 인물의 변별성은 어디에서 비롯하는가? 이른바 우리가 개성이라고 말할 수 있는 것, 한 개인을 다른 개인과 구별된 존재로 만들어주는 그 어떠 것은 아우구스트 잔더에 의하며 '직업'이다. 당신은 지금 20세기 사람 여섯 명의 초상 사진을 보고 있다(38쪽 참조). 이들에게 만약 우리가 "당신은 누구입니까?"라고 질문한다면 이들은 "나는 벽돌공입니다", "나는 파티셰입니다", "나는 페인트공입니다", "나는 건축가입니다", "나는 미술상입니다", "나는 국회의원입니다"라고 답할 것이다. 20세기 사람에게 "나는 누구인가"라는 질문은 곧 직업을 묻는 질문과 동일했다. 잔더는 특정한 직업 범주에 속하지 않는 사람을 '최후의 사람'으로 분류했다.

(↖) August Sander, Kunsthändler(Art dealer), 1927
(↑) August Sander, Abgeordneter, Demokrat(Member of Parliament, Democrat), 1927
(↗) August Sander, Konditor(Pastry Chef), 1928
(↙) August Sander, Der Architekt Professor Dr. P., Berlin(The architect Professor Dr. P., Berlin), 1928
(↓) August Sander, Handlanger(Bricklayer), 1928
(↘) August Sander, Lackarbeiter(Varnisher), 1930
ⓒ Die Photographische Sammlung/SK Stiftung Kultur - August Sander Archiv, Cologne; SACK, Seoul

'나'에 대한 잔더의 접근 방식에는 새로운 시대의 분위기가 반영되어 있다. '나'에 대한 감각이 무의미했던 신분제 사회가 붕괴된 이후 직업의 특성이 한 개인의 개성을 규정하는 새로운 시대가 열렸다. ⟨우리 시대의 얼굴⟩은 이러한 초기 산업자본주의 사회의 시대 분위기에 대한 시각적 증거다. 직업명을 성씨로 삼아온 오랜 관행은 바로 이 시대를 예견하는 것이었다. 애플의 최고경영자 팀 쿡(Tim Cook)의 조상은 아마도 요리사(Cook)였을 것이다. 배우 엘리자베스 테일러(Elisabeth Taylor)의 조상은 재단사(Tailor)였을 것이고, 디자이너 폴 스미스(Paul Smith)의 조상은 대장장이(Smith)였을 것이며, 축구선수 네이선 베이커(Nathan Luke Baker)의 조상은 제빵사(Baker)였을 것이다.

한 사람이 일생 동안 직업 하나만 가졌던 시기, 그래서 천직(天職)이라는 개념이 성립될 수 있었던 시기에 직업은 '나'를 설명하는 데 적합한 범주였다. 평생 은행원이었다가 은퇴한 사람을 타인은 단박에 알아챌 수 있다. '나'를 구성하는 중요 요소인 개인의 특유한 분위기에는 직업의 특이성이 스며들어 있다. 일 한 가지를 수십 년간 지속적으로 하다 보면, 특정 직업의 분위기가 개인의 고유한 분위기와 뒤섞여 그 둘을 명확하게 구분하는 것이 불가능한 지경에까지 이른다. 직업 경력, 즉 커리어(career)는 한 개인이 "인생의 오랜 시간 동안 수행한 직업"이라는 뜻이다. 커리어는 본래 마차가 다니던 길이라는 의미다. 한 사람이 인생에서 직업 단 한 개만 갖는 시기에 직업과 커리어는 일치하고, 한 사람의 인생은 커리어라는 정해진 길을 묵묵히 따라간다.

커리어와 직업이 일치하던 시기, 그래서 어떤 직업을 가졌는지에 따라 퍼스낼리티가 결정되던 시기에 '나'를 찾는 일은 단순했다. 직업을 찾으면 '나'는 만들어진다. 내가 어떤 직업을 선택하느냐에 따라 내가 가야할 길, 커리어가 정해지고, 커리어를 따라 걷다 보면 내가 누구인지에 대해 인생 궤적이 대신 답을 내려준다.

그러나 그 시기는 아버지, 어머니 시대의 것이 되었다. 인생 첫 직업과 마지막 직업이 더 이상 동일하지 않은 시대에 우리는 살고 있다. 리처드 세넷(Richard Sennett)은 이렇게 예언했다. "한두 개 직장에서 한 걸음씩 진급하는 전통적인 직업은 이제 퇴조하고 있다. 마찬가지로 평생 한 가지 기술만으로 먹고사는 것도 어려워졌다. 현재 2년제 전문대 졸업 이상의 학력을 가진 미국 청년은 앞으로 40년의 취업 기간 중에 최소한 열한 차례 전직하고, 최소한 세 차례 밑천 기술을 바꿀 것이라고 예상된다"(리처드 세넷, 《신자유주의와 인간성의 파괴》, 26쪽). 한국이라고 다르지 않다. 평생직업은 사라진 지 오래되었고, 천직이라는 단어도 100여 년 전 사람의 인생을 설명할 때만 유효한 개념이 되었다. 커리어라는 단어를 더 이상 사용할 수 없는 시대에 우리는 살고 있다.

유동적인 것이 우리 시대의 '나'다

평생직업이 지배적인 시기는 자아정체성이 직업이라는 외부의 힘에 의해 결정되고 정의된다는 점에서 강압적이라 할 수 있다. 강압적이기에 자아정체성을 고민할 수 있는 자유공간은 남아 있지 않다. 직업이 요구하는 정체성에 순응할지 말지 선택하는 일만 남는다. 직업이 규정하는 자아정체성에 큰 불만 없는 사람은 평생 그 직업을 유지한다. '나'를 직업의 요청에 끼워 맞추는 것이 싫으면 직업을 바꿔야 한다. 하급 사무직원이었던 페르난도 페소아(Fernando Pessoa)와 은행원이었던

프란츠 카프카(Franz Kafka)는 직업 궤도에서 이탈을 감행하고 난 후에야 비로소 작가가 되었고, 각자의 '나'를 표현했다.

신분제도 사라지고 평생직업도 사라진 지금, '나'를 유지시켜주는 자아정체성은 지속적이기에 단단한 성격을 상실하고 단기적으로 유동적인(liquid) 것이 된다. 특정 직업을 평생직업으로 삼을 수 없으니 밥벌이의 엄중함에 의해 강제되는 '직업적 나'는 단기적 속성을 띤다. 현대의 모든 '나'는 표류한다.

엄격하게 말하자면 개인의 고유한 특성이라는 의미로 이해되는 자아정체성은 20세기까지의 자본주의적 조건에서만 타당성을 유지할 수 있다. 21세기를 사는 우리에게 20세기적 환경이 만들어낸 개념인 실체로서의 '단단한 자아정체성(solid identity)'은 구시대의 산물이다. 본래 쪼개질 수 없는 단위인 '나'조차도 소셜미디어의 상호작용을 바탕으로 다중화하는 21세기 환경에서, '단단한 자아정체성'은 시대착오적 개념이다. 상속으로 부를 세습하는 1퍼센트의 특별한 인간은 시대의 힘을 거슬러, 자신만의 공고한 계급적 정체성에 기반을 둔 자아정체성을 구성할 수도 있지만, 임금생활자의 처지에서 벗어날 수 없는 99퍼센트의 사람에게 당대는 암석처럼 단단하여 세월의 풍화작용을 이겨낼 수 있는 '나'를 허락하지 않는다. 우리를 구성하고 있는 '나'들은 '계급적 지위'를 시대의 바람을 막아내는 방패로 사용할 수 없다. 20세기의 카프카와 페소아는 자기 의지로 직업을 바꾸었다. 우리는 자기 의지와 상관없이 수시로 직업을 바꿔야 살아남을 수 있는 21세기를 살고 있다.

본질적인, 변하지 않는, 순수한, 절대적인 '나'는 존재하지 않는다. 우리 각자의 '나'는 생존하기 위해 변신해야 하는 탄력적이고 유동적이고 표류하는 정체성으로 구성될 수밖에 없다. 표류하는 '나'는 정체성을 상실한 '나'가 아니라 21세기적 '나'를 의미한다. 하지만 '자아팔이 장사꾼'은 20세기가 남긴 허상을 이용하여 자기 잇속을 챙긴다. 그들은 자아를 찾으려면 '덕업일치'가 되는 직업을 선택하라고 말한다. 세상에 그런 직업은 없다. '덕업일치'는 파랑새처럼 정작 잡으려 하면 잡을 수 없는 허상에 가깝다. 설사 그런 직업이 있다고 하더라도, 그 직업 또한 평생직업이 될 수 없기에 당신을 설명해줄 수 없다. 차라리 직업이 자아실현의 통로가 되기를 기대하지 말고, 직업을 철저하게 수단으로 간주하면서 자아 찾기 도구로 삼는 게 더 현명한 선택일지도 모른다. 직업에서 돈을 얻고, 그 돈을 나를 위한 프로젝트에 투자하는 게 직업 유동성 시대에 적합한 커리어 플랜일 수 있다.

    평생직업이 '나'를 강제하지 않으니 '나'는 직업 외의 여가 영역에 있다면서 자본은 참된 '나'를 찾는 방법을 알려주겠다고 유혹한다. 자아 찾기가 개인의 프로젝트가 된 시대에 자아 찾기를 상품 아이템으로 삼는 장사꾼들이 곳곳에 널려 있다. 자아 찾기는 하나의 성장하는 산업이 되었다. 자아 찾기 산업의 친절한 장사꾼들은 어떤 때는 글쓰기가, 어떤 때는 여행이, 어떤 때는 명상이 자아 찾기의 유일한 방법인 것처럼 친절하게 속삭이지만 그들의 꼬드김에 귀를 기울일수록, 우리 각자의 '나'는 경합하는 트렌드의 운동장이자 각종 욕망의 쇼케이스장으로 전락한다.

    '나'를 트렌드로 채울수록 '나'는 퍼스낼리티를 상실한다. 트렌드로 무장한 '나'들은 치마부에의 그림에 등장하는 천사처럼 서로 비슷해진다. 당대의 모든 '나'는 표류한다. 표류하는 '나'는 나의 미완성이나 부족을 의미하지 않는다. 표류하는 '나'는 우리가 살아내야 하는 21세기의 특성이다. 내가 표류하고 있는 이유가 나의 능력 부족이나 미완성, 더 나아가 의지부족으로 설명될 수 없는 것이니, 나를 표류하게 하는 이 시대를 중단시킬 능력이 없다면 이제 20세기의 틀로 우리는 유혹하는 자아팔이 장사꾼에게 "당장 귀신 씻나락 까먹는 소리 늘어놓는 주둥아리 닥치고 일단 꺼져"라고 말할 차례다. 지금 각종 '나'로 구성된 '우리'는 '나'에 대한 감각의 역사에서 이쯤에 도달해 있다. '우리' 모두에게 이 노래를 바친다.

> Islands in the stream
> That is what we are
> No one in between
> How can we be wrong
> Sail away with me
> To another world
> And we rely on each other, ah ha
> From one lover to another, ah ha

돌리 파튼과 케니 로저스, 〈Islands in the Stream〉 중.

나의

신견식

번역가

현재 대명사

네 살배기 아들이 이따금 보는 〈페파 피그〉라는 애니메이션의 한 에피소드에 프랑스에서 온 꼬마가 한국어를 배운다며 문법을 묻는 내용이 나온다. 처음에 무엇이든 물어보라던 어른은 당황하며 우물쭈물한다. '체언'과 '용언'의 차이가 뭐냐는 꽤 어려운 질문 탓이다. 문법 용어는 학교 다닐 때 다들 배우지만 그걸 모른다고 말을 못하는 것은 절대 아니므로 꼬마의 질문에 바로 딱 시원하게 대답할 수 있는 사람은 많지 않을 것이다. 원래 대체 무슨 대사였을지 궁금했다. 영국 원작 애니메이션이

한국어로 더빙되면서 배경 설정이 한국으로 살짝 바뀌었다. 원래는 '영어의 분리 부정사는 불규칙 동사냐 아니면 과거 대명사냐'라는 질문이었다. '분리 부정사'는 불규칙 동사와 아무 상관없다. 영어에 '과거 대명사' 같은 것은 없다. 문법 용어로 중무장한 질문 같지만, 꼬마가 그냥 아무 말이나 한 것이다. 한국어 번역은 이런 맥락까지 살리진 않았는데, 다른 언어들의 번역도 대동소이했다.

'과거 대명사'라는 표현이 눈길을 끈다. '과거', '현재', '미래'를 표현하는 시제는 동사에만 붙는 문법 범주다. 그러므로 '과거 대명사'니 '미래 명사'니 하는 것은 있을 수 없다. 한국어로 치면 용언에는 시제가 있지만 체언에는 시제가 없다. 그런데 조금 특이한 언어도 있다. 파라과이의 과라니어는 명사에 과거 접사 '-쿠에', 미래 접사 '-라'를 붙이기도 한다. '오가(집)'에 시제 접사를 붙인 '오가쿠에'는 '살던 집', '오가라'는 '살 집'이다. 이렇듯 남아메리카 및 아프리카 등지의 일부 언어는 명사나 대명사에도 시제가 붙는다. 즉 어느 언어에는 '과거 대명사'도 있는 셈이다.

시제 선어말어미('-았/었-', '-ㄴ/는-', '-겠-' 등)가 붙어 과거, 현재,

미래를 오가는 용언과 달리 체언은 늘 변함없이 제자리에 있는 것 같다. '나'라는 대명사가 특히 그렇다. 2인칭과 3인칭으로 가리킬 대상이야 이론상 무한대겠지만 '나'는 불변하는 오로지 '나' 하나인 것처럼 보인다. 그런데 과연 그럴까.

  한국어는 영어보다 '나'를 훨씬 덜 쓴다. 영어는 문장 구조상 주어가 반드시 와야 하고, 몸을 가리킬 때도 소유격 대명사를 자주 붙이며, 대명사를 다른 명사로 대체하는 경우가 적어 '나(I, my, me)'가 많이 쓰이는 편이다. 반면 한국어(또 일본어와 베트남어를 비롯한 여러 동아시아 언어)에서는 대명사 자리에 가족 호칭이나 직책, 직업 명칭 등이 자주 온다.

  동양인은 관계를 중시하고 서양인은 개인을 중시한다는 일종의 고정관념이 있다. 원숭이, 바나나, 사과 그림을 보여 주면 동양인은 '원숭이와 바나나'를, 서양인은 '사과와 바나나'를 묶는 경향을 보인다고 한다. 동양은 관계, 서양은 범주 지향이라는 건데 어느 쪽이 더 낫다고 할 수는 없다. 나는 후자에 가깝다. 인간관계를 깡그리 무시하는 독불장군은 아니지만 평균적인 한국인보다는 개인적인 성향이다. 동생들한테 '형'과 '오빠'라는 말로 나 스스로를 일컬은 적이 거의 없다. 후배들이 나를 2인칭의 '형'으로 부를 때야 있지만 내가 나를 1인칭으로 그렇게 부르지는 않는다. 아내와 나 사이의 호칭에도 '오빠'는 없다.

  그러던 나에게 남들보다 조금 늦은 마흔다섯 살의 나이에 아들이 생겼다. 아이가 태어나서 배우는 단어 목록에 '나'는 좀 늦게 들어가는 편이다. 대명사가 추상적 개념이기도 하고, 보통 부모가 자신에게 집중하고 있으니 아이가 굳이 스스로 '나'를 가리킬 필요가 없기 때문이기도 하다. 또 한국어에서는 대명사가 덜 쓰이다 보니 아들도 스스로를 자기 이름으로 부를 때가 훨씬 많다. 나도 아들에게 말할 때는 "내가~"보다는 "아빠가~"를 훨씬 많이 쓴다. 아이가 태어난 덕에 나는 1인칭 대명사 '아빠'란 표현을 익힐 수 있게 되었다. 그간은 오로지 '나'로만 살았는데 이제는 '아빠'로도 산다.

'나'는 불변하는 것도, 저절로 생기는 것도 아니다. 인간은 어느 정도 자라야 '나'를 인식한다. 태어난 '아이'가 '나'가 되는 과정은 마침 여러 언어의 '아이'라는 발음에 빗댈만하다. 아이는 '알'(Ei[아이]-독일어)에서 태어나 자라면서 가족을 비롯한 다른 사람들과의 넓은 '사랑'(愛[아이]-중국어, 일본어)이라는 관계 속에서 '나'(I[아이]-영어)를 오롯이 알게 될 것이다. 이런 시간을 거치지 않으면 아이는 온전한 '나'가 될 수 없다. '아빠'인 나도 아이 앞에서 예전과 다름없는 '나'만을 내세울 수 없다.

아이가 생겼다는 사실 하나만이 내 정체성을 송두리째 바꾸지는 않을 것이다. 정체성이란 세월의 흐름 속에 뭔가가 들어오고 뭔가는 나가면서 늘 새로이 규정되며 중층적이다. '나'를 일컫는 나의 대명사 목록에도 이제 '아빠'가 있다. '나'의 현재 대명사인 '아빠'를 잘 써서 나를 더 돋보이도록 해야겠다.

SAYINGS

Virginia Woolf
Miguel de Cervantes
Albert Camus
Aristoteles
Søren Kierkegaard
Oscar Wilde
Laozi
Henry David Thoreau
Ralph Waldo Emerson
Ramana Maharshi
Coco Chanel
John Dewey
Agatha Christie
Ernest Hemingway
Eric Hoffer
Edward Gibbon
Arthur Schopenhauer
Kurt Cobain
Ludwig Feuerbach
Hermann Hesse

나는 뿌리 내렸지만 흐른다.
- '의식의 흐름'을 소설로 구현한 작가 버지니아 울프

너 자신을 아는 것을 너의 일로 삼아라.
그것은 세상에서 가장 어려운 교훈이다.
- 자기를 찾아 나선 미치광이 기사의 모험담을 그린 작가 미겔 데 세르반테스

인간은 자기 자신이 되길 거부하는 유일한 피조물이다.
- 부조리를 탐구한 작가 알베르 카뮈

Aristoteles

적을 정복한 사람보다
자기 욕망을 이겨낸 사람이 더 용감하다.
가장 이기기 힘든 것은 자기 자신이다.
- 중용의 철학자 아리스토텔레스

søren Kierkegaard

모험은 불안을 유발한다.
그러나 모험하지 않으면 자기 자신을 잃는다.
- 실존과 불안의 철학자 쇠린 키르케고르

너 자신이 되어라.
다른 사람의 자리는 이미 찼으니.
- 탐미주의 극작가 오스카 와일드

Oscar wilde

Laozi

남을 아는 사람은 지혜롭고,
자기를 아는 사람은 밝다.
남을 이기는 사람은 힘이 있고,
자기를 이기는 사람은 강하다.
- 도가의 창시자 노자

삶은 자신을 찾는 것이 아니라
자신을 창조하는 것이다.
그러니 상상하는 삶을 살아라.
- 자족적 삶을 추구한 사상가
  헨리 데이비드 소로

Henry David Thoreau

Ralph Waldo Emerson

자기에 대한 자신감을 잃으면
온 세상이 나의 적이 된다.
- 자기 신뢰와 자립을 찬양한 시인
  랄프 월도 에머슨

Ramana Maharshi

나를 깨닫는 데 필요한 것은 고요해지는 것이다.
- "나는 무엇인가"란 물음을 천착한 인도의 구루
  라마나 마하르시

가장 용감한 행동은 자신만을 생각하고
그것을 큰 소리로 외치는 것이다.
- 여성 패션을 혁신한 디자이너
  코코 샤넬

자아는 이미 만들어진 것이 아니라
  선택을 통해 계속해서 만들어 가는 것이다.
  - 진보주의 교육학자 존 듀이

습관이란 재미있는 것.
사람들은 자신에게 습관이 있는 걸 전혀 모른다.
  - 인간의 맹점에 착목한 추리소설가
            애거서 크리스터

Ernest Hemingway

어디를 가든 자기 자신에게선 벗어날 수 없다.
- 운명에 맞선 인간의 투쟁을 그린
  소설가 어니스트 헤밍웨이

우리는 자기 자신에 대해
거짓말을 할 때 가장 큰 소리를 낸다.
- 맹신에 빠진 인간의 심리를 파헤친
  작가 에릭 호퍼

Edward Gibbon

우리는 자신을 여김으로써 스스로를 향상시킨다.
- 로마제국의 흥망성쇠를 기록한 역사가
                에드워드 기번

인간은 오직 혼자일 때 그 자신일 수 있다.
- 염세주의 철학자
      아르투어 쇼펜하우어

다른 누군가가 되길 원하는 것은
자신을 낭비하는 일이다.
- 얼터너티브 록밴드 너바나의 보컬
 커트 코베인

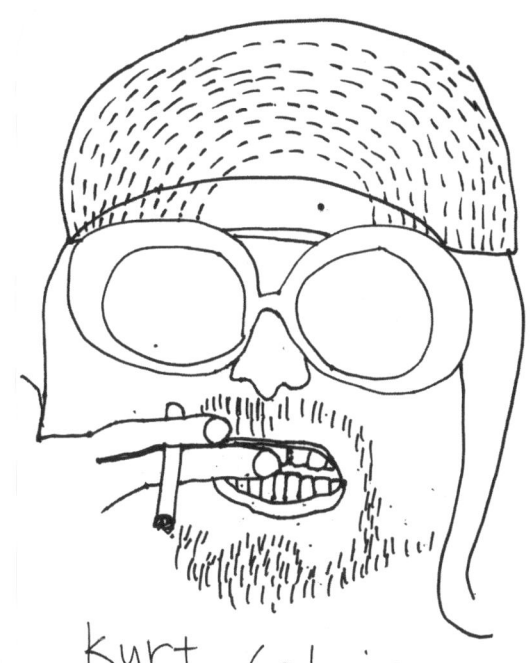

Kurt Cobain

먹은 음식이 곧 자신이다.
- 관념적 인간상을 거부한 유물론 철학자
 루트비히 포이어바흐

Ludwig Feuerbach

Hermann Hesse

누군가를 미워하고 있다면,
 그 사람의 모습 속에 보이는 자신의 일부분을 미워하는 것이다.

나의 일부가 아닌 것은 거슬리지 않는다.
- 청춘의 성장통을 그린 소설가 헤르만 헤세

"나는 뿌리 내렸지만 흐른다."	'의식의 흐름'을 소설로 구현한 작가 **버지니아 울프**
"너 자신을 아는 것을 너의 일로 삼아라. 그것은 세상에서 가장 어려운 교훈이다."	자기를 찾아 나선 미치광이 기사의 모험담을 그린 작가 **미겔 데 세르반테스**
"인간은 자기 자신이 되길 거부하는 유일한 피조물이다."	부조리를 탐구한 작가 **알베르 카뮈**
"적을 정복한 사람보다 자기 욕망을 이겨낸 사람이 더 용감하다. 가장 이기기 힘든 것은 자기 자신이다."	중용의 철학자 **아리스토텔레스**
"모험은 불안을 유발한다. 그러나 모험하지 않으면 자기 자신을 잃는다."	실존과 불안의 철학자 **쇠렌 키르케고르**
"너 자신이 되어라. 다른 사람의 자리는 이미 찼으니."	탐미주의 극작가 **오스카 와일드**
"남을 아는 사람은 지혜롭고, 자기를 아는 사람은 밝다. 남을 이기는 사람은 힘이 있고, 자기를 이기는 사람은 강하다."	도가의 창시자 **노자**
"삶은 자신을 찾는 것이 아니라 자신을 창조하는 것이다. 그러니 상상하는 삶을 살아라."	자족적 삶을 추구한 사상가 **헨리 데이비드 소로**
"자기에 대한 자신감을 잃으면 온 세상이 나의 적이 된다."	자기 신뢰와 자립을 찬양한 시인 **랠프 월도 에머슨**
"나를 깨닫는 데 필요한 것은 고요해지는 것이다."	"나는 무엇인가"란 물음을 천착한 인도의 구루 **라마나 마하르시**
"가장 용감한 행동은 자신만을 생각하고 그것을 큰 소리로 외치는 것이다."	여성 패션을 혁신한 디자이너 **코코 샤넬**
"자아는 이미 만들어진 것이 아니라 선택을 통해 계속해서 만들어 가는 것이다."	진보주의 교육학자 **존 듀이**
"습관이란 재미있는 것. 사람들은 자신에게 습관이 있는 걸 전혀 몰랐다."	인간의 맹섬에 삭록한 추리소실가 **애거서 크리스티**
"어디를 가든 자기 자신에게선 벗어날 수 없다."	운명에 맞선 인간의 투쟁을 그린 소설가 **어니스트 헤밍웨이**
"우리는 자기 자신에 대해 거짓말을 할 때 가장 큰 소리를 낸다."	맹신에 빠진 인간의 심리를 파헤친 작가 **에릭 호퍼**
"우리는 자신을 이김으로써 스스로를 향상시킨다."	로마제국의 흥망성쇠를 기록한 역사가 **에드워드 기번**
"인간은 오직 혼자일 때 그 자신일 수 있다."	염세주의 철학자 **아르투어 쇼펜하우어**
"다른 누군가가 되길 원하는 것은 자신을 낭비하는 일이다."	얼터너티브 록밴드 너바나의 보컬 **커트 코베인**
"먹는 음식이 곧 자신이다."	관념적 인간상을 거부한 유물론 철학자 **루트비히 포이어바흐**
"누군가를 미워하고 있다면, 그 사람의 모습 속에 보이는 자신의 일부분을 미워하는 것이다. 나의 일부가 아닌 것은 거슬리지 않는다."	청춘의 성장통을 그린 소설가 **헤르만 헤세**

느낌의
시작과

박한선

신경인류학자

경계의

진화

한국인이 가장 많이 쓰는 말은 무엇일까? 2005년 국립국어원에서 펴낸 《현대 국어 사용 빈도 조사》에 의하면 '이다'이다. 좀 싱거운 결과인데, 아무튼 1위다. 그다음으로 '하다', '있다', '되다' 등이 이어진다. 에이, 이런 말 말고 가장 많이 쓰이는 말은? 바로 '나'다. 총 300만 어절로 구성된 조사 자료에서 '나'는 2만 1,415번 등장하여 8위를 차지했다. 대명사, 명사를 통틀어서 1위다. '우리'는 22위, '너'는 86위다.

　가수 정용화의 곡 중에 〈너, 나, 우리〉라는 노래가 있다. '너'와 '나'가 서로 사랑해서 '우리'가 되자는 내용을 담은 청혼곡이다. 큰 인기를 끌지는 못했다. 빈도 순위를 고려해 곡명을 〈나, 우리, 너〉라고 지었으면 좀 나았을까? 물론 그럴 리는 없다. 청혼곡이 〈나, 우리, 너〉면 좀 이상하다.

　명사만 따져보면 어떨까? 가장 많이 쓰인 명사는 '사람'이다. 총 1만 3,594번 등장해 15위를 차지했다. '때'와 '말', '일'이 뒤를 잇는다. 그다음으로 '문제'와 '사회'가 이어진다. '때문'이나 '또'도 눈에 들어온다.

　우리 머리를 채운 생각이 단어 사용 빈도에 반영된 결과라면 좀 실망스럽다. 현대인은 늘 '너 때문에, 또 사회 때문에 나의 일에 문제가 생긴다'며 불평만 하고 사는 것일까? 뭐, 빈도에 따라 단어를 꼭 이렇게 조합할 필요는 없겠다. 아무튼 인간은 '나와 너', 그리고 '나와 세상'을 구분해 생각한다. 그 상호관계에서 '일'이 일어나고, '말'이 나오고, '문제'가 생긴다. 무엇 '때문'일까? 일단 이런 일이 시작된 '때'로 올라가보자.

'나'의 시작

교뇌(橋腦, pons)라 불리는 뇌 부위가 있다. 라틴어로 'pons'가 '다리'라는 뜻이어서 다리 교(橋) 자가 붙었다. 아마 처음 들어보았을 것이다. 일반 어휘 사용 빈도 8만 2,501위 안에 들지 못하는 단어이기 때문이다.

뇌는 대뇌, 소뇌, 뇌간으로 나뉜다. 뇌간이란 뇌의 줄기(幹, stem)라는 뜻이다. 뇌간은 다시 여러 부위로 나뉜다. 깊숙한 곳에 간뇌(間腦, diencephalon), 중간에 중뇌(中腦, midbrain), 그리고 그 아래 교뇌가 있다. 이 교뇌를 다리 삼아 중뇌와 연수가 연결된다. 연수 아래에는 척수가 있다. 연수라는 말 자체가 척수가 늘어져 이어졌다는 뜻이다. 라틴어로 'medulla'는 골수(marrow)라는 뜻이고, 'oblongata'는 늘어져 이어졌다(elongation)는 뜻이다.

16세기경, 이탈리아에 콘스탄조 바롤리오(Constanzo Varolio)라는 그레고리오 13세의 주치의가 살았다. 그레고리오 13세는 우리가 지금 쓰는 달력, 그레고리력을 만든 교황이다. 바롤리오는 남성의 발기에 대한 연구를 많이 했는데, 교황에게는 그다지 쓸모가 없는 연구였다(그레고리오 13세는 사생활이 아주 깨끗했다). 바롤리오가 또 하나 열심히 연구한 것이 있다. 바로 뇌다. 교뇌는 사실 '바롤리오의 다리(pons Varolii)'를 줄인 말이다. 교뇌를 처음으로 연구했는데, 뇌과학자의 원조라고 할 수 있을까?

아무튼 이 교뇌가 손상되면 어떻게 될까? 이른바 잠금증후군(Locked-in syndrome, LIS)에 걸릴 수 있다. 사지에서 뇌로 오는 감각이 완전 차단된다. 다리가 무너지니까 정보 전달이 막히는 것이다. 손가락 하나 까딱할 수 없고, 먹지도 못한다. 말도 못한다. 오로지

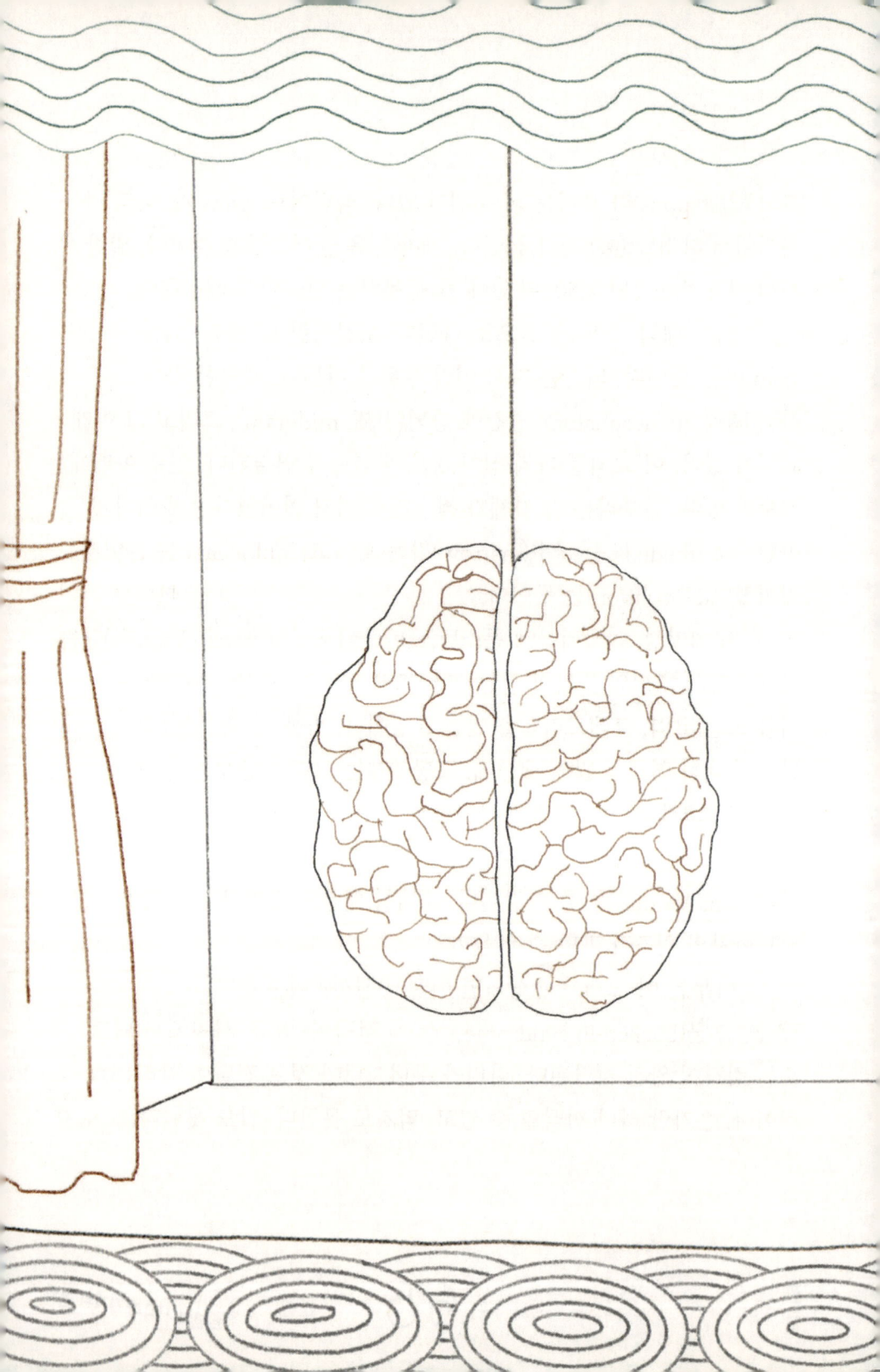

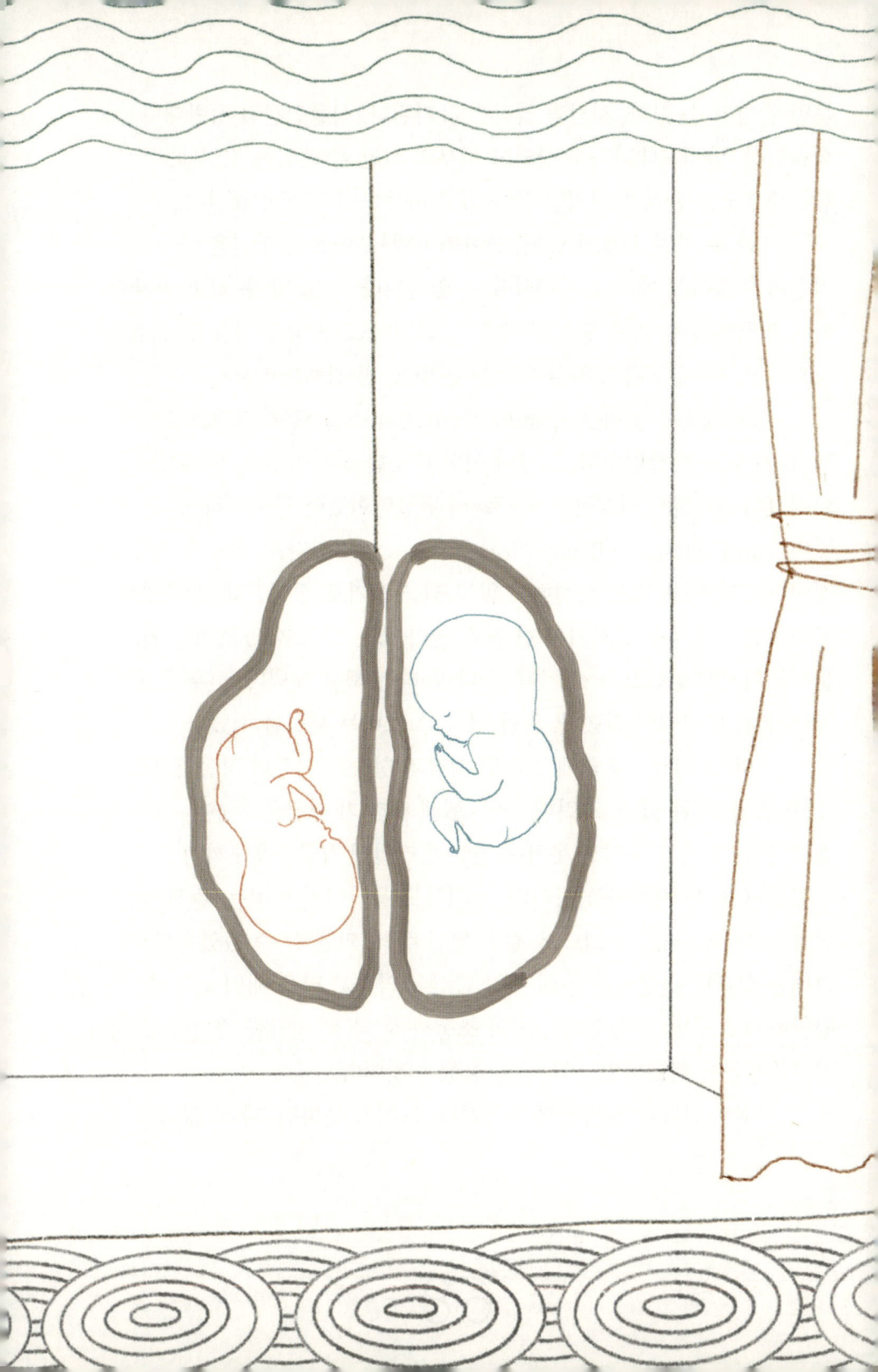

눈만 깜박일 수 있다. 시각과 청각은 유지된다. 식물인간과 정반대다. 식물인간 상태는 대뇌가 손상되고 하부의 뇌만 살아 있는 것인데, 잠금증후군은 반대로 대뇌만 살아 있고 하부와의 연결이 끊긴다.

"단 두 가지 신호만 알면, 할아버지께서 지금 온 정신을 다 기울여 말씀하실 얘기를 이해하실 수 있습니다. 말도 할 수 없고 손가락 하나 까딱하실 수 없는 할아버지께선, '그렇다'고 말하고 싶을 땐 눈을 감으시고, '아니다'라고 하실 때에는 눈을 몇 번 깜빡거리시지요."

알렉상드르 뒤마(Alexandre Dumas)의 소설 《몬테크리스토 백작》에 나오는 장면이다. 그런데 이와 비슷한 상황이 소설 밖에서도 벌어졌다. 1995년, 여성잡지 《엘르》의 편집인이었던 장도미니크 보비(Jean-Dominique Bauby)가 뇌졸중으로 쓰러졌다. 잠금증후군에 걸린 것이다. 그러나 보비는 좌절하지 않고 책을 쓰기로 결심한다. 알파벳을 보여주면 눈꺼풀을 움직여서 한 자씩 골라 쓰는 방식으로. 보비는 왼쪽 눈꺼풀의 깜박임만으로 《잠수종과 나비》라는 책을 써냈다. 하루에 반 페이지씩, 15개월이 걸렸다. 출판 며칠 후 보비는 세상을 떠났다.

이처럼 잠금증후군에 걸려도 시각과 청각은 여전히 작동하므로 '살아 있을 수'는 있다. 그런데 만약 '헬렌 켈러'가 잠금증후군에 걸렸다면? 보지도 듣지도 못하는 헬렌 켈러인데 잠금증후군까지 걸렸다니, 너무 가혹한 상상이다. 눈꺼풀도 움직이지 못하는 '완전 잠금증후군(Complete LIS)'에 걸린 헬렌 켈러. 과연 살 수 있었을까? 그녀는 설리번 선생님을 통해 체성 감각을 익히고 말을 배워 외부와 활발하게 소통할 수 있었다. '남'과 소통하며 '나'로 성장한 것이다. 그러나 잠금증후군에 걸렸다면, 이는 불가능했을 것이다.

'나'의 실체는 느낌에서 시작한다. 느끼지 못하면 '나'도 없고,

물론 '너'도 없다. 정신병리학자 카를 야스퍼스(Karl Jaspers)는 느낌이 자아의 상태를 뜻하는 감정과 지각적 요소를 뜻하는 감각으로 구성된다고 하였다. 그런데 감각이 없으면 감정도 생겨나기 어렵다. 최초의 유기체는 어떤 의미에서 잠금증후군 상태의 헬렌 켈러나 다름없었다. 처음으로 외부와 내부를 '다르게' 감각하게 되면서, 내부의 항상성을 유지하려는 경향이 이들 유기체에 생겨났다. 그리고 이들 중 나와 너를 더 잘 구분하는 개체가 더 많이 살아남았다. 즉 '나'는 외부에 대한 느낌에서 진화했다. 그것이 적대적인 느낌이든, 호의적인 느낌이든.

뇌신경학자 안토니오 다마지오(Antonio Damasio)는 고등동물의 신경계가 자신의 내외부에서 각각 일어나는 사건을 지각하여 내면적 이미지를 만들기 위해 진화했다고 주장한다. 이러한 이미지 생성 능력을 통해서 '세상'을 표상하고, 동시에 '나'도 표상할 수 있게 되었다는 것이다. 언어나 추론, 이성, 상징과 같은 인간의 능력은 항상성을 유지하려는 기나긴 진화적 경향의 끄트머리에 이르러서야 나타났다.

나와 남
그리고 차별

다마지오의 주장처럼 항상성 유지를 위한 진화적 압력이 이 모든 것을 낳았다면, 차별은 숙명이다. 우리의 세계상 자체는 나와 너를 차별하려는 유기체의 노력이 신경계에 작용하여 만들어진 구성물일 뿐이다.

나와 세상의 구분이 희미하던 수십억 년 전, 어떤 단세포 생물이 화학적인 방법으로 주변 환경에서 다른 존재, 즉 '너'가 있는지 확인하려고 애썼다. 그중 일부와는 연합하고, 일부와는 경쟁하고, 일부는 포식했다. 나와 남을 구분하는 자동적 방어체계는 수십억 년의 긴 진화사에 바탕을

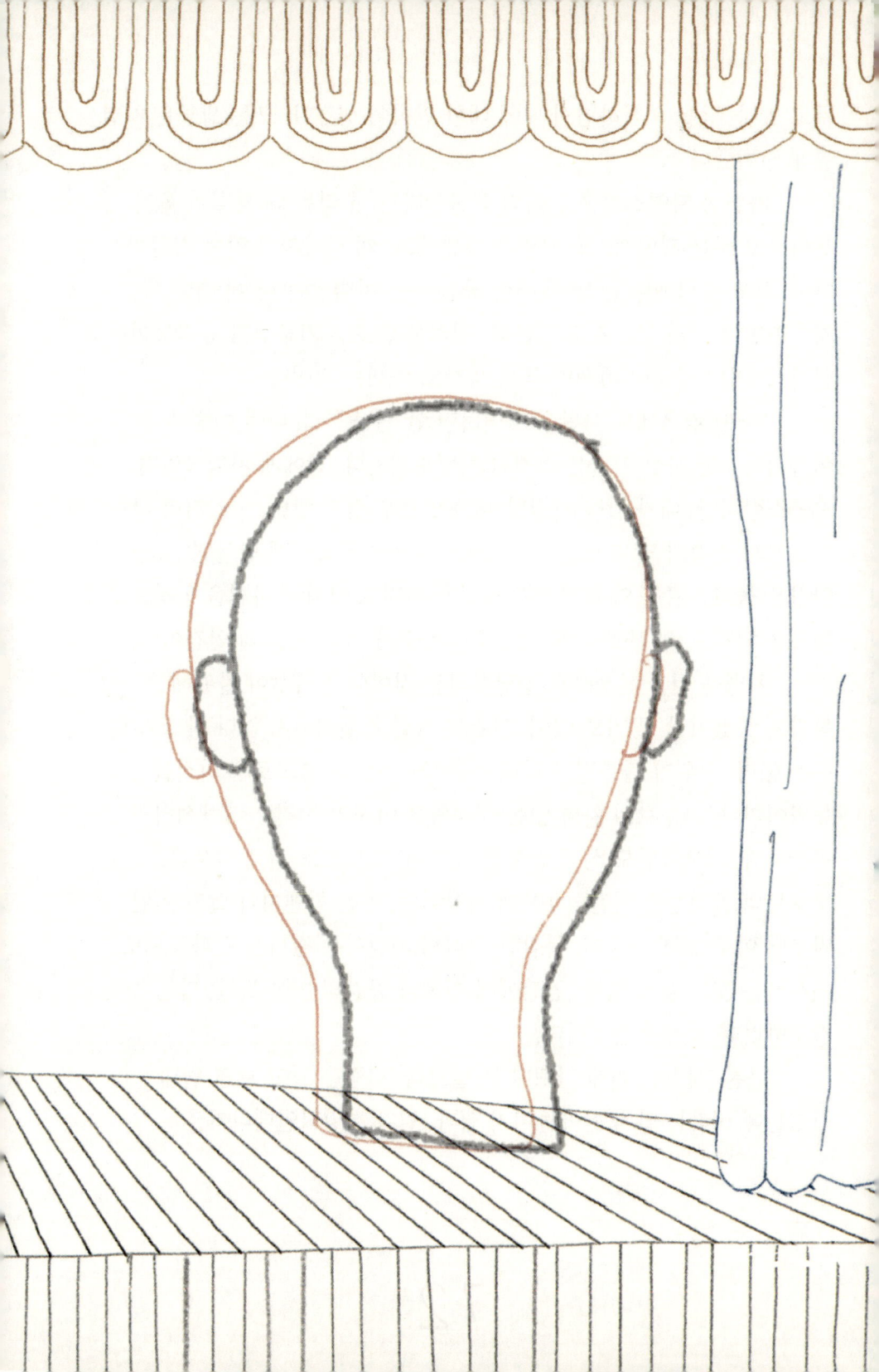

두고 있다. 남을 의식하면서 나에 대한 인식이 생겼다. 모든 생물은 차별을 통해 진화했다.

　차별이 자연스러운 진화의 산물이라면, 우리는 왜 차별이 옳지 못하다고 하는 것일까? 또 차별은 나쁜데도, 왜 사라지지 않는 것일까? 아마 '차별은 나쁘다'는 말에 대한 공감에는 '차별받는 나'에 대한 자기연민이 깔려 있는지도 모른다. 어려운 말로 자기중심적 공감능이라고 한다. 그러니 입장이 바뀌면 금세 생각도 바뀌는 것이다.

　"어떤 경우에도 사람을 차별하면 안 된다." 뭐, 다들 이렇게 이야기하지만 사실 인간은 엄청난 차별주의자다. 남에게 차별당하면 고통스럽지만, 내가 남을 차별할 때는 별로 그렇지 않다. 이리저리 나누고 가르면서 권력의 맛을 느낄 수도 있다. 이유야 적당하게 만들면 그만이다. 인간은 놀라운 수준의 자기기만 능력을 가지고 있어서 차별을 공정으로, 미움을 엄격으로, 편애를 배려로 금세 바꾸어 버린다. 그게 인간이다.

　차별을 인간 본성으로 정당화하는 것이냐고 적잖이 불편해할 독자도 있겠지만, 근거도 없이 '인류는 사실 차별적이지 않다'라고 우길 수는 없다. 진위가 불분명한 남태평양 사모아인의 평화로운 기질을 들먹이거나, 보노보의 차별 없는 성생활을 아전인수 격으로 해석하면 곤란하다. 사모아인도 성적 질투를 느끼며, 보노보도 서로 싸운다. 보노보의 공격성은 인간의 100배 이상이며, 일반 침팬지와 달리 한번 싸우면 아주 오래 싸운다. 복잡한 수식의 게임이론 결과를 편파적으로 제시하는 것도 옳지 않다. 인간에게 협력과 공감의 마음'도' 있다는 것을 강조하려다 벌어진 촌극이다.

　물론 '사람은 원래 나쁘다'는 말보다 '사람은 알고 보면 원래 착했는데…'라는 말이 받아들이기 쉽다. 뭔가 희망적인데다가,

창피한 마음도 좀 진정된다. 하지만 사실이 아니다. 원래부터 사람의 마음이 공정과 평등, 자애로 가득하다면 남을 차별하는 사람은 죄다 사이코패스와 같은 부류로 진단해야 할 것이다. '네 이웃을 네 몸과 같이 사랑하라'는 황금률은, 우리가 그렇지 않기 때문에, 귀한 말씀이다. 안타까운 일이지만 황금률은 진화적 안정전략과 거리가 멀다. '내 몸이 내 이웃보다 더 소중하다'가 인간, 아니 모든 생명체의 본성이다.

나의 확장

그렇다고 무한 경쟁의 이기적 행동을 정당화하려는 것은 아니다. 성욕과 식욕은 누구나 가지고 있는 욕구지만, 과도해지면 분명 곤란하다. 그래서 성에 관한 다양한 사회적 관습과 혼인의 원칙이 생겨났고, 복잡한 음식 문화와 식사 관습이 나타난 것이다. 마찬가지다. 우리는 모두 이기적이므로, 이를 통제하는 다양한 장치도 자연스럽게 생겨났다. 이타적 행동을 장려하는 사회적 정서와 문화, 법과 제도가 생긴 것이다.

종종 인간의 자연적 본성과 문화를 상반되는 것으로 보는 경향이 있는데, 사실과 맞지 않다. 문화 역시 인간 정신의 확장적 진화의 산물이다. 이타적인 행동은 리처드 도킨스(Richard Dawkins)의 말마따나 '이기적 유전자의 긴 팔'에 의해 추동되었고, 아울러 상호호혜성을 바탕으로 강력하게 진화했다. 너의 이익이 나에게도 이익이 된다면, 돕지 않을 이유가 없다. 아니, 아주 적극적으로 도울 것이다. 그 순간 나와 너의 경계가 겹쳐진다.

사실 '나'의 영역은 그리 분명하지 않다. 나는 이미 다른 존재와 밀접하게 관계를 맺으며 공생한다. 내 몸에 존재하는 미생물은 총

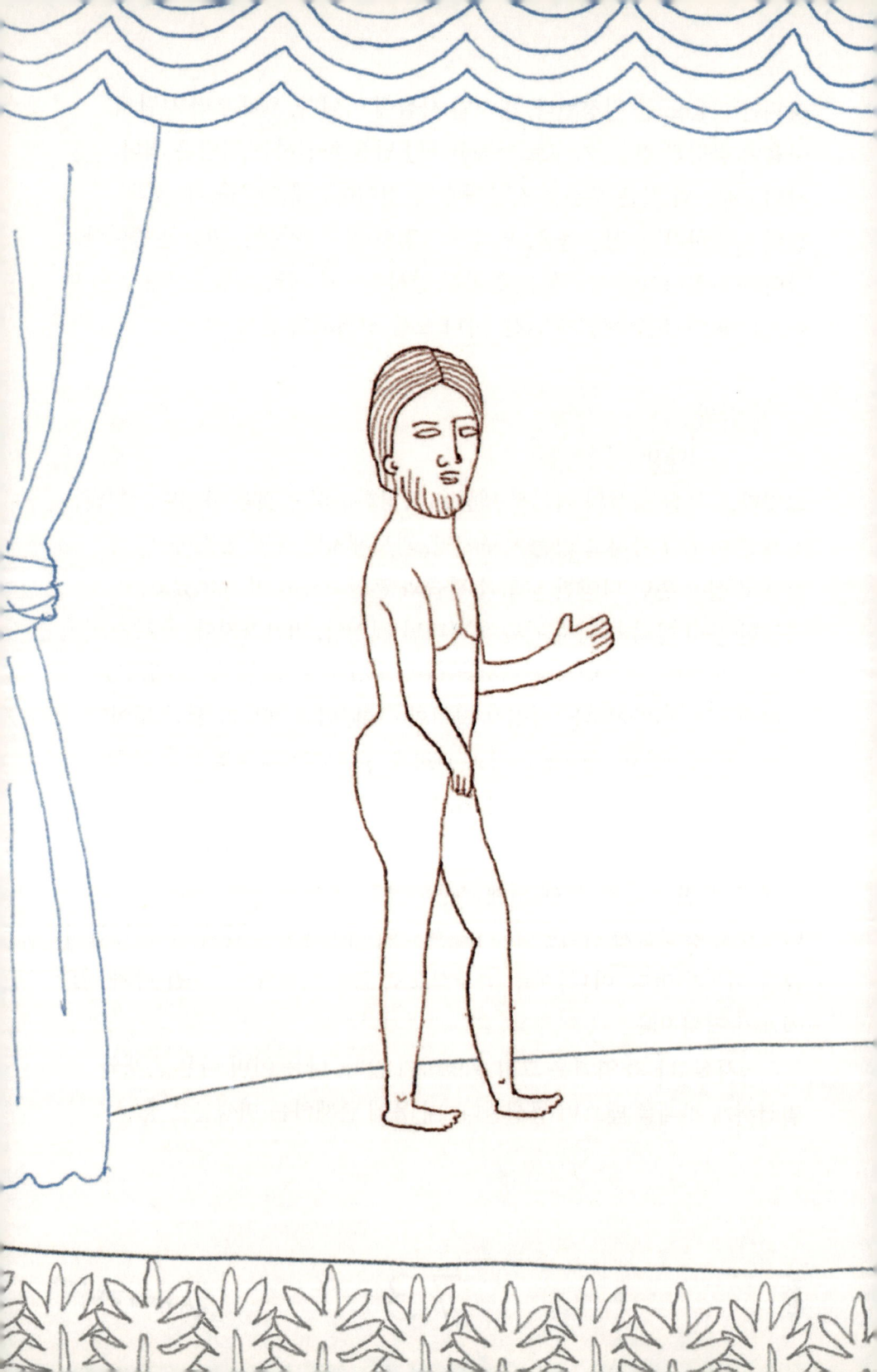

100조 개, '내 세포'보다 10배 많다. 유전자 수로 따지면 100배다. 종 간 공생이라는 면에서는 이미 '나와 너'를 구분하기 어려운 수준이다. 내 피에 흐르는 분자의 30퍼센트는 미생물이 만든 것이다.

물론 공생적 협력은 주로 다른 종 사이에서 일어난다. 같은 종은 사실 협력보다는 경쟁한다. 기껏해야 양육을 위한 짝 동맹이나 부모 자식 간의 협력이 고작이다. 친족 수준을 넘어서는 협력은 자연의 세계에서 아주 드물게 나타나며, 장기간에 걸친 상리공생은 거의 없다. 대부분은 협력의 이익을 즉시 향유할 수 있어야만 한다. '오늘 도와주면 내일 갚는다'는 식의 지연 호혜성(delayed reciprocity)은 극히 드물게 나타난다.

하지만 몇 가지 조건이 성립하면 오랜 기간에 걸친 협력이 일어난다. 첫째, 자주 만나야 한다. 한 번 보고 안 볼 사이라면 도움을 주어도 헛수고다. 둘째, 나와 너 그리고 여럿의 너를 식별하고 구분할 수 있어야 한다. 철수와 영희를 구분할 수 없으면 지속적인 협력도 불가능하다. 셋째, 주고받은 말과 행동을 기억할 수 있어야 한다. 일종의 마음속 회계장부다. 넷째, 나의 작은 호의가 상대에게 큰 이익이 되어야 한다. 물론 반대로도 일어나야 한다. 노래를 잘 부르는 이가 노래를 들려주고, 빵을 잘 굽는 이가 빵을 나누고, 싸움을 잘하는 이가 마을을 지키는 것이다. 자연의 세계에서 이러한 여러 조건이 모두 들어맞기는 아주 어렵다. 인류는 바로 그 드문 사례 중 하나다.

여기에 더해, 언어와 공감 능력은 인간의 '자아'를 더 크게 확장시켰다. 어떤 의미에서는 자아의 경계를 무너뜨렸다. 내 마음을 들여다보자. 여러 '스토리'로 가득할 것이다. 일부는 타고난 본능이지만, 일부는 어린 시절의 경험이고, 일부는 오늘 읽은 조간신문의 내용이다. 상당수는 어디선가 외부에서 들어온 것이다. 원래 동물의 마음속

스토리는 완전히 체화되어 있다. 유전이든 학습이든 직접 '나'에서 '남'으로 전달되어야 한다. 그런데 언어화된 스토리는 다르다. 몸을 떠나 오래도록 살아남을 수 있고, 멀리멀리 전달될 수 있다. 아마 이 잡지도 저자보다 훨씬 오래 살아남을 것이다. 그리고 수백 년 후 누군가 도서관 귀퉁이에서 이 잡지를 꺼내 읽으면 다시 자아의 일부가 부활할 것이다. 마치 클라우드 서버에 저장된 인류 전체의 사상과 감정, 기억이 각 개체에 그때그때 다운로드되는 것과 비슷하다. 수십억 년 동안 진행된 '나와 너'의 경계는, 이렇게 불과 수백만 년의 진화사를 거치며 무너지기 시작했다.

나와 남의 건강한 경계

다른 이의 생각과 느낌에 공감한다고 해도, 그리고 그것이 협력과 번영을 낳은 소중한 가치라고 해도, 여전히 나와 남은 구분할 수 있어야 한다. 장기간의 종 내 협력을 위한 또 하나의 조건이다.

야스퍼스는 나와 남을 구분하는 데 활동성, 단일성, 주체성, 자기경계라는 네 가지 인식 능력이 필요하다고 했다. 여기에 문제가 생긴 사람은 이른바 자기장애(Disorders of Self)를 겪는다. 활동성 인식에 문제가 생기면 '나는 존재하지 않는다'고 생각한다. 기억과 감정은 '나'의 것이 아니라고 느낀다. 심지어 의지도 사라진다. 단일성 인식에 오류가 발생하면 두 명이 된 자신 혹은 타인이 된 자신을 느낀다. 주체성 인식이 잘못되면 마치 누군가에게 빙의당한 것처럼 뭔가가 외부에서 들어왔다고 느낀다. 자기경계에 대한 인식이 손상된 사람은 '내가 녹아내린다. 나는 작아지고, 뭔가 빠져나가고 있으며, 해체되고 있다'고 호소한다. 주로 조현병 환자에게서 나타나는 증상이다.

물론 자기와 남의 경계가 너무 분명해도 곤란하다. 타인의 정서나 생각을 공감하고 이해하는 능력이 부족한 상태를 자폐스펙트럼장애라고 한다. 타인의 감정에 밋밋하게 반응하며, 공생적인 애착이 일어나지 않는 상태다. 자기 자신의 감정과 생각을 관찰하는 능력도 없다. 자폐증과 조현병은 나와 너의 경계라는 측면에서 양극단에 위치한 진화적 상태인 것으로 보인다. 진화의학자 버나드 크레스피(Bernard Crespi)는 이 두 장애를 일컬어 대립 장애(diametrical disorder)라고 주장한다.

나와 너의 건강한 경계를 지키는 것은 대단히 어려운 일이다. 우리는 긴 진화사를 통해서 나의 경계를 세우고, 외부에 대한 느낌을 통해 자아에 관한 인식을 발전시켰다. 동시에 세상과 교류하고 공생하고 협력하고, 때로는 경쟁하고 공격하고, 종종 먹고 먹혔다. 인류는 한 단계 더 나아가 공감하고 협력하며, 동시에 구분 짓고 차별하기를 반복했다. 너 그리고 세상과 하나가 되고 싶으면서도, 동시에 나와 너, 나와 세상을 구분하고 싶은 이율배반적 소망은 영원히 경합할 수밖에 없다. 우리가 하루에도 수십 번씩 고민하는 문제는 바로 여기에서 시작한다.

교뇌에 아무런 문제가 없는데도 자발적인 잠금증후군 상태에 있는 사람이 세상에 얼마나 많은가? 자아의 끝에서 세상이 시작된다지만, 그 경계는 넓고 불확실하다. 영겁의 세월 동안 경계의 안팎을 부지런히 오가면서, 인류의 마음은 지금과 같은 모습으로 진화했다. 앞으로도 끊임없이 경계를 세우고 무너뜨리기를 반복해야 한다. 고민 속에서 이 지난한 과제를 어떻게든 해낼 때, 정신과 의사는 자아의 경계가 건강하다고 진단한다.

뇌,

기억

그리고

강봉균

신경생물학자

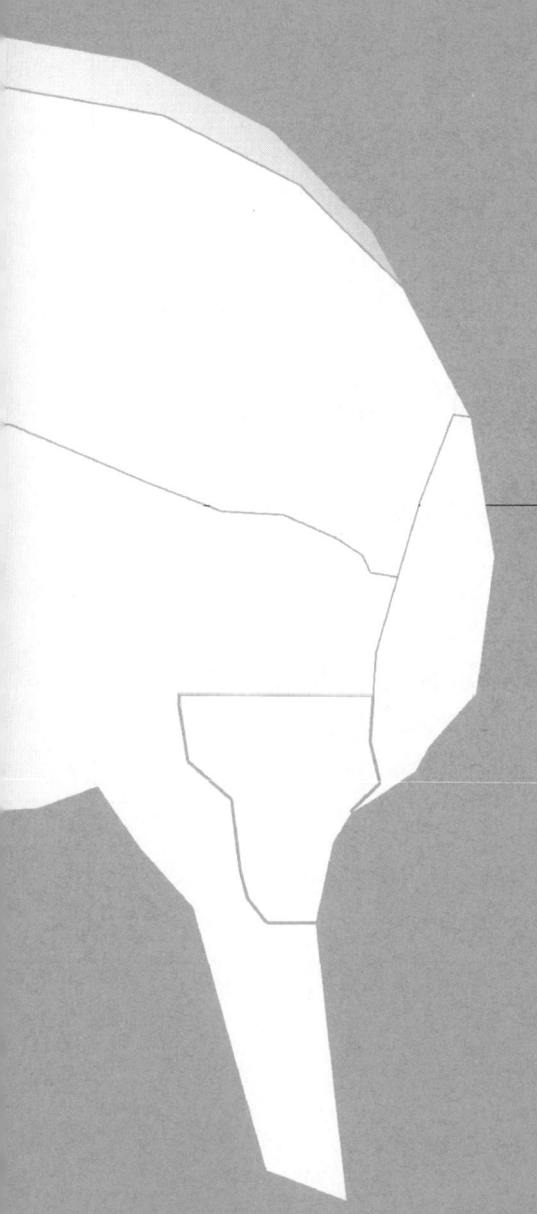

나

"우리의 정체성은 우리가 무엇을 배우고 무엇을 기억하느냐에 의해 형성된다."
— 에릭 캔델(Eric Kandel)　　신경과학자,
　　　　　　　　　　　　　　2000년
　　　　　　　　　　　　　　노벨생리의학상 수상

'나'라는 존재는 과연 무엇인가? 좀 더 구체적으로 말해, 무엇이 나를 다른 사람과 다르게 만드는가? 나의 성격과 행동방식은 어떻게 형성되는가? 이런 질문에는 여러 답이 가능할 것이다. 우선 다른 사람과 구별되는 나만의 생물학적 차이를 들 수 있겠다. 나의 생김새는 다른 사람들과 쉽게 구분된다. 여기서 말하는 생김새란 용모와 같은 신체적 특징처럼 생물학적으로, 유전적으로 정해져 있는 특징을 통칭한다.

　　개인의 생물학적 특징이 나를 타인과 구분해주는 좋은 지표인 것은 사실이다. 그러나 절대적 기준은 되지 못한다. 쌍둥이의 세포학적 유전자는 서로 동일하다. 용모도 거의 구분할 수 없을 정도로 같다. 그러나 둘을 동일인이라고 보진 않는다. 고유의 성격(personality)을 지닌 엄연히 다른 인격체로 구분한다. 그렇다면 성격은 어떻게 형성되는 것인가? 성격의 바탕에는 각 개인의 고유한 개성이 있고, 개성은 유전적 특성 외에도 환경적 요인 등 여러 요인이 복합 작용해 형성된다.

환경이라는 범주에는 매우 다양하고 복잡한 요소들이 엉켜 있다. 세포로 구성된 생명체의 경우 세포 내외의 여러 물질적 구성 성분 또는 시간에 따른 성분 변화가 가장 직접적이고 가까운 미시적 환경 요인으로 작용한다. 때로 환경호르몬이나 발암물질 등과 같은 성분이 세포에 해가 되는 환경 요인으로 작용하기도 한다. 인간을 포함해 동물은 신경계를 가지고 있으므로 움직이고 이동할 수 있고, 늘 새로운 환경을 찾아다닐 수 있다. 이때 어느 한 시점의 주변 환경은 또 다른 시점의 환경과 사뭇 다르다. 습도, 온도, 기후와 같은 무생물적 환경 요인이 시시각각 달라진다는 뜻이다. 주변 동료 또는 생물체와의 상호작용이 시시각각 달라지는 것도 사회적 환경 변화라고 볼 수 있다. 생명체가 무생물적, 생물적 환경 요인들에 지배받지 않는 순간은 없다고 봐야 한다.

이처럼 다양한 환경 요인에 지배받는 것을 '경험한다'라고 말한다. 경험한 것들은 우리 몸속에 기록된다. (때로는 생물학적 요인들에 의해 염색체 DNA가 변할 수 있고 DNA, RNA, 단백질에서 특별한 수식적 변화가 일어날 수 있지만 이 글의 논지를 벗어나므로 여기서는 더 언급하지 않는다.) 이 과정에서 생명체는 외부 자극을 감지하고 이에 반응하는데, 동물의 자극과 반응은 신경계를 통해 일어난다. 그렇다면 경험은 어떤 과정을 거쳐 우리 몸에 기록되는 것일까.

경험은
　　뇌에
　　　어떻게　　저장될까

신경계에 대해 좀 더 알아보자. 신경계에는 자극을 받아들이는 감각계, 반응을 집행하는 운동계, 이 둘을 연결하는 연합계가 있다. 자극은 다섯 가지 감각, 즉 시각, 청각, 후각, 미각, 촉각으로 나뉜다. 이들 자극 정보는 감각기관(눈, 귀, 코, 입, 피부)과 감각계를 거쳐 중추신경인 척수와 뇌로 전달된다. 자극에 대한 반응 여부는 뇌의 연합영역에서 정보가 처리된 후 결정된다. 의사결정이 내려지면 운동계를 통해 운동을 포함한 신체적 반응이 일어난다. 뇌를 거치지 않고 척수 수준에서, 즉 감각신경과 연합신경과 운동신경 간 반사회로를 통해 즉각적 반사 반응이 일어날 수도 있다.

　이러한 일련의 정보 처리 과정은 신경세포, 즉 뉴런들을 연결하는 시냅스를 거쳐 일어난다. 두 뉴런이 서로 연결될 때 하나는 시냅스전(前) 뉴런이 되고 다른 하나는 시냅스후(後) 뉴런이 된다(그림 참조).

　우리 뇌에는 뉴런이 1,000억 개가량 있다. 보고 듣고 느끼고 생각하고 행동하는 것 모두가 이 뉴런을 바탕으로 한다. 뉴런 1개는 1만여 개의 시냅스를 통해 다른 뉴런과 연결되는데, 우리 뇌에는 이런 시냅스가 1,000조 개가량 있다. 실상 뇌의 작용은 이 시냅스를 통해 이뤄진다고 볼 수 있다. 시냅스가 제거된다면 회로는 끊기고 뉴런은 더 이상 할 일이 없는 고립된 세포로 전락하여 곧 죽음을 맞이한다. 우리 뇌는 시냅스로 연결된 신경회로를 바탕으로 작동한다.

　이 신경회로 중 동일한 정보(예를 들어 동일한 자극 정보)를 반복해 처리하는 회로가 있다고 가정해보자. 이 회로를 통해 같은 정보가

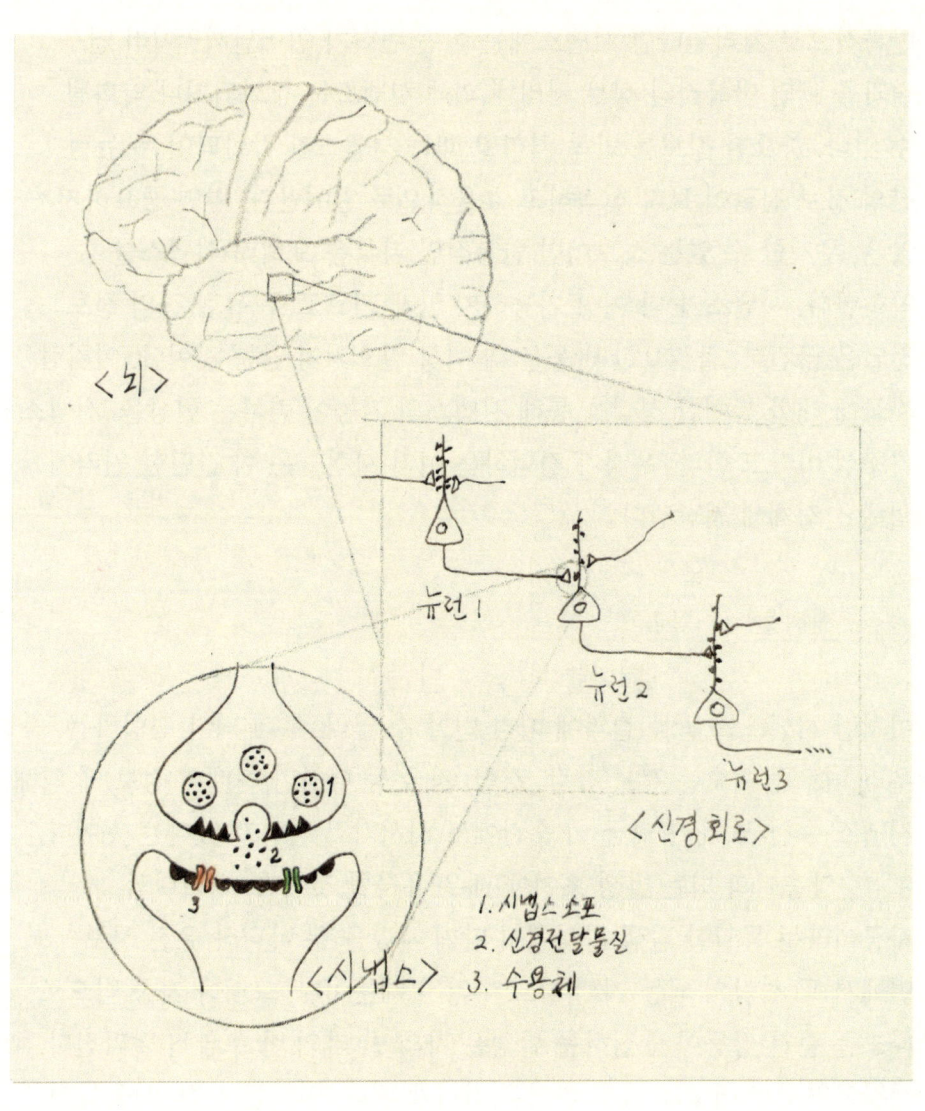

뇌의 옆모습, 신경회로, 시냅스 구조

뇌에 있는 신경세포인 뉴런은 시냅스를 통해 서로 연결되어 회로를 구성한다. 이런 회로는 무수히 많으며 어떤 회로가 작동하는가에 따라 뇌의 작용이 달라진다.

반복적으로 처리된다면 시냅스에는 어떤 변화가 일어날까? 여러 연구 결과를 보면 반복적인 정보 처리에 의해 시냅스는 강화되거나 약화될 수 있다. 중요한 정보를 반복 처리할 때는 시냅스가 강화되어 두 뉴런 간의 정보 전달이 보다 신속하고 효율적으로 일어난다. 반면 중요하지 않은, 무시할 수 있는 정보이면 반복적인 자극은 오히려 시냅스를 약화한다. 시냅스가 더 이상 기능하지 않게 되므로 두 뉴런 간의 정보 전달은 끊긴다. 불필요한 반응을 더 이상 일으키지 않는 것이다. 이처럼 자극에 대한 특이한 경험을 통해 시냅스의 기능이 변하는 현상을 '시냅스 가소성'이라고 한다. 우리가 경험하는 여러 사건들은 이 간단한 원리에 의해 신경계에 저장된다.

변하는 뇌, 변하는 나

이처럼 시냅스는 활동 결과에 따라 변할 수 있다. 우리 뇌가 경험하는, 즉 우리 뇌로 들어오는 정보(감각, 경험, 자극 등 다양한 형태의 정보)에 의해 시냅스 수천 조 개가 지금 이 순간에도 시시각각 변하고 있다는 뜻이다.

      쌍둥이의 뇌는 발생 초기에 매우 유사할 것이다. 어머니의 자궁이라는 동일한 발생 환경에서 함께 자랐을 뿐 아니라 유전 정보 면에서 두 사람의 뇌는 거의 다르지 않기 때문이다. 그러나 자궁 밖으로 나오는 순간 쌍둥이가 접하는 환경은 자의 반 타의 반 조금씩 달라진다. 성장하면서는 더욱더 다른 환경을 접하게 된다. 만나는 사람, 사물들이 점차 다양해지고 교육 수준, 직업, 교우 관계 등도 더욱 달라질 것이다. 환경이 달라지고 경험하는 정보가 달라지면, 이를 처리하는 뇌의 시냅스들도 다른 방식으로 활성화된다. 시냅스 강화와 약화가 다른 방식으로 나타나게 되어, 결과적으로 동일한 모습에서 출발한 쌍둥이 뇌는 점차 다른 시냅스 패턴을 만들어가게 된다. 뇌의 구조와 기능이 미시적으로 다른 모습으로 변하는 것이다.

이런 과정은 모든 인간의 뇌에서 일어난다. 우리는 비슷해 보이지만 너무나 다른 뇌를 가지고 있다. 시냅스가 달라지면 생각하고 느끼고 행동하는 방식도 매우 달라진다. 각자의 고유한 개성은 이로써 나타나는 것이다. '우리는 누구인가', '우리는 왜 서로 고유한 성격으로 구분 지어지는가'라는 질문에 대해, '우리의 뇌가 다르기 때문'이라고 대답할 수 있는 이유가 여기 있다.

물론 정체성을 규정할 때 유전자의 영향을 무시할 수는 없다. 유전자는 우리의 바탕을 이룬다. 인간 유전자는 다른 동물과 구분되는 인간의 모습뿐 아니라 인간 특유의 뇌가 만들어지는 데 영향을 미친다. 특히 선천적 언어 기능을 갖춘 뇌가 만들어지는 데 기여한다. 영장류 중 으뜸가는 인간의 인지기능과 언어 능력은 유전자에서 비롯한다.

그러나 인간 각각의 고유한 특성과 성격 등은 각자의 뇌 차이에서 비롯한다. 대체로 뇌의 후천적 구조 변화에서 기인한 것으로 보아도 무방하다. 성격, 지능, 행동양식 등이 유전할 수 있는지를 둘러싸고 여러 논의들이 오간 바 있다. '본성 대 양육(nature vs. nurture)' 논쟁이 바로 그것이다. 일부 인지 기능은 유전자와 연관될 수는 있는 것으로 보인다. 예를 들어 쌍둥이의 성격이 유사하거나 특정한 행동, 버릇 등이 부모에서 자식으로 유전하는 등 특이 사례들이 언급되곤 한다. 물론 일부 가능한 얘기다. 그러나 그렇지 않은 반대 사례들도 많다. 결과적으로 본다면 성격은 일부 유전하기도 하지만 상당 부분은 후천적 학습, 경험에 의해 변화하면서 형성된다고 보는 것이 옳을 듯하다.

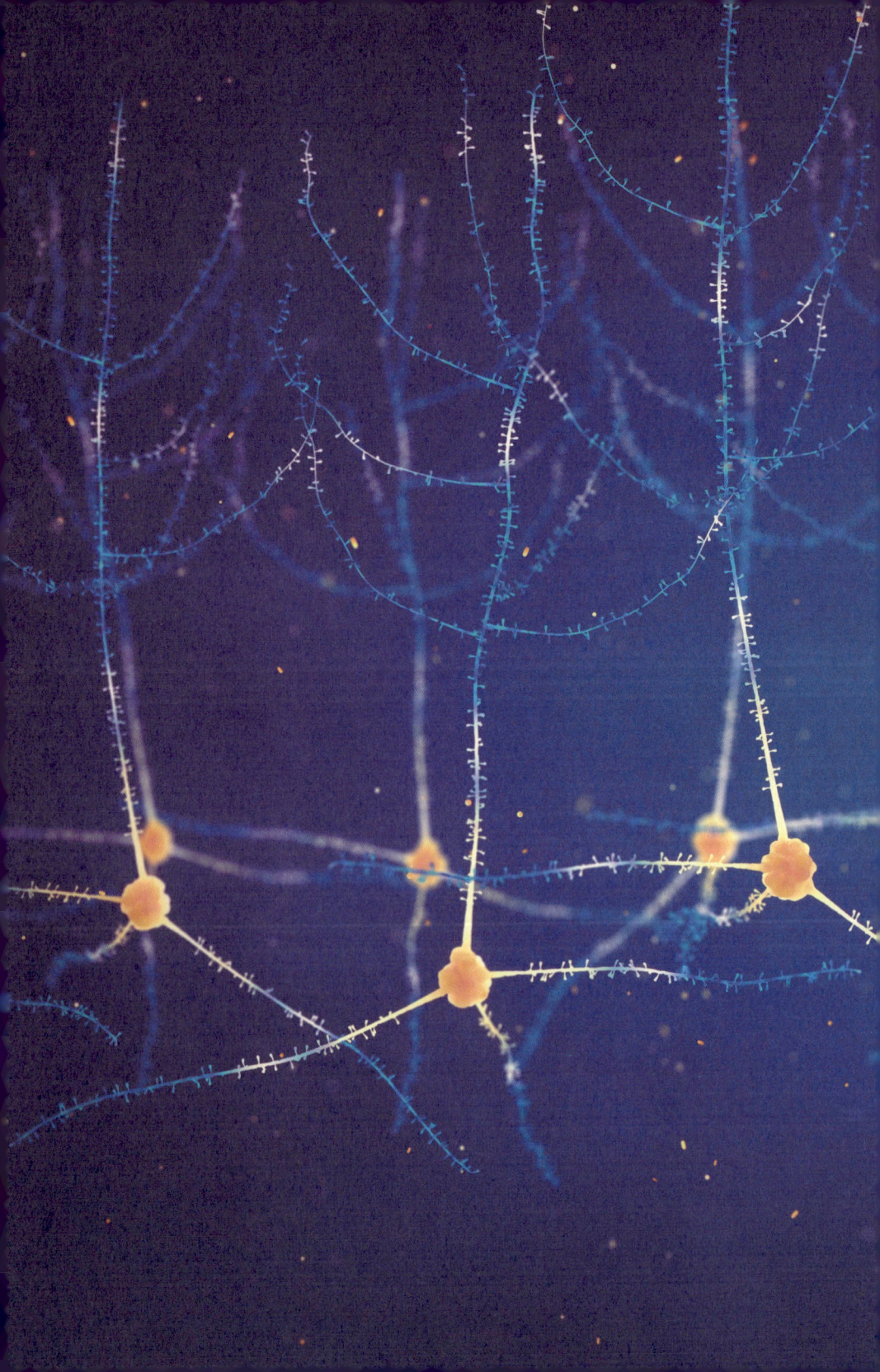

내 변화를 내가 몰라보는 까닭

우리의 뇌는 시시각각 변하는 경험과 정보에 의해 끊임없이 업데이트된다. 시냅스는 변하며, 이 누적된 변화가 기억을 만들어낸다. 시냅스 패턴 측면에서 본 우리 뇌의 현재 상태를 우리의 '본모습' 혹은 '정체성'이라고 정의한다면, 우리 정체성은 정적인 것이 아니라 동적인 것이라고 할 수 있다. 뇌가 시시각각 변하기 때문이다.

그런데 일상에서 우리의 정체성은 꽤 안정적이고 일관적인 것처럼 보인다. 일견 모순 같지만, 시간이란 변수를 고려하면 이런 모순에서 벗어날 수 있다. 뇌로 들어오는 모든 정보가 뇌의 시냅스들을 변화시키지는 않는다. 중요한 정보, 즉 생존과 관련된 정보만이 효과적으로 시냅스를 변화시킨다. 게다가 이런 변화는 서서히 시간을 두고, 수 주 또는 몇 달의 기간에 걸쳐 일어난다. 머리가 어지러울 정도로 모든 게 시시각각으로 변하는 것이 아니라 서서히 변한다는 의미다.

집을 하나 새로 얻었다고 가정해보자. 내 스타일에 맞게 가구와 생활용품, 시설을 서서히 갖춰나갈 것이다. 물론 사람 사는 집이면 기본적으로 갖춰야 할 기본 구조나 시설이 있다. 부엌, 거실, 화장실 등이 그렇다. 그러나 의도적으로 모방하지 않는 한, 내 집은 그 어느 집과도 똑같을 수 없다. 내 집은 다른 집과 구별되는 '나만의 집'이다. 그런데 오래 살다 보면, 이 나만의 집조차 처음 이사했을 때와 모습이 많이 달라진다. 정작 본인은 무뎌서 깨닫지 못할 수도 있지만, 오랜만에 내 집을 방문한 지인의 눈에는 매우 달라 보일 것이다. 이와 마찬가지로 나의 정체성은 스스로 알든 모르든, 뇌의 변화에 따라 조금씩 변한다.

> 기억이 없으면
> 　　나도　없고
> 　　　미래도 없다

시냅스들이 모두 파괴되어 뇌에 저장된 모든 정보가 사라진다고 가정해보자. 증세가 심각한 치매 환자와 같은 경우다. 이 환자는 자기 자신을 알아볼 수 있을까. 자신의 과거 모습과 현재 모습을 제대로 기억할 수 있을까. 그럴 수 없을 것이다. 기억이 사라지면, 자신의 정체성도 없어진다.

　기억은 나의 과거와 미래를 있게 해준다. 우리는 시간을 물리적 개념으로 이해한다. 시간이 흐르므로 과거, 현재, 미래가 만들어진다는 식이다. 그런데 우리에게 기억이 존재하지 않는다면, 과연 과거가 존재할 수 있을까? 실제로 기억 저장에 중요한 뇌 구조물인 해마가 청년 시절에 손상된 환자가 있었다. 그 환자는 새로운 학습을 통한 새로운 기억을 뇌에 저장할 수 없었다. 해마 손상 이전의 기억들은 대체로 온전했지만, 새로운 경험은 더 이상 뇌에 저장되지 않았다. 하루가 지나면 전날의 모든 일들을 잊었다. 현재의 늙은 모습은 인정하지 못하고 청년 시절의 모습만을 기억했다. 해마 손상 이후의 '과거'는 사라지고, 영원히 '현재'에 머물게 된 것이다.

　과거가 없다면, 즉 과거에 저장된 기억이 없다면 우리는 미래의 일을 유추하거나 기대하거나 계획할 수도 없다. 이를 미래의 기억이라고도 한다. 기억이 없다면 우리는 과거뿐 아니라 미래를 잃고 오로지 현재에만 살게 된다. 기억은 나의 정체성뿐 아니라 우리에게 '과거의 나' 그리고 '미래의 나'를 있게 한다.

류충민

미생물학자

대한 단상

우리 몸속 세포 하나의 무게는 1나노그램이다. 보통 성인의 몸무게가 50킬로그램에서 70킬로그램 사이라고 한다면, 사람은 대강 세포 50조~70조 개로 구성된 세포의 연합체라 정의할 수 있다. 그런데 우리 몸에는 사람 세포 수보다 10배 많은 수의 또 다른 개체가 살고 있다. 바로 미생물이다(그중 대부분은 세균이다). 세포 수로 따지면 몸에서 '생물학적 나'가 차지하는 비율은 10퍼센트에도 미치지 못한다. DNA 양으로 따지면 '나'는 더 보잘것없어진다. 미생물의 DNA 구성 물질 수는 사람 것의 100배가 넘는다.

이들 미생물은 언제, 어떻게 우리 몸속에 들어왔을까? 인간은 왜 미생물에게 자기 몸속 공간을 이렇게나 많이 내어주었을까? 생물학적 존재로서 인간에게 미생물은 어떤 의미일까?

인간, 세균을 물려받다

먼저 '생물학적 나'는 어떻게 규정할 수 있는지, 생물학적으로 '살아 있다'는 것의 의미는 무엇인지, 중·고등학교에서 배운 내용을 짧게 복습해보자.

두 개의 서로 다른 세포, 즉 정자와 난자가 결합해 하나가 된다. 세포가 둘로 나누어지기를 거듭하는 '분열'이 계속된다. 심장, 폐, 콩팥과 같은 기관이 만들어지고 그것을 지지하는 뼈, 전체를 감싸는 피부가 만들어진다. 아홉 달이 지나면 아기가 태어난다.

이제 아기의 세포 속을 살펴보자. 막으로 싸인 다양한 구조들이 보인다. 그중에서 가장 활발한 것은 핵이다. 둥근 모양의 핵에는 작은 구멍이 다수 뚫려 있는데, 이 구멍 안에서 마치 <은하철도999>처럼 긴 사슬 모양의 RNA가 연이어 나온다. 핵 안의 가장 중요한 자리는 DNA가 차지하고 있다. DNA는 세포가 죽기 전까지 절대 핵 밖으로 나오지 않는다. 세포라는 왕국을 다스리는 실질적 군주이자 은둔자인 셈이다. 이 DNA의 명령을 핵 밖으로 전달하는 전령이 RNA다. RNA는 핵 밖을 돌아다니는, 아미노산으로 불리는 단백질 조각을 맞추어 생명 현상에 필요한 단백질 덩어리를 만든다.

'DNA가 RNA에게 명령을 내려 단백질을 만들게 한다.' 무척 간단해 보이지만, 이는 지구상의 (어쩌면 다른 행성에서도) 모든 생명체가 겪는 가장 기본적인 생명 현상일 것이다. 코로나바이러스도 인간을 공격할 때 이 과정을 거치고, 우리 장을 가득 채우고 있는 세균도 몇 십 분에 한 번씩 이 과정을 거듭한다. 조금 건조하지만, '살아 있다'는 것은 이 세 요소가 연이어 일어나는 반응이라고 정의 내릴 수 있다. 그리고 그 시작점에

암수의 만남이 있다. 암수가 만나 서로의 DNA를 나누고, 'DNA-RNA-단백질'의 생명 활동을 거듭하는 새로운 자손을 낳는 데 성공하지 못하면, 그 종은 멸종한다.

　　이처럼 암수 세포의 만남은 생명체의 근본에 해당하는 중요한 일이므로, 과학자들은 수정이 일어나는 장소는 미생물이 없는 깨끗한 조건일 것이라고 믿어 의심치 않았다. 하지만 최근 획기적인 기술로 무장한 새로운 발견들이 보고되면서, 다양한 미생물이 이 금단의 지역에도 존재한다는 사실이 밝혀졌다. 그 대표적 공간이 인간의 자궁이다. 오랫동안 자궁은 완벽한 살균 상태, 즉 미생물이 없는, 아니 있어서는 안 되는 공간으로 여겨졌다. 그러나 이런 고정관념을 불식시키려는 듯 자궁에서 세균, 고세균, 곰팡이 그리고 바이러스까지 찾아낸 연구 논문들이 최근 10년 사이 줄줄이 발표되었다. 실제로 미국 듀크대학교 의대 연구팀의 조사에 따르면 출산 직후 산모의 태반과 신생아의 장 그리고 탯줄에서 동일한 세균이 발견되었다. 태아를 임신한 자궁에 미생물이 있다는 방증이다. 아울러 임신 시기별 관찰 결과, 임신 중기에는 자궁 안에 세균 수가 많다가 후기로 갈수록 줄어든다는 사실이 확인되었다. 연구자들은 세균이 임신 초기에 엄마에게서 태아로 이동하고, 이후 태아가 이들 세균에 대한 면역 시스템을 갖추면서 자궁 내 세균의 밀도가 줄어드는 것이라고 추정하고 있다. 이 추정이 옳다면, 인간의 아이는 어미로부터 유전자만 물려받는 것이 아니라 면역 시스템 구축에 필요한 세균도 물려받는 셈이다.

미생물이 사라진다면

최근 미생물학계에서 많이 사용되는 단어가 있다. "홀로바이옴(Holobiome)"이다. '전체'를 뜻하는 'holo'와 살아 있는 '모든 생명체'를 뜻하는 'biome'의 합성어로, 우리 몸속 미생물과 인간 개체를 한 통으로 보자는 시각을 바탕으로 한다. 서양 과학은 나누고 쪼개어 분석하면 대상의 본질에 접근할 수 있을 것이라는 "환원주의(Reductionism)"에 입각한 논리실증주의를 근간으로 한다. 반면 홀로바이옴은 언뜻 이와 정반대인 접근법으로 보인다. 왜 이런 관점이 등장했을까? 환원주의에선 '생물학적 나'로서 인간 개체를 이해하기 위해 피부에서 기관으로, 그 기관을 구성하는 세포로, 다시 그 속의 단백질로, RNA로, DNA로 파고든다. 과학자들은 DNA의 구조를 밝히면 '판도라의 상자'가 열릴 것이라고 보았다. 그러나 우리가 발견한 것은 에데닌, 구아닌, 시토신, 티민이라는 4개의 구성 요소뿐이었다. 의미 없어 보이는 4개의 화학물질로 생명체가 이루어져 있었던 것이다. 이들만으로 생명을 설명하기에는 무리가 따른다. 반대 방향으로, 즉 세포 '밖'으로 눈을 돌리게 된 연유 중 하나가 여기 있다. 그리고 그 결과, 인간이라는 개체가 홀로 존재하지 않고 미생물과 항상 같이 있다는 사실이 주목받게 되었다.

홀로바이옴은 미생물과의 공생, 좀 더 나아가서 '살아 있는 것으로서 생명체'를 잘 설명할 수 있는 개념이다. 실제로 미생물이 없는 몸은 있을 수 없다. 예컨대 곤충의 경우, 항생제로 몸속 미생물을 모두 죽이면 치명적 생육 장애를 겪게 된다. 최근 필자의 실험실에서 '꿀벌부채명나방'을 이용해 플라스틱을 분해하는 실험을 진행하고 있다. 예전에는 꿀벌부채명나방의 장내 미생물이 플라스틱을 분해하는 데 중요한 역할을 한다고 알려져 있었다. 그러나 2019년 «셀리포트(Cell Reports)»에 게재한 우리 실험실의 연구 결과에 따르면 항생제로 미생물을 모두 없애도 꿀벌부채명나방의 플라스틱 분해 능력은 줄어들지 않았다. 이어지는 의문은 다음과 같았다. 그렇다면 왜 꿀벌부채명나방은 미생물을 장 속에 가득 채우고 있을까? 장내 미생물이 관여하는 부분은, 예상 외로 '변태'였다. 꿀벌부채명나방이 애벌레 상태일 때 장내 미생물을 항생제로 모두 없애면 번데기 상태가 되는 데 시간이 몇 배 더 걸린다. 그중에는 아예 번데기가 되지 못하는 개체도 많다. 번데기가 되지 못하면 성체인 나방이 되지 못하고, 그렇게 되면 알을 낳지 못한다. 생명체의 근본 활동, 즉 '번식'을 못하게 되는 것이다.

인간의 몸에서 미생물이 사라지면 무슨 일이 일어날까? '버블보이(Bubble Boy)'라는 아이가 있었다. 인간의 세포는 지구상 대부분의 미생물을 만났을 때 이겨낼 수 있는 '선천면역(Innate Immunity)'을 갖추고 있다[우리가 '항체-항원 반응'으로 알고 있는 반응은 이와 대비해 '후천면역(Acquired Immunity)'이라고 부른다]. 이 선천면역 덕분에 신생아는 엄마의 자궁 속에서, 그리고 태어난 직후 만나게 되는 엄청난 종류의 미생물에 대해 큰 문제를 겪지 않는다. 하지만 버블보이는 달랐다. 선천적인 면역 이상으로 이 선천면역이 없이 태어난 것이다(중증복합면역결핍증, Severe Combined Immunodeficiency). 그래서 평생을 '멸균된 풍선' 속에서 살아야 했다. 버블보이는 미생물이 하나도 없는 여과된 공기를 마셨고, 살균 과정을 철저히 거친 음식을 먹었다. 엄마와 만날 때도 엄청난 무게의 방호복을 착용했다. 그러다 열세 살이라는 이른 나이에 사망했다.

버블보이가 죽고 나서 과학자들은 인간이 미생물 없이 왜 잘 살

수 없는지 좀 더 자세히 연구했다. 버블보이의 특정 장기는 정상인의 그것에 비하여 비대했고 작용도 잘 이루어지지 않았다. 이는 무균 상태에서 수정을 한 생쥐(Germ-free Mouse)에게서도 비슷하게 발견되는 현상이었다. 앞서 언급한 것처럼, 무균 처리한 곤충이 잘 변태하지 못하거나 성체가 되어서도 알을 제대로 낳지 못하는 것과 비슷하다.

  버블보이 같은 극단적인 예가 아니더라도 몸속 미생물 수 혹은 다양성 감소는 일반인에게도 부정적으로 작용한다. 인간은 나이가 들수록 몸속 미생물의 종류와 숫자가 급속하게 줄어든다. 젊은 사람의 장에는 유산균으로 분류되는 비피도박테리아처럼 면역을 유도하는 세균이 많다. 반면 나이 많은 사람의 장에는 유산균이 상대적으로 적고, 그 대신 병원성 대장균에 속하는 엔테로박테리아과 세균이 많다. 장내 미생물의 종류와 숫자가 줄어들면 장내 상피세포를 덮고 있는 막이 얇아지고, 이에 따라 장 보호 기능이 약해진다. 이는 대장 이상과 여러 질병의 원인이 된다. 암도 여기에 포함된다.

'나'의 몸이 더 복잡해야 하는 까닭

최근 코로나19 광풍에서 보듯 몇몇 미생물의 반란에 인간은 제대로 방어조차 하지 못하고 맥도 못 춘다. 왜 어떤 사람은 바이러스에 걸려도 며칠 만에 회복하는데 어떤 사람은 다시 병원 밖으로 걸어서 나오지 못하는가? 미생물에 대해 우리는 여전히 모르는 것이 많다.

  인간 면역 세포의 절반 정도가 소장과 대장에 집중되어 있는 이유도 아직 명확히 밝혀지지 않았다. 우리의 장에는 매일매일 전혀 새로운 '이방인' 미생물이 들어온다. 이 때문에 장에 있는 면역 세포들은 순간순간 달라지는 미생물에 대항하기 위해 다양한 면역 기능을 계속해서 발현시켜야만 한다. 국가와 마찬가지로 장도 미리 준비하지 않으면 병원균과 같은 독특한 미생물의 출현을 제대로 방어할 수 없다.

　　이런 관점에서 보면 미생물로 가득 찬 환경에서 '생물학적 나'로 살아남기 위해 염두에 두어야 할 핵심 요인은 '다양성'과 '항상성(Homeostasis)'이라 할 수 있다. 다양성이 확보되지 않은 개체나 생태계는 새로운 환경을 만났을 때 쉽게 무너진다. 이것은 항상성에 절대적인 영향을 끼치게 된다.

　　그렇다면 미생물 관점에서 다양성이란 무엇인가? 다양성은 실제 우리의 삶에서 얼마나 중요할까? 몇 년 전 중환자실 환자를 대상으로 입원 5일 후에 장내 미생물을 조사하고, 이후 퇴원한 사람과 사망한 사람을 나누어 관찰한 적이 있다. 장내 미생물의 다양성과 퇴원 확률은 의미 있는 상관관계를 보였다. 장내 미생물의 다양성이 유지된 사람은 처방과 치료를 받고 빠른 시간 내에 회복한 반면, 그렇지 않는 환자는 긴 시간을 고통 속에서 보냈다. 실험 결과를 확인하고 필자는 다양성이 인간 존재에 큰 영향을 끼친다는 사실을 새삼 깨닫게 되었다. 그러고 나서 잠정적으로 도달한 결론이 '균형'이었다. 우리 몸에는 좋은 균도 있고 나쁜 균도 있다. 더불어 그 기능을 아직 알지 못하는, 더 많은 수의 '이상한 균'까지 존재한다. 이 균들 사이에서 어떻게 균형 잡을 수 있을까. 우리에게 주어진 숙제 중 하나다.

　　균형 유지의 가장 큰 장애물은 우리의 고정관념이다. 보통 우리는 미생물이 병을 일으킨다는 이유로 모든 미생물을 적으로 착각한다. 주위 모든 곳의 미생물을 박멸하면 건강해질 것이라 생각하고 청결에 힘을 쏟는다. 아직까지도 그렇게 생각하는 사람들이 많다. 억지로 스스로를 버블보이로 만드는 우를 범하는 경우도 많다.

　　　　미생물이 병을 일으키는 것은 맞지만, 모든 미생물이 그런 것은 아니다. 미생물을 없앤다고 병을 완전하게 근절할 수 있는 것도 아니다. '위생가설(Hygiene Hypothesis)'을 주장하는 과학자들은 그 이유를 인간의 면역 시스템을 바탕으로 설명한다. 인간은 미생물이 없는 환경에서 살아본 적이 없다. 오랫동안 인간은 미생물을 토대로 삼아 기본적인 선천면역을 발현시켜 왔다. 바꾸어 말해, 미생물의 다양성과 숫자가 줄어들면 면역을 발현시킬 힘도 줄어드는 셈이다. 위생가설을 주장하는 과학자들이 조금 더럽게 사는 것을 추천하는 이유가 여기 있다. 신생아 시절부터 너무 깨끗한 환경에서 자란 아이들은 아토피와 같은 면역 질환을 앓을 확률이 높다.

공생, '생물학적 나'의 필요충분조건

현재 미생물학자들의 연구 경향을 살펴보면 인간이라는 단일 개체 측면 관점보다는 홀로바이옴 관점의 시도가 농후하다. 심지어 몇몇 과학자는 인간과 같은 포유류가 항온동물인 것은 몸속에 있는 세균들을 잘 배양해 밖으로 배출하는, '걸어다니는 배양기' 역할을 하기로 자연계에서 설계되었기 때문이라고까지 말하고 있다. '포도주를 숙성시키는 오크통'처럼 미생물을 잘 보관하고 유지하는 도구로 인간이라는 개체가 사용된다고 보는 시각이다.

　　　　이런 관점의 진위 여부를 떠나서, 어쨌든 인간 입장에서 가장 중요한 일은 지구상에 인간이 나타나기 전부터 존재하고 있었던 미생물을 자기 생존에 이용하며 멸종하지 않고 살아남는 것이었을 것이다. 즉 인간은 미생물과의 관계 설정을 위해서 많은 시간 시행착오를 거쳤을 것으로 보인다. 이런 의미에서 '생물학적 나'라는 존재는 오랜 시간 동안 우리 조상들이 미생물과 쌓은 관계의 결정체라 할 수 있다.

  인간이 만물의 영장이라는 생각은 홀로바이옴이라는 개념 앞에서 그 의미가 퇴색한다. 자연의 한 부분으로 인간이 이제 배워야 할 것은 자연 앞에서의 겸손함이다. 아울러 현재 과학과 철학에서 큰 화두로 떠오른 '나'라는 존재에 대한 이해, 인간 개개인의 차이에 대한 이해가 필요하다. 몸속 미생물의 존재와 그 역할에 대한 우리의 이해 수준은 이제 겨우 걸음마 단계에 와 있다. 미생물을 연구하는 과학자로서 인간에게 미생물은 어떤 의미인지, 정확히 알게 되는 날이 앞당겨지기를 고대한다.

생각하는

이명현

천문학자

별 먼지

제주도에 가 있던 지인을 만나러 간 김에 몇몇이 더 합류를 해서 같이 여기저기 구경을 다닌 적이 있다. 몇 년 전의 일이다. 길을 찾으려고 내비게이션을 켰는데 언뜻 보기에 좀 낯설었다. 화면상에서 우리 차가 아래쪽으로 움직이고 있었기 때문이다. 보통 내비게이션은 자기가 타고 있는 차를 중심에 두고 도로가 그에 맞춰서 변하는 식으로 작동한다. 차가 항상 지도상에서 위쪽으로 향한다는 말이다. 그날 지인이 선택한 모드는 동서남북이 고정된 지도 모드였다. 우리가 남쪽으로 이동하고 있었으니 지도상에서 우리 차가 아래쪽으로 움직이도록 보였던 것이다. 나는 이 모드가 좋았고 서울로 돌아와서 내 차에도 적용해서 사용했다.

동서남북 방위에 맞춰서 내 위치를 마치 위에서 내려다보듯 조망하는 방식이 마음에 드는 구석이었다. 여행을 가면 그 동네의 높은 곳에 올라 전체를 한꺼번에 보면서 위치를 파악하는 것을 즐긴다. 그런 후 그 지역 곳곳을 차로건 걸어서건 몇 번을 돌면서 나름대로의 위치를 파악한다. 아마 어려서부터 아마추어 천문가로 활동했고 나중에는 천문학자로 훈련받은, 말하자면 직업적인 특성의 영향일지도 모른다.

그런데 생각보다 불편했다. 바로 눈앞의 위치만 파악하는 것이 아니라 더 넓게 전체를 바라볼 수 있는 내비게이션 모드가 너무 마음에 드는데 서울이라는 복잡한 도시에서 운전을 할 때는 그다지 효율적이지 않았다. 바로 앞에서 지금 일어나는 일에 대처하는 방식이 훨씬 더 효율적이고 안전해 보였다. 이런 이유로 도시에서 운전할 때는 자기중심적인 내비게이션 모드를 사용하고 있다. 도시를 벗어나면 동서남북 고정 모드를 즐겨 사용한다. 넓은 세상으로 나갔을 때는 자신의 위치를 잘 파악하는 것이 무척 재미있기도 하고 실제로 운전에 도움이 되기도 한다.

우주적 시공간에서 인간의 위치

인간이 우주를 생각하고 그 속에서 자신의 위치를 생각하는 방식도 내비게이션 모드와 비슷해 보인다. 오랫동안 지구는 우주의 중심이었고 이를 누구도 의심하지 않았다. 태양이 우주의 중심을 차지하면서 지구는 우주의 변방으로 밀려나기 시작했다. 태양도 우리은하의 중심을 도는 수천만 개의 별들 중 하나라는 사실이 밝혀지자 인간이 살고 있는 행성 지구는 우주의 미미한 티끌 같은 존재가 되었다. 우리은하도 관측 가능한 우주 속에 존재하는 2조 개 정도 되는 은하 중 하나일 뿐이라면 더 말을 해서 무엇하겠는가.

천문학자들의 역할은 인간을 우주의 변방으로 밀어내는 일처럼 보인다. 과학자들은 이런 작업을 보편성과 평범성의 확보 또는 확인이라는 관점에서 이해하고 있다. 우리 지구는 우주에서 특별한 존재가 아니라 평범한 존재라는 것이다. 이런 사고체계를 코페르니쿠스의

원리라고 부른다. 비슷한 생각을 확장하면 지구의 생명체 또한 우주의 중심에 존재하는 것이 아니라 우주의 수많은 생명 중 하나일 수 있다는 생각에 도달할 것이다. 우주생물학적 코페르니쿠스 원리라고 한다. 태양을 중심에 둔 우주론을 펼쳤던 코페르니쿠스가 그 시작점에 있으니 그의 이름을 붙이는 것이 타당해 보인다. 하지만 또 한편 아무리 생각해봐도 인간은 특별해 보인다. 물론 이 말 속에는 우리만 특별하다는 것이 아니라 우주의 모든 구성원이 나름대로의 이유로 특별하다는 뜻이 담겨 있기는 하다.

   지구에 사는 우리는 지구가 행성이라는 사실도 잊고 산다. 지구에 여러 대륙이 있다는 사실도 그저 배워서 알고 있다. 여행을 많이 다녀도 모든 것을 한꺼번에 조망해보거나 바라볼 기회는 의외로 많지 않다. 눈앞에 놓인 일들이 산적해 있어서 시선을 우주는커녕 길 건너에 두기도 쉽지 않다. 아폴로 8호는 우주비행사를 태우고 달 궤도를 돌아 지구로 돌아온 첫 번째 우주선이었다. 달을 돌면서 지구의

모습을 본 우주비행사들의 심정은 어땠을까. 자신이 있던 곳에서 멀리 떠나 지구를 온전히 하나의 물체로 바라보는 경험은 어땠을까. 아폴로 8호가 찍은 지구의 모습은 충격 그 자체였다. 눈앞의 방향을 찾는 데만 익숙한 지구인들에게 자신을 포함한 (우주비행사 세 명은 제외한) 모든 지구인들이 오순도순 모여 사는 지구를 사진 한 장 속에서 보는 느낌이란, 충격 그 자체였을 것이다. 막연하게 상상하고 추론할 수 있었던 하나의 행성으로서의 지구를 목격한 지구인들은 이제 되돌아갈 수 없는 인식의 강을 건넌 셈이었다. 우주탐사선이 화성에 착륙해서 찍어 보낸 지구의 모습은 다시 한번 우리를 숙연하게 만들었다. 쌍둥이 화성탐사선인 오퍼튜니티와 스피릿이 사진으로 찍어서 보내온, 화성에서 본 지구의 모습은 지구에서 바라보는 화성의 모습처럼 그저 한 점으로 빛나는 행성이었다. 그 속에 우리 모두가 살고 있었던 것이다. 토성탐사선인 카시니가 보내온 사진은, 뭐랄까 더 짠한 느낌을 준다.

토성의 고리 사이로 작은 점 하나가 찍혔다. 지구의 모습이었다.

  1977년 지구를 떠난 보이저 1호는 1990년 무렵 해왕성 궤도를 지나 태양계 행성들의 공전 궤도면에서 조금 위쪽으로 올라간 위치에 놓이게 되었다. 천문학자 칼 세이건(Carl Sagan)은 보이저 1호의 카메라를 태양계 안쪽으로 돌려서 태양계 구성원의 가족사진을 찍자고 제안했다. 더 멀어지면 너무 어두워져 지구의 모습을 사진에 담을 수 없기 때문이다. 1990년 2월 14일, 지구는 보이저 1호의 카메라에 작고 희미한 한 점으로 담긴다. 칼 세이건은 한 픽셀도 되지 않는 이 작은 점을 '창백한 푸른 점'이라고 불렀다. 이 작은 점 속에서 지구인들이 온갖 사건들을 맞이하면서 살고 있던 것이었다. 우주에서 바라본 지구는 작고 연약하기 그지없었다. 우주 속 인간도 마찬가지라는 생각이 들 수밖에 없다.

  '창백한 푸른 점'이 보이는 거리는 일상의 크기로는 감당하기 힘든 먼 거리지만 우주 전체로 보면 이 자체도 그저 작은 점에 불과하다. 보이저 1호가 태양계의 물리적인 끝인 오르트 구름에 도달하려면 앞으로 3만 년을 더 날아가야 한다. 태양계에서 가장 가까운 다른 행성계까지 보이저 1호의 속도로 날아가면 5만~8만 년 정도 걸린다. 빛의 속도로는 4년 정도 걸린다. 이런 행성계가 수천억 개 모인 집단을 우리은하라고 한다. 태양계는 우리은하의 수천만 개 행성계 중 하나다. 우리은하 같은 은하는 관측 가능한 우주의 끝 안에 1조 개 정도 있는 것으로 알려져 있다. 작은 은하까지 고려하면 2조 개 정도로 늘어난다. 우리은하는 그중 하나의 은하일 뿐이다.

　　우주 공간 속 지구 그리고 그 속에 살고 있는 우리 인간은 결국 미미하고 연약한 존재처럼 보인다. 현재 우주의 나이는 138억 년으로 알려져 있다. 빅뱅의 순간 탄생한 우주가 팽창에 팽창을 거듭해 현재의 광활한 우주가 되기까지 138억 년이 걸렸다는 말이다. 태양계가 형성된 것이 약 50억 년 전이고 지구가 생성된 것이 약 46억 년 전이다. 우주의

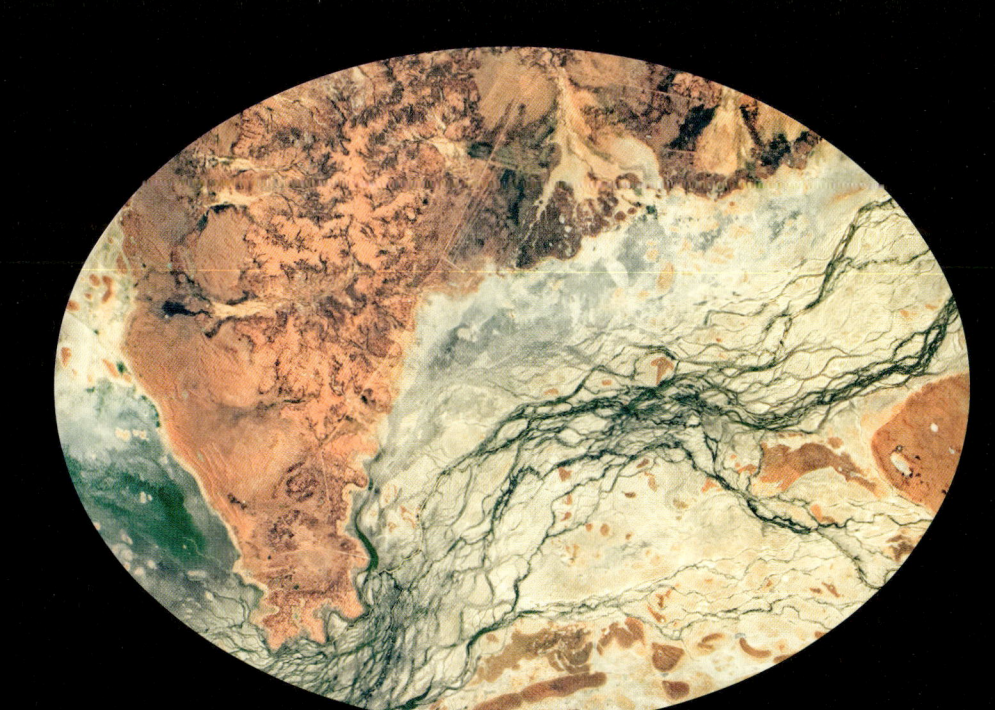

시간에 비하면 태양계나 지구는 그야말로 젊은 세대에 속한다. 호모 사피엔스가 지구상에 등장한 것이 20만~25만 년 전이라고 하면 우주의 시간 속에 현생인류가 존재한 시간은 그야말로 시간의 점에 불과할 것이다. 인간의 수명이 늘어났다고 해도 100년을 훌쩍 넘기지는 못한다. 한 사람에게는 긴 세월이지만 우주의 시간에서 보자면 그저 찰나에 불과하다. 우주의 공간 속에서와 마찬가지로 우주의 시간 속에서 살펴본 인간의 위치는 그저 '점'이라고 말할 수밖에 없는 너무나 미미한 것인 듯하다.

연약하되 고귀한, 미미하되 특별한

우리 몸을 이루는 것은 수소를 비롯해 산소, 질소, 탄소, 황, 인 같은 원소들이다. 수소 원자의 핵인 양성자는 빅뱅으로 우주가 탄생한 지 얼마 되지 않았을 무렵 우주 공간 속에서 생성되었다. 강입자가속기 같은 곳에서 강제로 충돌시키기 전에는 자연 상태에서 붕괴되거나 깨지지

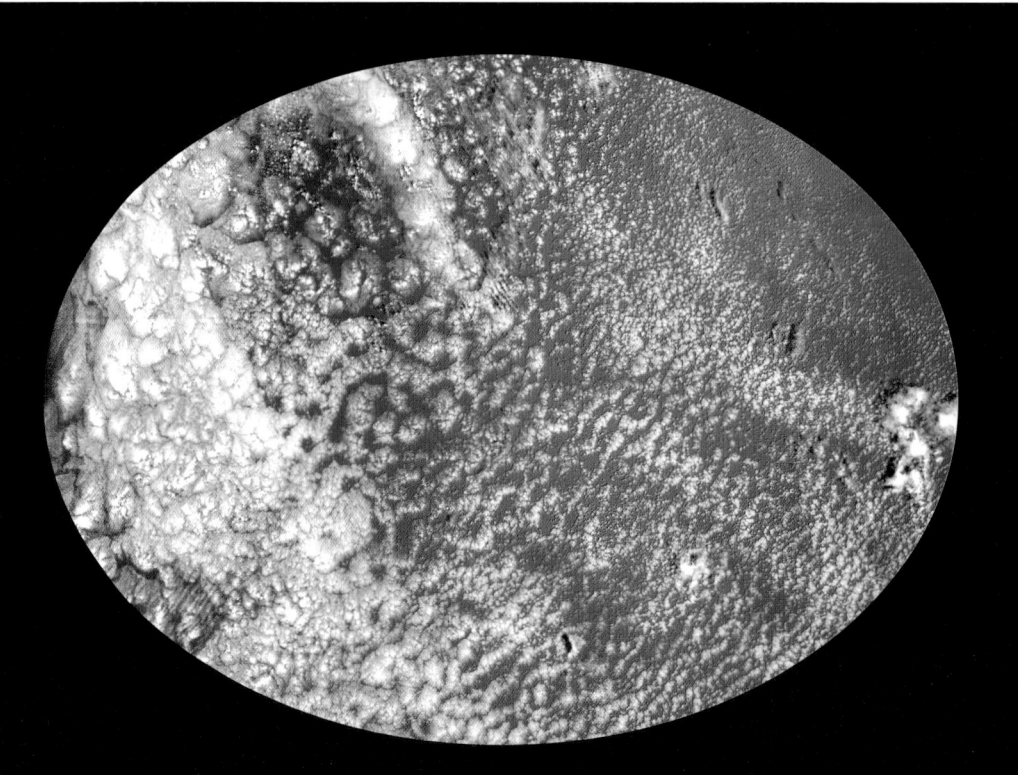

않는다. 산소, 질소, 탄소 같은 원소는 별이 일생을 살면서 만든다.

　우주 초기에는 거의 수소로만 이루어진 성운이 있었다. 이런 성운이 외부의 자극이나 내부의 불안정 같은 어떤 원인에 의해 뭉쳐지고 수축하면서 국부적으로 밀도가 높아지고 온도가 올라가는 현상이 발생했다. 성운이 수축하자 그 중심부의 밀도와 온도는 계속 올라갔고 수소의 원자핵인 양성자와 양성자가 결합할 정도로 올라가는 경우도 생겼다. 이런 과정을 핵융합이라고 한다. 양성자 두 개가 결합해 양성자가 두 개인 핵을 가진 헬륨이 탄생했다. 이 과정에서 질량의 차이를 보전하는 만큼의 에너지가 빛의 형태로 방출되었다. 빛이 만들어진 것이다. 이 순간을 별의 탄생이라고 한다. 성운에서 핵융합 작용이 일어나면서 빛이 발생하면 별이 탄생한 것이다.

　별은 일생 동안 핵융합 과정을 거쳐 빛을 낸다. 이 과정에서 헬륨뿐 아니라 더 많은 양성자가 융합돼 만들어지는 산소, 탄소, 질소

같은 원소들이 생성된다. 더 무거운 별일수록 더 많은 양성자를 붙일 수 있어서 더 무거운 원소를 만들어낸다. 별이 일생을 살고 더 이상 핵융합 작용을 하지 못하게 되면 빛도 더 이상 만들어내지 못한다. 별빛이 꺼지는 것이다. 태양 같은 상대적으로 작은 별은 수축과 팽창을 거듭하다가 백색왜성과 행성상 성운으로 분리되면서 일생을 마친다. 이 과정에서 일생 동안 만들었던 원소를 다시 성운으로 흩뿌린다. 태양보다 한참 무거운 별은 죽음의 과정에서 폭발한다. 거대한 적색거성이 되어서 수축과 팽창을 거듭하다가 폭발하는 것인데, 이 순간을 초신성 폭발이라고 한다. 이 과정에서 밀도와 온도가 순식간에 높아지고 더 많은 양성자가 서로 붙어서 더 무거운 원소가 만들어진다. 금속 원소들은 대부분 이 과정에서 만들어진다. 그런 후 성운으로 흩뿌려진다. 성운에서 별의 일생이 거듭되면 그 성운에서 수소에 대한 다른 원소의 비율이 커지는 이유는, 이처럼 별이 죽으면서 자신이 만든 원소를 성운에 더하기 때문이다. 태양은 앞선 별들의 삶과 죽음을 통해 모든 원소들이 어느 정도 풍성해진 성운 속에서 탄생했다. 우주 전체에서 보면 3~4세대 정도의 별이다.

요컨대 수소는 우주 초창기에 만들어졌고, 그 원자핵인 양성자는 우주 나이만큼의 시간 동안 재활용되었다. 우리 몸속에 존재하는 수소는 모두 이런 우주의 역사를 머금고 재활용되다가 지금 이 순간 우리의 몸속에 머물고 있는 것이다. 우리 몸을 이루고 있는 원소들인 산소, 질소, 탄소 같은 원소들도 지구에서 뚝딱 만들어진 것이 아니다. 태양의 선조 별들이 삶과 죽음을 거쳐 만들어서 성운 속에 뿌려 놓은 것이 태양으로, 지구로 흘러들어 와서 지금 이 순간 우리 몸속에 머무르는 것이다. 어느 원소 하나 우주 공간으로부터 오지 않은 것이 없다. 우리는 이렇듯 우주의 역사, 별의 탄생과 죽음의 역사를 머금은 존재다.

과학자들은 이런 관측 결과를 토대로 우리가 실제로 우주와 화학적으로 연결되어 있다는 사실을 알려준다. 그러면서 인간을

'별먼지'라고 부른다. 사실 굴러다니는 돌멩이부터 바닷물 속의 작은 생명까지 별먼지가 아닌 것은 없다. 그런데 인간은 자신이 별로부터 온 존재라는 사실을 인식하고 그로부터 우주와 인간의 관계에 대한 성찰을 이끌어낼 줄 아는 존재가 되었다. 그래서 인간을 특별히 '생각하는 별먼지'라고 한다.

　우주의 광활함과 시간적 유구함을 생각하면 우주 속 인간의 위치는 미미하고 연약하기 짝이 없다. 그런데 그 긴 세월 속에 지구라는 작은 행성에서 생명이 탄생하고 그 생명체가 진화를 거듭해 지적 능력을 갖추게 되어 우주를 생각하기에 이르렀다. 이 기적과도 같은 우주의 여정을 통해 인간이 존재하게 되었다. 고귀함과 특별함이 우리에게 있는 것이다. 앞서 이야기한 대로 이 특별함은 모든 우주의 구성원들이 함께 나누는 특별함이고 고귀함이기도 하다. 하지만 인간은 우주에 대해 이런 생각을 할 수 있는 바로 이 순간의 또 다른 특별함을 간직한 종이다.

　광활한 우주에는 우리같이 지적인 능력을 갖고 있는 생각하는

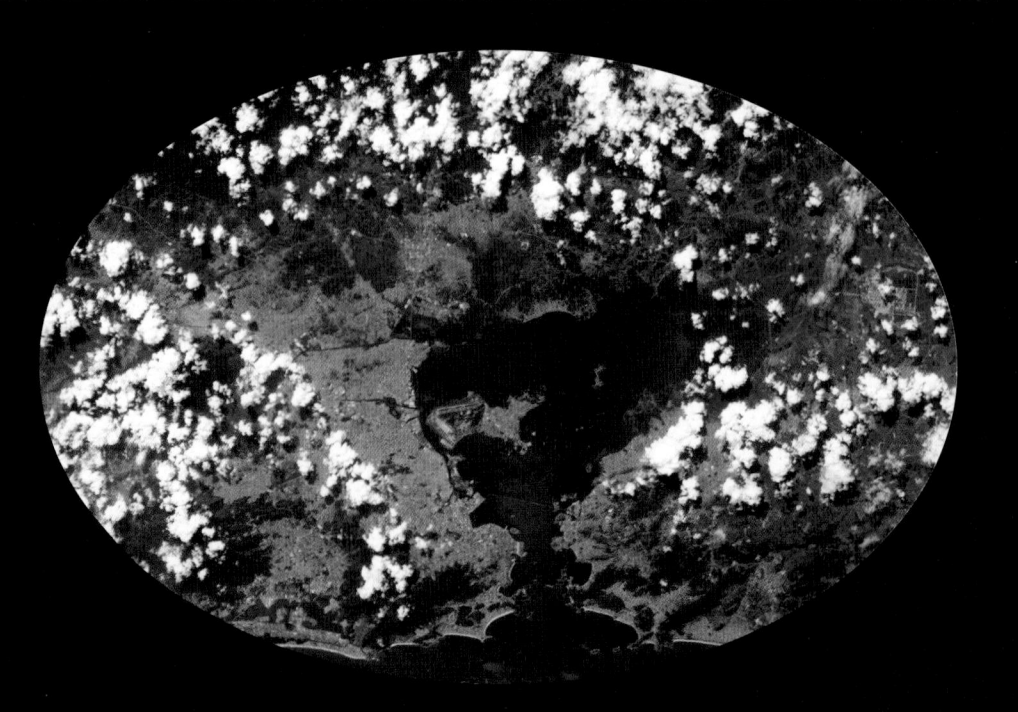

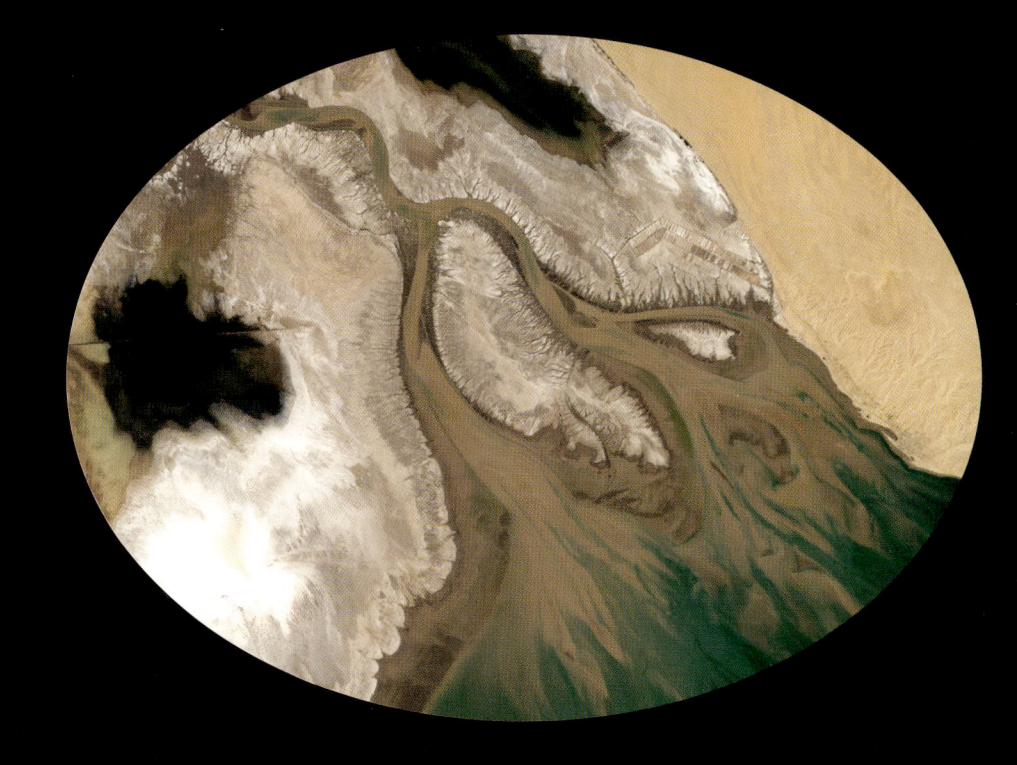

별먼지가 많이 존재할 것이다. 우주를 관측하고 생각하고 성찰하는 우리 인간은 어쩌면 우리의 궁극적인 거울일지 모를 외계지적생명체를 찾아야만 하는 의무를 타고났는지 모른다. 그들과의 접촉이야말로 우주 속 인간의 위치를 다시 한번 확인하는 확실한 길일지도 모른다. 우주 속 인간은 미미하고 연약한 존재지만 우주의 역사를 한껏 머금은 고귀한 존재다. 생각하는 별먼지라는 말이다.

오강남 비교종교학자

심층 종교의 가르침과 나

세계 중요 종교에서 '나'의 문제는 어떻게 다루어지는가. '지금의 나'를 극복하고 '새로운 나'로 변화하는 길을 어떻게 제시하는가. 이 글에서는 표층 종교와 심층 종교의 구분을 바탕으로 이들 질문에 간략히 답해 보기로 한다.

세계의 거의 모든 종교에는 표층(表層)과 심층(深層)이 공존한다. 다시 말하면 불교에도 '표층 불교'와 '심층 불교'가 있고, 기독교에도 '표층 기독교'와 '심층 기독교'가 있다. 유교도, 힌두교도, 이슬람교도 마찬가지다.

그러면 표층 종교와 심층 종교의 차이는 무엇인가? 가장 중요한 차이를 들라면 표층 종교는 변하지 않은 '지금의 나'를 잘되게 하려는 노력을 중심으로 돌아가는 종교요, 심층 종교는 지금의 나를 불완전한 것으로 인지하고 그것을 넘어서 혹은 그것을 극복하고 '새로운 나', 큰나[大我], 참나[眞我]로 거듭나는 것을 강조하는 종교라 할 수 있다.

지금의 나에서 참나로 옮겨가는 과정에서 표층 종교와 심층 종교의 차이가 드러나기도 한다. 표층 종교는 무조건적 믿음과 맹신을 강조한다. 반면 심층 종교를 믿는 사람은 종교의 가르침이나 의례를 통해 지금 자신이 가지고 있는 선입견이나 고정관념에서 벗어나 새로운 눈으로 세상을 보려고 한다. 표층 종교가 신은 하늘에 있고 인간은 땅에 있다고 하면서 신과 인간을 분리하는 데 반해, 심층 종교는 신이 내 밖에 있기도 하지만 내 안에도 계시다고 한다[이렇게 신의 초월과 내재를 동시에 강조하는 것을 범재신론(汎在神論, panentheism)이라고 한다]. 표층 종교는 주로 내세 지향적이지만, 심층 종교는 '지금 여기'에서 이웃과 사회와 인류를 위해 봉사할 것을 강조한다.

  요컨대 한국의 종교사상가 류영모 선생의 용어를 빌리면 표층 종교는 '제나'를 위한 것이고 심층 종교는 '얼나'를 지향하는 것이라 할 수 있다. 종교들을 깊이 살펴보면 모두 제나에 죽고 얼나로 다시 살아나는 종교적 죽음과 부활을 이야기하고 있다. 종교는 이런 변화(transformation)를 가능하게 하는 수단이라 할 수 있다.

  이제 이상의 대전제를 바탕으로, '나'의 문제를 특별히 이야기하는 종교인 힌두교, 불교, 유교, 기독교, 동학의 가르침을 간략히 생각해보기로 한다.

힌두교:
　　　범아일여와　　　신애

힌두교는 베다경을 하늘의 계시로 받아들이는 인도의 종교다. 힌두교 전통에서 '나'의 문제를 가장 본격적으로 다루는 경전은 기원전 9~7세기에 나타난 《우파니샤드》다. 그 이전까진 기도나 제사가 중시되던 것과 달리 《우파니샤드》에서는 깨달음이 강조된다. 무엇을 깨달으라는 것인가? 우주의 근본인 브라만(Brahman, 梵)을 깨달으라는 것이다. 그러나 브라만을 깨닫는 것만으로는 부족하다. 내 속에 브라만이 있는데 그것이 나의 참나인 아트만(ātman)이고, 이 아트만이 바로 브라만과 하나라는 것, 이른바 '범아일여(梵我一如, 타트밤아시)'를 깨닫는 것이 깨달음의 완성이라 본다.

　　힌두교에서 가장 영향력 있는 문헌은 《바가바드 기타》다. 《바가바드 기타》에서는 신애(信愛, bhakti)가 강조된다. 이는 어느 신을 선택하고, 그 신에 대한 절대적인 사랑과 헌신을 통해 지금의 나 자신을 잊어버리고 신과 하나 된 새로운 나로 탄생하는 것을 목적으로 한다. 《바가바드 기타》에 등장하는 크리쉬나 신은 "신애로써 나를 공경하는 사람들, 그들은 내 안에 있으며 나 또한 그들 안에 있다"고 선언한다. 신에 대한 절대적 헌신이 지금의 나를 변화시켜 새로운 나로 탄생하게 하는 수단임을 말하고 있는 것이다.

불교:
　　　무아와　　　불성

기원전 6세기 지금의 네팔에서 태어난 부처는 29세에 출가하여 6년 정도 수행을 하다가 35세 즈음 큰 깨달음을 얻었다. 큰 깨달음을 얻은 사람을 붓다(Buddha), 한국말로 부처, 불타(佛陀) 혹은 불(佛)이라고 하고 이런 깨달음을 얻는 것을 성불(成佛)한다고 한다.

　부처가 성불하고 그와 함께 고행하던 다섯 친구를 찾아가 깨달은 바를 처음으로 설한 것이 사제팔정도(四諦八正道), 즉 '네 가지 진리(고집멸도, 苦集滅道)'와 '여덟 겹의 길'이다. 고집멸도의 진리란 곧 삶이 아픔이라는 것이었고, 팔정도는 그 아픔을 없애는 방법에 대한 가르침이었다. 이 설법 후에 곧바로 이어서 가르친 것이 무아(無我, anātman)의 진리였다. 영어로 'no-self doctrine'이라고 한다.

　부처 당시 인도 사회는 《우파니샤드》의 영향으로 절대자 브라만과 동일하다고 하는 아트만(자아)을 너무 강조하는 바람에 '우리의 참나 아트만'이 아니라 '이기적인 지금의 아트만'을 절대화하는 경향이 있었다. 부처는 이렇게 잘못 이해된 아트만, 껍데기 아트만에 집착하는 자기중심주의적 사고가 모든 말썽의 근원이라 보고 아트만은 없다는 '무아'를 설파했다. 즉 힌두교에서 지금의 내가 영원불변의 아트만이라는 주장은 우선 이론적으로 어불성설이라고 보았다. 사람은 이른바 오온(五蘊), 즉 물질[色], 감정[受], 생각[想], 충동[行], 의식[識]의 다섯 가지 구성 요소로 이루어졌는데, 여기 어디에 영원불변의 독립적 개체로서의 아트만이 있을 수 있겠는가 물었다. 만사가 연기(緣起)로 서로 의존하고 서로 관계 맺고 있는 현실 세계에서 독립적인 자아, 아트만이 있을 수 없다고도 하였다. 사실 이 무아의 가르침은 형이상학적 이론이라기보다 비뚤어진 욕심과 이기심을 수정하기 위한 윤리적 요청에서 나온 것이라고 보아야 한다.

　이처럼 비교적 단순한 불교의 초기 가르침은 긴 불교 역사를 통해 변화를 거듭하였다. 특히 선불교에 이르러서는 우리가 모두 불성(Buddhanature)을 가지고 있으며, 참선이나 기타 의례를 통해 탐진치(貪瞋癡) 삼독(三毒)으로 찌든 지금의 이기적인 나를 없애고 내가 곧 불성을 지닌 부처라는 진정한 정체성을 깨닫는 것이 수행의 목표가 된다.

특히 주목할 만한 것은 12세기 중국 송나라의 곽암(郭庵)이란 임제종 선사가 그린 〈십우도(十牛圖)〉다. 열 장으로 이루어진 이 소 그림에는 어느 목동이 소를 찾아나서서 결국 소를 찾고 다시 시장 거리로 나가 사람들에게 도움의 손길을 편다는 이야기가 담겨 있다. 여기서 '소를 찾는다'는 것은 진정한 자기, 참나를 찾는 것을 의미한다.

유교:
군자와 성인

기원전 6세기 공자는 소인에서 군자가 되라고 가르쳤다. 군자가 되기 위해서는 인(仁)을 비롯하여 여러 가지 덕목을 갖추어야 하겠지만 무엇보다 의(義)의 사람이 되어야 한다고 했다. 의란 어떤 행동이 나에게 이익을 주느냐 해를 주느냐 하는 손익을 따지지 않고 오로지 의로운 것이라면 감행하는 태도를 말한다. 보통 소인이 자신에게 이(利)가 되는 쪽으로만 행동하는 것과 대조된다. 공자 스스로 "군자는 의에 밝고 소인은 이에 밝다[君子喩於義 小人喩於利]"(《논어》 14:41)고 했다.

맹자는 인간의 본성이 본래 선하지만 여러 환경 때문에 그 선한 본성을 그대로 발휘하지 못하고 있다고 보았으며, 우리가 생래적으로 가지고 태어난 사단(四端)을 최대로 발휘하면 성인(聖人)이 될 수 있다고 했다. 사단이란 네 가지 잠재적 능력으로, 측은히 여기는 마음(측은지심), 자기의 실수를 미워하고 부끄러워하는 마음(수오지심), 양보하는 마음(사양지심), 옳고 그름을 가리는 마음(시비지심)이다. 맹자는 이

사단을 최대로 계발하면 인의예지를 갖춘 성인의 경지에 이를 수 있다고 보았다.

《대학》은 인간이 변화해가는 여덟 단계의 과정을 가르치는 유교 경전이다. 처음 사물을 궁구하는 것(격물, 格物)에서 시작하여 앎을 극대화하고(치지, 致知), 뜻을 성실히 하며(성의, 誠意), 마음을 바르게 하고(정심, 正心), 인격을 도야하여(수신, 修身), 집안을 꾸미고(제가, 齊家), 사회를 지도하면(치국, 治國), 세상에 평화를 가져올 수 있다(평천하, 平天下). 신유학은 처음 단계인 사물을 궁구한다는 '격물'의 해석을 놓고 이학파와 심학파 두 갈래로 갈라진다. 격물에 대해, 주자로 대표되는 이학파는 사물에 일관되게 흐르는 이(理)를 찾는 것이라 주장하고, 육상산과 왕양명으로 대표되는 심학파는 '내 마음이 곧 이(심즉리, 心卽理)'라고 하여 내 마음을 살피는 것이라고 했다. '이'이든 '마음'이든 오랜 기간 깊이 궁구하면 어느 순간 '밝음(명, 明)'이나 깨침에 이르게 되고, 이 경지에 이른 사람은 사회와 세계에 크게 기여할 수 있는 성인으로 거듭나게 된다.

기독교: 메타노이아와 자기 부인

기독교는 현재 자아의 부족함을 예리하게 통찰하고 지금의 내가 바뀌어야 함을 강조한 종교라 할 수 있다. 예수는 "회개하라. 천국이 가까웠느니라"(〈마태복음〉 4:17)고 선언하며 봉사 생활을 시작하였다. 여기서 '회개'라는 말은 그리스 말로 '메타노이아'로서, 원문의 문자적 의미에 의하면 지금까지 가지고 있던 자의식을 비롯한 모든 '의식을 완전히 바꿈'이라는 뜻이다.

예수는 또 밤에 자기를 찾아온 유대인 지도자에게 "진실로 진실로 네게 이르노니 사람이 거듭나지 아니하면 하나님의 나라를 볼 수 없느니라"(〈요한복음〉 3:3)고 하였다. 지금의 나를 벗고 새로운 나로 거듭나야 함을 단적으로 표현한 말이라 할 수 있다.

더욱 직접적인 언급은 그의 제자들에게 언급한 말씀에 있다. "누구든지 나를 따라오려거든 자기를 부인하고 자기 십자가를 지고 나를 따를 것이니라. 누구든지 제 목숨을 구원하고자 하면 잃을 것이요 누구든지 나를 위하여 제 목숨을 잃으면 찾으리라"(〈마태복음〉 16:24~25). 예수를 따르려는 것의 전제 조건은 지금의 나를 부인하고 내 십자가를 지는 것이다. 영어로는 self-denial, self-naughting, self-emptying이고, 신학자 본회퍼(Dietrich Bonhoeffer)가 말하는 '제자 됨의 값(cost of discipleship)'을 치른다는 뜻이다. 소문자 자기(self)를 구하고자 하면 대문자 자기(Self)를 잃을 것이요, 소문자 자기를 잃으면 대문자 자기를 찾게 된다는 종교적 역설이다.

기독교 제2의 창시자라고도 할 수 있는 바울도 그의 편지 여러 곳에서 지금의 나에서 새로운 나로 변화할 것을 강조한다. 그 대표적인 예로 "그런즉 누구든지 그리스도 안에 있으면 새로운 피조물이라 이전 것은 지나갔으니 보라 새것이 되었도다"(〈고린도후서〉 5:17), "할례나 무할례가 아무것도 아니로되 오직 새로 지으심을 받는 것만이 중요하니라"(〈갈라디아서〉 6:15) 등이 있다. 옛날의 나는 지나가고 '새로운 피조물'이 되는 것, '새로 지으심을 받는 것'이 기독교 신앙의 절대적 핵심임을 강조하고 있는 셈이다. 중세 기독교 신비주의 사상가들도 지금의 나를 정화하고 조명의 단계를 거쳐서 신과 하나 되고 결국 신이 되는 것(deification)을 목표로 삼았다.

동학: 시천주와 인내천

동학(東學)은 수운(水雲) 최제우(崔濟愚, 1824~1864)에 의해 창시된 우리나라 종교다. 동학은 한국에서 전통적으로 내려오던 유불선(儒佛仙)뿐 아니라 민간에서 내려오던 무속신앙과 새로이 전래된 그리스도교를 통합하여 새로운 차원으로 승화시킨 종교라 볼 수 있다.

동학에서 말하는 '한울님'은 인격적이면서도 동시에 초인격적이고, 사람을 초월하여 존재하지만 동시에 사람 속에 내재하는 존재다. 즉 동학의 신관은 신의 인격성과 비인격성, 초월과 내재를 구별하는 이분법적 사고를 넘어 그 두 면을 한데 어우르는 통전적 사고를 바탕으로 한다. 앞에서 언급한 범재신론적 신관이라 할 수 있다.

동학의 인간관은 이런 신관을 토대로 삼는다. 무엇보다 주목할만한 가르침은 내가 내 속에 한울님을 모시고 있다는 시천주(侍天主) 교리와, 내 속에 있는 한울님이 곧 나라는 인내천(人乃天) 사상이다. 모든 사람이 한울님의 신령한 본성을 지녔고 한울님 자체이기에 인종, 성별, 계급 등과 상관없이 모두 평등하다. 따라서 동학에는 이웃을 한울님처럼 섬기라는 사인여천(事人如天)의 강력한 윤리강령이 병행한다.

동학의 가르침에 따르면 모든 사람은 자기 속에 있는 신성을 자각하고 새로운 인격체로 변화해야 할 뿐 아니라, 이런 자각을 통해 이웃과 민족, 나아가 인류와 자연계를 '살리는' 살림 운동을 전개해야 한다. 이것이 인간으로서 해야 할 최대의 과업이다. 이 과업을 완수한 완전한 인격의 사람을 동학에서는 '한울 사람', '지상신선', '성인'이라고 한다. 동학에서의 '나'는 경천(敬天), 경인(敬人), 경물(敬物)이라는 삼경(三敬), 곧 신과 인간과 자연과의 조화로운 관계 속에서 그 정체성을 정립하는 존재라 할 수 있다.

참된 자유의 길: 오상아와 참나

이상으로 몇 종교에서 지금의 나, 제나, 소아(小我)를 완전하지 못한 나로 보고 이 나를 벗어나서 새로운 나, 얼나, 대아(大我), 진아(眞我)를 찾아야 한다는 것에 대한 가르침을 일별해 보았다.

《장자》의 용어로 "내가 나를 여읨(오상아, 吾喪我)"으로 이런 변화가 가능하다는 분명한 가르침에도 불구하고, 일반적으로 보통의 사람들은 이기심으로 가득한 '지금의 나' 외에 또 다른 차원의 내가 있다는 사실을 의식하지 못하고 살아간다. 자연히 삶이 마치 윤활유 없이 돌아가는 톱니바퀴처럼 뭔가 삐걱거리며 돌아간다는 기분을 가지기 마련이다. 풍요로운 삶이 아니라 각박하고 메마른 삶일 수밖에 없다.

이런 삶에 변화가 있어야 한다는 것을 일깨우고 '참나'를 찾고 얻을 수 있는 자유의 길을 제시하는 것이 심층 종교의 본래 사명이다. 그러나 현재 대다수의 종교인들은 기복적이고 천박한 표층 종교의 가르침에 따라 세속적 이익을 추구하느라 무엇이 문제인지조차도 모르고 살아가는 것이 현실이다. 지금 우리에게 필요한 일은 우리 스스로의 내면을 들여다보는 것, 우리의 벌거벗은 모습, 우리의 민낯을 보는 것이다. 바로 내가 진정으로 누구인가를 발견하는 일이다. 이런 일을 다른 말로 표현하면 '의식의 변화(transformation of consciousness)'라 한다.

대부분 심층 종교의 가르침에 의하면 이런 의식의 변화를 통해 나의 개별적 내면의 실상을 통찰하면 나와 절대자가 하나임을 발견하고 나와 절대자가 하나이기 때문에 나와 나의 이웃, 나아가 우주만물과도 하나라는 것을 체감하게 된다고 한다. 이럴 때 갖는 체험이 혼연동체(渾然同體), 만유일체(萬有一體), 동체대비(同體大悲), 동귀일체(同歸一體), 이사무애(理事無礙)·사사무애(事事無礙)다.

"네 자신을 알라." 네 자신의 지금 상태를 감식하고 나아가 네 속에 있는 무한한 신적 가능성을 인지하여 참된 자유를 얻으라. 이것이 대부분의 심층 종교가 오늘을 사는 현대인들에게 주는 메시지라 할 수 있다. "나는 누구인가." 심각히 반추해야 할 문제다.

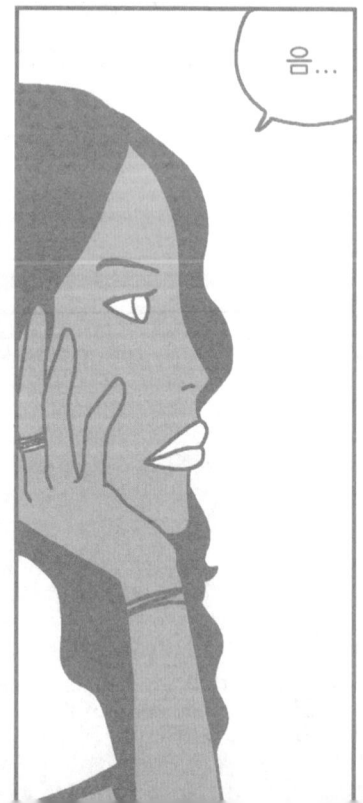

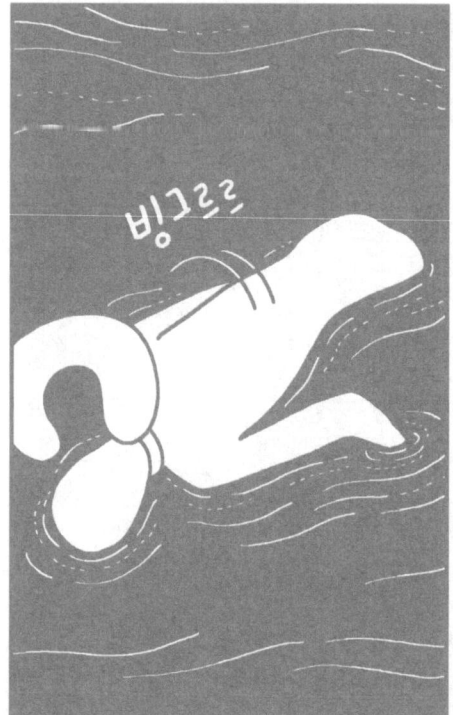

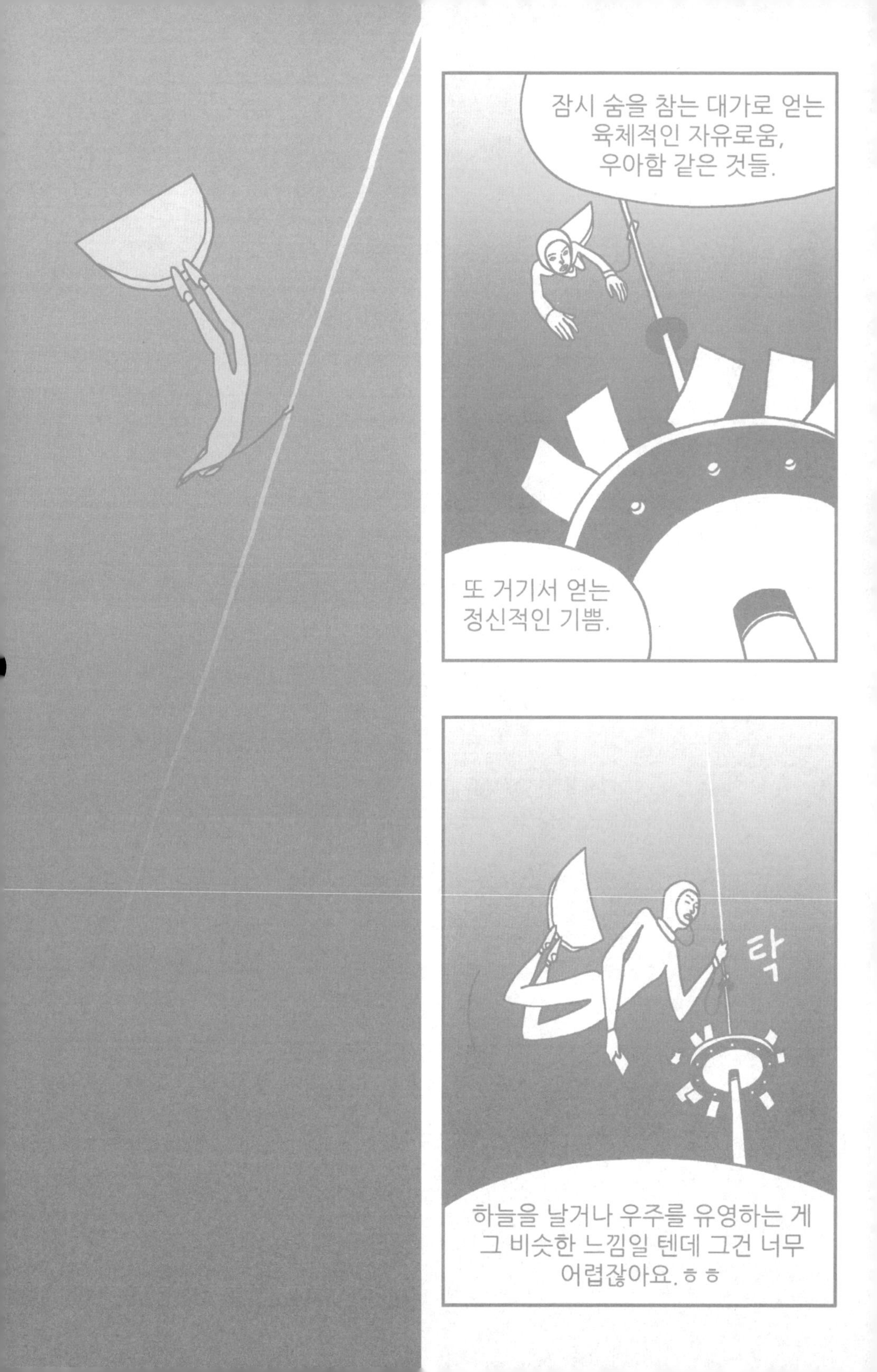

잠시 숨을 참는 대가로 얻는 육체적인 자유로움, 우아함 같은 것들.

또 거기서 얻는 정신적인 기쁨.

하늘을 날거나 우주를 유영하는 게 그 비슷한 느낌일 텐데 그건 너무 어렵잖아요. ㅎㅎ

나를

복제할 수

김대식

뇌과학자

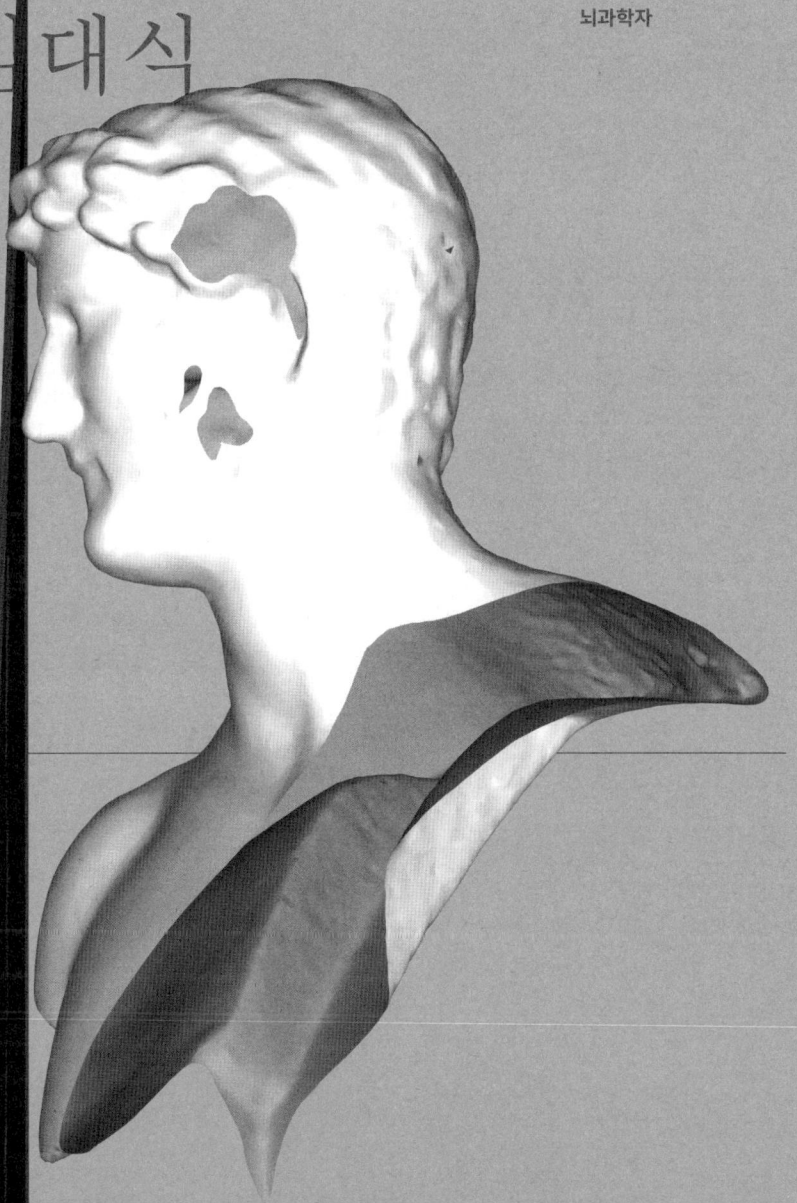

있을까

노화와 질병으로 이미 망가져버린 몸. 젊은 시절 야망과 희망으로 가득하던 눈에선 이제 절망과 고통만 보일 뿐이다. 얼마 후면 썩어 다시 흙으로 되돌아갈 몸. 육체를 빌려 살던 영혼 역시 영원히 사라져버리는 걸까? 아니면 이제 몸에서 해방된 영혼은 몸은 갈 수 없는 어딘가로 긴 여정을 떠나는 걸까? 황제로 부임 후 수십 년 동안 제국을 방황하던 로마황제 하드리아누스(Publius Aelius Hadrianus, 서기 76~138년). 죽기 직전 마지막 힘으로 그는 〈작은 영혼〉이라는 짧은 시를 지었다고 한다.

ANIMULA VAGULA, BLANDULA,
HOSPES COMESQUE CORPORIS,
QUAE NUNC ABIDIS IN LOCA
PALLIDULA, RIGIDA, NUDULA,
NEC, UT SOLES. DABES IOCOS.
작은 영혼이요, 나의 작은 떠돌이,
손님이자 친구였던 그대는
이제 어디로 가려는 걸까
창백하고 홀로 남은 나에게
더 이상 농담도 해주지 않는구려.

황제 하드리아누스는 상상이나 할 수 있었을까? ‹공각기동대›, ‹블랙 미러›, ‹트랜센던스› 같은 공상과학 영상물에선 이미 '마인드 업로딩(mind uploading)'이라는 기술이 단골로 등장하고 있다는 사실을? 마인드 업로딩이란 무엇인가? 말 그대로 인간의 정신을 새로운 뇌 또는 컴퓨터에 업로딩, 그러니까 입력하겠다는 말이다. 물론 현실에서는 존재하지도, 가능하지도 않은 기술이다. 하지만 100년, 아니 1,000년 후를 상상해본다면?

　　기술의 미래를 예측하기 전에 가장 먼저 질문해야 할 게 하나 있다. 자연의 법칙 내에서 그런 기술이 가능할까? 그런 의미에서 '타임머신'은 본질적으로 불가능하다. 적어도 우리가 알고 있는 자연의 법칙 내에서는 말이다. 그렇다면 마인드 업로딩은? 뇌를 스캔해 내 머리 안의 자아를 복사하는 것은 자연의 법칙을 어기는 일일까?

디지털 패턴으로서 나

먼저 질문해보자. '나'는 도대체 무엇이고 어디에 있는 걸까? 우선 내 손톱을 자른다고 상상해보자. 분명히 '나'라는 존재는 여전히 존재하고, 내 손톱을 잘랐을 뿐이다. 그럼 이제 심한 사고가 나 팔이나 다리가 잘렸다고 상상해보자. 너무나도 아프고 고통스럽겠지만, 여전히 고통과 슬픔을 느끼는 '나'는 존재한다. 하지만 만약 내 목이 잘린다면? 고통과 슬픔을 느낄 수 있는 '나' 자체가 더 이상 존재하지 않는다.

'나'라는 존재가 무엇인지 우리는 여전히 알지 못하지만, 내가 가능하기 위해선 머릿속 1.5킬로그램짜리 고깃덩어리인 '뇌'가 필요하다는 사실만큼은 분명하다. 뇌는 나의 충분조건은 아니겠지만, 적어도 필요조건이겠다. '내가 없는 뇌'는 가능하지만, '뇌 없는 나'는 불가능하다. 뇌 안의 10^{12}개 정도 되는 신경세포들(뉴런)은 각자 수천 또는 수만 개의 다른 신경세포들과 연결되어 있다. 전달받은 신호가 특정 값을 넘으면 '스파이크(Spike 또는 Action Potential)'라 불리는 디지털 형태의 신호가 만들어져 다른 뉴런들에게 전달된다. 이렇게 10^{15}개 정도 되는 뉴런들 사이 거대한 연결망으로 구성된 네트워크를 현대 뇌과학에선 '커넥톰(Connectome)'이라 부르기도 한다. 최근 결과에 따르면 인간 뇌의 커넥톰은 마치 사회적 네트워크(SNS)와 비슷한 '작은 세상 네트워크(small world network)' 구조를 띤다고 한다. 대부분 가까운 뉴런들끼리 연결되어 있지만, 중간중간 '마당발' 역할을 하는 허브(hub)를 통해 먼 곳에 있는 신경세포들과 연결되는 것 역시 가능하다.

불행하게도 우리는 여전히 '뇌의 언어'를 이해하지 못했다. 정확하게 어떤 알고리즘이 사용돼 현실에서의 경험이 기억으로 저장되고

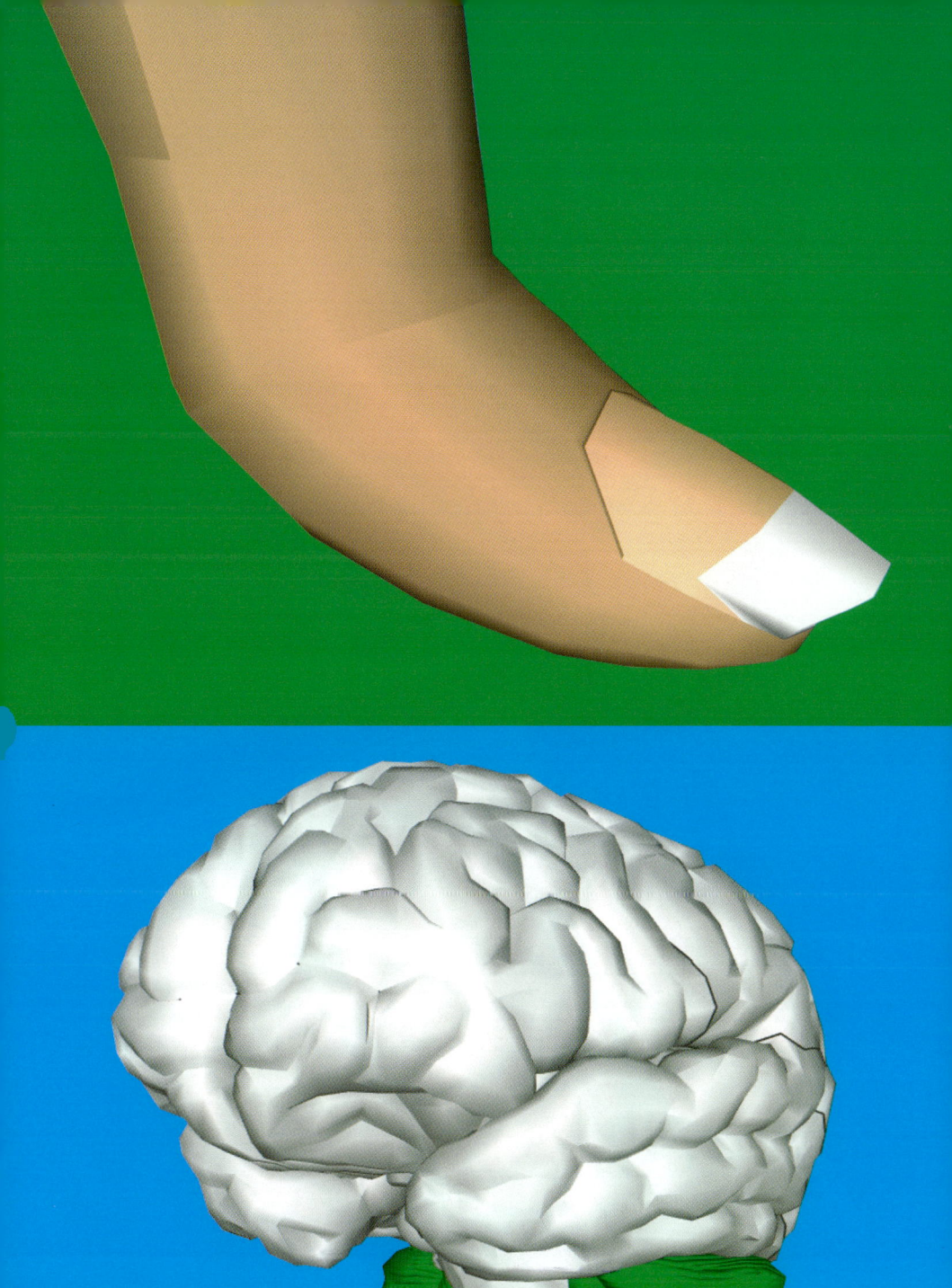

생각과 감정이 만들어지는지 모른다는 말이다. 단, 현대 뇌과학의 결과들을 기반으로 추측할 수 있는 사실은 결국 뇌의 모든 정보는 '작은 세상 네트워크'를 통해 전달되는 스파이크들의 시공간적 패턴을 통해 처리되고 저장된다는 점이다. 빨간 장미의 '빨강'이라는 느낌. 몇 년 전 이탈리아에서 먹었던 맛있는 젤라토의 달콤한 맛. 아프지만 아름다운 첫사랑의 기억. 그리고 미래에 대한 막연한 근심과 걱정. 이 모든 것들이 결국 커넥톰을 기반으로 한 스파이크 패턴이라는 말이다.

현대 뇌과학의 주장대로 나의 기억과 생각, 나의 감정과 희망 모두 스파이크 패턴일 뿐이라고 가설해보자. 그렇다면 결국 '나'라는 존재 역시 커넥톰을 기반으로 한 시공간적 스파이크 패턴이어야 하지 않을까? 그리고 결과적으로 커넥톰 구조와 스파이크 패턴을 완벽하게 복사한다면 기억과 감정과 생각을 넘어 나의 '자아', 그러니까 '나'라는 존재 그 자체를 복사할 수 있다는 논리적 결론을 내릴 수 있지 않을까?

마인드 업로딩과 영생의 꿈

인공지능이 뇌의 능력을 능가하는 시점, 그러니까 '싱귤래리티(Singularity, 특이점)'가 조만간 올 것이라는 주장으로 유명한 과학자 레이 커즈와일(Ray Kurzweil). 그는 마인드 업로딩 역시 언젠가 가능하다고 생각한다. 물론 지금 당장은 아니다. 하지만 100년, 1,000년, 아니 1만 년 후를 상상해보자. 1,000년, 1만 년 전 우리 조상들은 상상조차 할 수 없었던 인터넷과 컴퓨터가 우리에겐 일상생활이 되었듯, 먼 미래 우리 후손들은 우리는 상상도 할 수 없는 뇌 스캔 기술을 개발할 수 있다. 거의 무한의 해상도를 가진 뇌 이미징 기기 또는 나노 스케일 스캐닝 로봇을 통해 충분히 인간의 커넥톰을 완벽하게 읽어낼 수 있을지도 모른다는 말이다. 그리고 커넥톰을 읽어낼 수 있다면, 읽어낸 정보를 (적어도 이론적으론) 새로운 매체에 복사할 수도 있겠다. 커즈와일은 그렇기에 주장한다. 마치 망가져가는 컴퓨터에서 중요한 파일을 복사해 새로운 컴퓨터에 저장하듯, 망가져가는 육체에서 기억과 자아를 복사해 새로운 뇌나 컴퓨터에 저장할 수 있다면, 인간은 드디어 영생을 얻을 수 있다고.

　　인간의 영원한 희망이자 절망인 영생. 어쩌면 너무나 당연한 소망일지도 모르겠다. 우리는 이 세상에 태어나겠다고 단 한 번도 동의한 적 없다. 적어도 나는 도장을 찍은 적도, 내 이름을 그 어느 계약서에 서명한 적도 없다. 우리는 단지 한 존재로서 지금 이 현실에 던져졌을 뿐이다. 그것도 '운명'이라는 우연의 결과에 따라 말이다. 운이 좋으면 선진국 부잣집에서 태어나 21세기 찬란한 기술의 혜택을 누리지만, 자칫 잘못하면 뭄바이 슬럼이나 중동 전쟁터에서 태어날 수도 있다. 선택권이 없었던 우리. 하지만 언제나 최선을 다한다. 우연히 태어난 집에선 착한 아들과 딸로 자라고, 우연의 결과에 따라 태어난 나라에선 착한 시민이 되려고 노력한다. 그 대신 우리가 바라는 건 단 하나뿐이다. 사랑하는 소중한 사람들을 바라보고 영원히 기억할 수만 있다면 이 무의미한 세상에서의 삶을 조금이나마 버틸 수 있겠다. 하지만 '영원히'는 인간에겐 허락되지 않은 단어일까? 세상을 조금씩 이해하고 나만의 행복을 누리기 시작하는 순간, 육체가 급격히 망가지기 시작한다. 머리와 이는 빠지고, 아름답던 피부는 싸구려 가죽처럼 늘어나기 시작한다. 얼마 전까지 우주의 비밀을 탐구하던 천재과학자의 뇌 역시 서서히 어린아이의 뇌로 퇴보하고, 영원히 간직하고 싶었던 기억마저도 하나씩 무지의 세상으로 사라져버린다. 어차피 늙고 죽을 거였다면 왜 그렇게도 고생하고 노력했던 걸까? 어차피 다시 흙으로 돌아갈 거라면, 왜 그렇게도 악을 쓰고 바둥거리며 살았던 걸까? 죽음이 존재하는 한 인간으로서의 조건, 'conditio humana'는 영원히 무의미한 비극일 수밖에 없다.

　　마인드 업로딩은 이 모든 것을 바꾸어놓는다. 생물학적 육체가 더 이상 인간의 존재적 한계가 아닌 먼 미래 인류. 우리 후손들은 어쩌면 1만 년, 10만 년을 살며 우주의 무한한 아름다움과 신비를 체험할 수도 있겠다. 그리고 마치 우리가 전기와 하수도와 마취약이 없는 세상에서 태어나 마을 밖을 한 번도 나가보지 못한 채 40살도 되기 전 죽었던 우리 조상들을 불쌍해하듯, 지구 밖을 한 번도 나가지 못한 채 100년도 살지 못하다 이 세상에서 사라진 우리를 미래 인류는 불쌍해할 수도 있다. 아니, 어쩌면 그들은 우리의 삶과 존재 그 자체를 인정하지 않으려 할지도 모른다. 눈 깜짝할 사이 태어났다 사라진 우리는 사실 태어나지 않았던 것과 크게 다르지 않다고 멸시할 수도 있겠다.

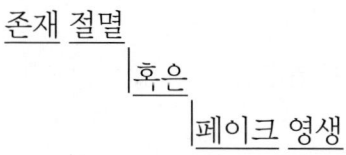

그렇다면 마인드 업로딩은 진정으로 가능한 걸까? 세계적인 양자컴퓨터 전문가 스콧 애런슨(Scott Aaronson) 교수는 어쩌면 완벽한 커넥톰 복사는 본질적으로 불가능할 수도 있다고 주장한다. 양자역학적 불확실성 때문에 뇌를 양자 차원으로 완벽하게 읽어낼 수는 없다는 것이다. 더구나 마인드 업로딩은 중대한 철학적 문제의 원인이 될 수 있다. 나의 뇌를 복사한 이후 오리지널 뇌를 반드시 파괴할 필요는 없겠다. 그렇다면 '나'는

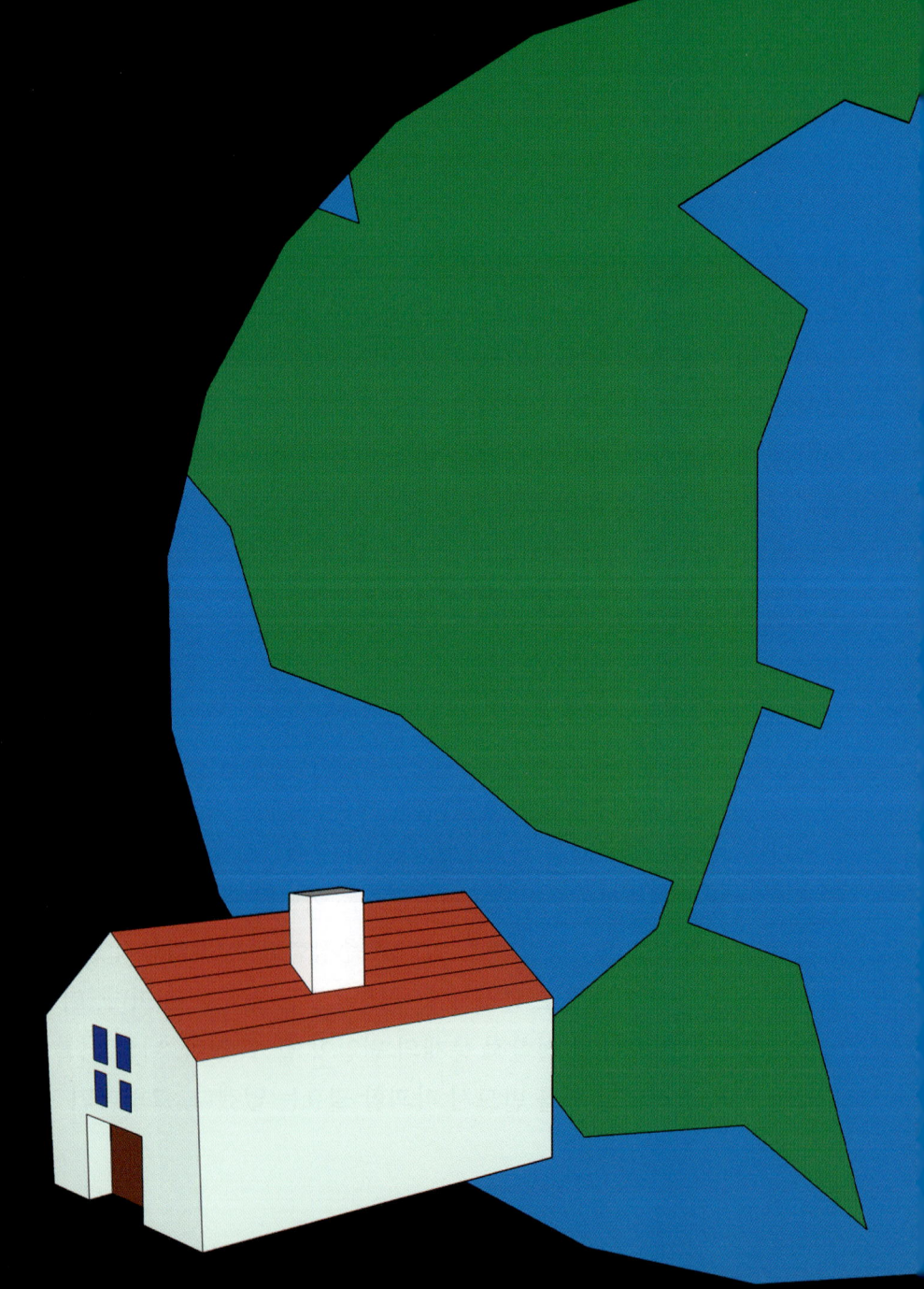

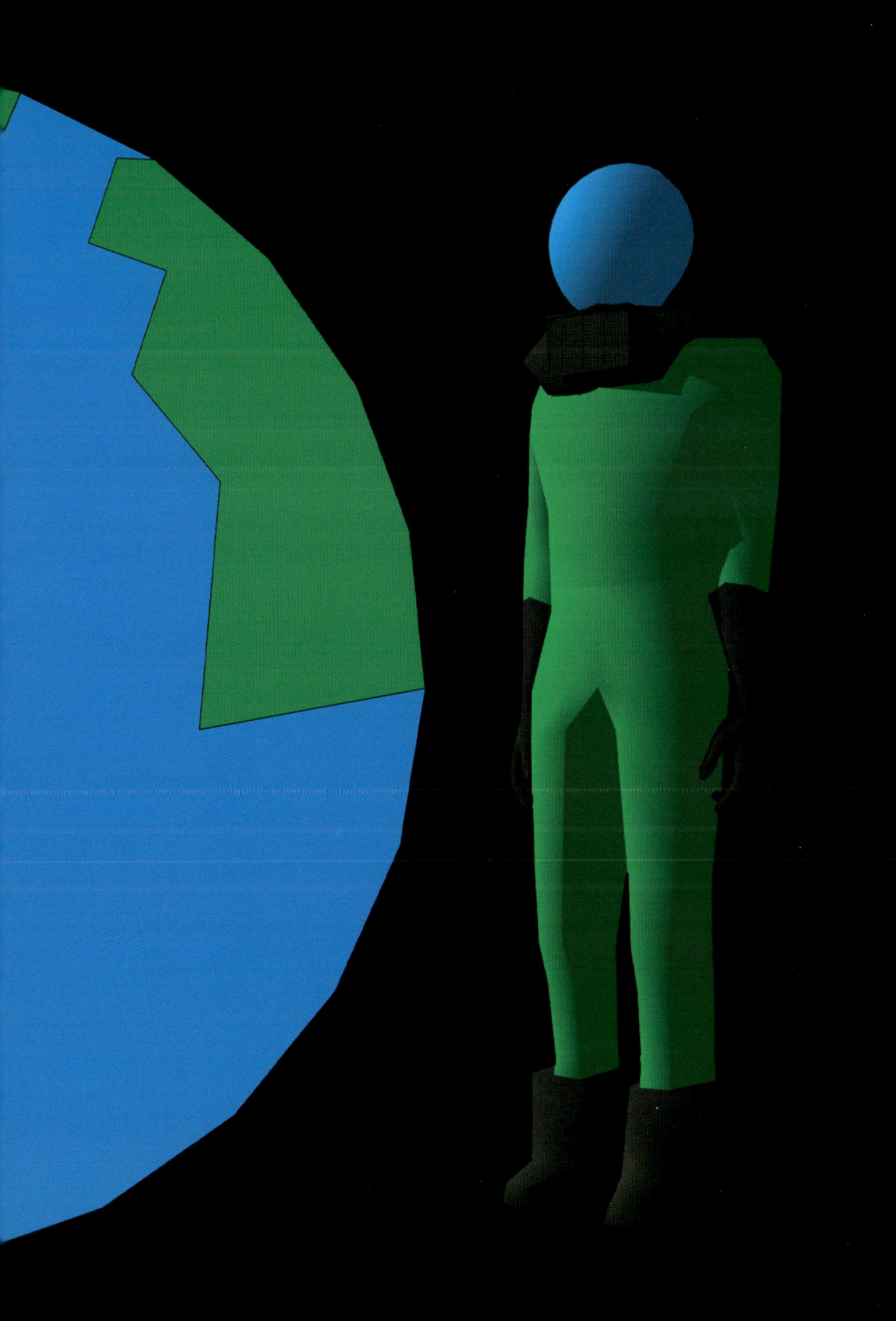

어디에 있는 걸까? 여전히 원래 뇌에 있는 걸까, 아니면 새로 입력된 뇌나 컴퓨터로 이동한 걸까? 새로 복제된 내가 과거의 뇌를 파괴한다면? 내가 나를 파괴한 걸까, 아니면 나와는 이제 다른 존재를 지워버린 걸까? 그건 자살일까, 아니면 살인일까? 하나였던 자아가 두 개로 복제되는 순간 '나'는 무엇을 느낄까? 아니, 만약 나라는 자아를 수백만 번 복사한다면? 나는 동시에 수백만 자아의 경험을 하는 걸까? 아니면 여전히 하나인 나는 자신만이 오리지널 나라고 주장하는 수백만의 다른 자아들과 경쟁해야 하는 걸까?

　애런슨 교수의 주장대로 완벽한 자아 복사는 자연의 법칙을 어기는 것일 수 있겠다. 하지만 완벽하지 않은 자아 복사마저 불가능할 이유는 없어 보인다. 물론 먼 미래에나 가능한 일이겠지만 말이다. 더구나 완벽하지 않게 복사된 자아가 스스로를 완벽하지 않다고 느낄 수 있을까? 술 몇 잔만 마셔도 정신이 흐려지고, 일주일 전 내린 결정을 더 이상 이해할 수 없는 나. 내가 완벽히 나라는 느낌은 도대체 어떤 걸까? 아무리 불완전하고 불확실하게 복제되었다 해도 여전히 나는 "나는 나다"라고 외치지 않을까?

　신과의 영원한 삶이 죽음 후 우리를 기다리고 있다는 종교적 믿음. 또는 영원한 삶은 어차피 불가능하니 지금 이 순간을 즐기며 살아야 한다는 철학적 교훈. 모두 이해는 하지만 영생이라는 꿈을 여전히 깊은 마음속에선 버리지 못한 호모 사피엔스. 먼 미래 마인드 업로딩 기술이 가능해진다면 우리 후손들은 결정해야 할 것이다. 다시 내가 세상을 잊고 세상이 나를 잊는 존재적 절멸을 선택할지, 아니면 양자역학적으로 완벽할 수는 없지만 마인드 업로딩 후 모두가 여전히 자기 자신이라고 주장하는 페이크 영생을 선택할지 말이다.

견딜만한 존재의 가벼움

이묵돌

"원래는 식물성 고기를 만들기 위해 개발된 기술이었죠. 하지만 실제 기관에 피를 돌게 하고, 생명력을 부여할 수 있다는 사실을 우연히 발견하고서부턴, 사람이 가진 조건들 일부를 '개선'하는 데 쓰이기 시작했습니다.…"

수술대기실의 조명이 기존의 주광색에서 전구색으로 교체된 것은, 알고 보면 몇 년도 채 되지 않았다. 많은 사람들이 전구색 전등을 선호하며 그 불빛 아래에서 좀 더 편안한 기분을 느낀다는 건 일찌감치 증명된 바 있다. 다만 이 사실이 값비싼 호텔의 로비와 프랜차이즈 카페를 거쳐 수술대기실까지 도착하는 데에는 실로 오랜 시간이 필요했다. 어쩜 병원 관계자들, 특히 의사와 간호사들에게 '수술 예정의 환자가 대기실에 누워 기다리는 시간 동안 겪는 불안감'이야 그다지 중요한 문제가 아니었을지 모르겠다. 수술 도중에 벌어지는 응급상황들 중엔 이보다 훨씬 중요한 일들 천지일 테니까. 이를테면 갑작스러운 심정지, 과다출혈, 잘못된 판단으로 말미암은 의료사고, 관계자들의 입단속과 알리바이 확보까지 말이다.

안내방송에서 소개된 바 있는 놀라운 발명(이라고 해야 할지, 발견이라고 해야 할지 솔직히 잘 모르겠다)으로 인류의 의료체계는 지난 몇 년간 전례 없이 변화했다. 정확히 어디서부터 뭐가 바뀌었는지를 하나하나 설명하자면 지면이든 시간이든 부족하기 짝이 없고, 그중에서도 가장 중대한 것 한 가지만 꼽자면 누구나가 '신체의 부품화'를 언급한다. 어느 순간부턴 사람의 신체 일부분이나

주요 장기 같은 것들이 자동차의 부품처럼 돼버렸다는 것이다. 몸의
어느 부위가 손상되고 고장 나든 간에, 곧바로 병원에 가서 치료, 아니
완전히 새로운 부위로 '교체'하면 그만이다. 헤드라이트가 깨지면 바로
근처 정비소에 가서 새 제품으로 갈아 끼우는 것처럼.

"그러고 보면 세상 참 좋아졌지.
이삼십 년 전만 해도 그랬다니까.
공장에서 일을 하다가…."   "그땐 사람이 공장에서 일을
했나요?"

나는 불쑥 말허리를 자르고 끼어들었다. 더 이상은 잠도 오지 않았고,
똑같은 안내방송을 일곱 번이나 반복해서 볼 생각도 없었다.

"그럼. 물론 내가 일을 했던 건
아니고, 우리 아버지께서 버스 패널
만드는 공장에서 일을 하셨지."

병상 왼편에 나란히 누운 사람이 대답하는 소리가 들렸다. 고개를
돌릴 수가 없어 얼굴은 확인하지 못했다. 다만 걸걸한 목소리로 미뤄
생각했을 땐 서른 중반에서 많아야 마흔 살 언저리쯤 되는 남자 같았다.

"하여간 그때 아버지가, 일을 하다가
그만 오른쪽 손가락 세 개가 몽땅
잘려나가 버린 거야."   "와, 엄청 아팠겠는데요."

155

"아픈 건 둘째 치고, 그땐 손가락이 잘리면 잘린 손가락을 들고 병원에 냅다 뛰어가야 했으니까. 지금처럼 '어, 손가락이 잘렸네. 운도 어지간히 없구만. 내일 병원에 가서 새 손가락으로 교체해와야겠어' 하고 집에 돌아갈 수가 없었던 거야."

"…손가락이 잘렸으면 응급실부터 가야죠. 그건 지금도 마찬가지인데. 피가 엄청 날 거 아니에요? 뭐 어디 발목 삔 것도 아니고."

나는 가만히 듣다 말고 어이가 없어서 대꾸했다.

"지금이 어떤 시대인데. 손가락 몇 개 잘린 것쯤이야 조류독감만도 못하지."

아저씨가 콧방귀를 뀌며 말을 받았다.

"'지금이 어떤 시대인데'라는 말로 모든 걸 설명하려고 하지 마세요."

"됐어. 그냥 넘어가. 요즘 젊은 친구들은 다 너처럼 융통성이 없니?"

"다들 저 같지는 않죠. 그러려면 수술대기실이 지금보다 대여섯 배는 넓어야 할 테니까…."

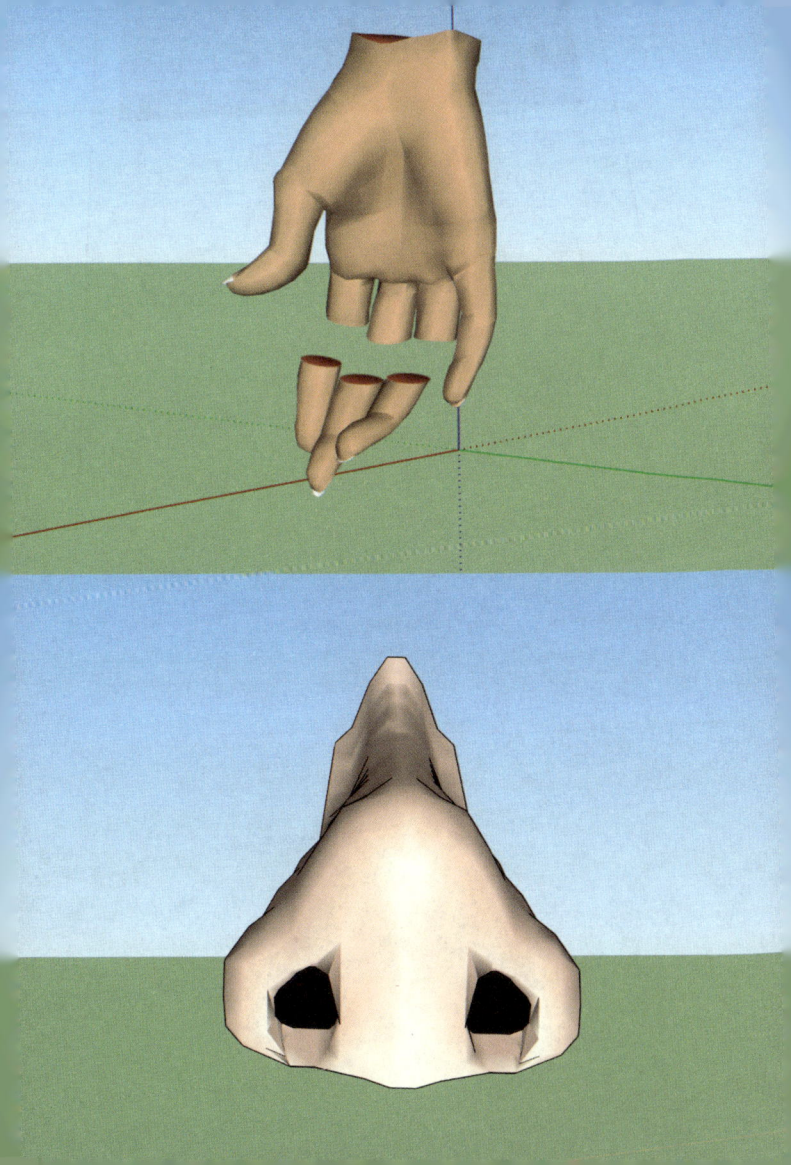

내가 이죽거리며 말했다.
목구멍 뒤쪽이 간지러웠지만 긁을 수가 없었다.

"젠장. 요즘 것들은 심지어 유머감각까지 별로야. 세대가 지날수록 인간 자체가 재미없어지는 느낌이라니까."

"그놈의 '요즘 것들'! 요즘 젊은 친구들을 죄다 만나본 것처럼 얘기하시네요. 꼰대들의 흔한 레퍼토리예요."

"아, 꽤 많이 만나봤지. 죄다는 아니지만. 어느 정도 판단할 정도로는 자주 만났어."

"어떻게요?"

"나는 학교 선생님이거든."

"아아, 그러셨구나. 이제야 이해가 좀 되네요."

나는 정말로 납득이 된다는 식으로 맞장구쳤다.

"무슨 과목을 가르치시나요? 응급처치?"

"수학이야."

160

아저씨는 대수롭지 않게 쿡쿡 웃는 모양이었다.

"와우."

"수학이 뭐 어때서?"

"수학이 뭐 어떠냐니…. 저처럼 정상적인 젊은이들은 수학을 좋아할 수가 없는데요."

"적어도 지금은 네가 정상 같진 않은데. 겉보기로는 그래."

"그건 아저씨도 마찬가지 아닌가요? 피차 대기실에 뻗어 있는 입장인데."

나는 지지 않고 맞받아쳤다.

"말하는 버르장머리 봐라."

"제 친구들이랑 대화하면 기절하시겠네요. 걔네에 비하면 저는 아주 예의바른 편이에요."

"하여간 빌어먹을 30년생들. 나처럼 2010년대나, 적어도 2020년대에 태어났으면 뼈도 못 추렸을 것들이 말이야."

"그러게 말이에요. 염병할 30년생들 같으니라고."

나는 적당히 맞장구를 치며 말했다. 어차피 그 아저씨와의 대화 말고는 할 수 있는 것도 달리 없었다.

"그러고 보니까, 너는 30년대생이 아닌가? 겉으로 봤을 땐 한참 젊어 보이는데."

"20년대생이에요."

"아주 동안이구만."

"아, 큰돈 주고 바꿔 끼운 거예요. 열 살쯤 해서 얼굴이 알아볼 수 없을 정도로 갈려버렸거든요."

"저런, 많이 아팠겠는데. 어쩌다가?"

아저씨는 정말이지 안타까워하며 물었다. 어쩐지 그 아저씨의 입가에 팔자주름이 선명할 것 같다는 생각이 불쑥 들었다. 고개를 돌려 확인할 수는 없었지만.

"우리 나이대 아이들한테는 꽤 흔한 일이에요. 워낙 몸을 함부로 다루기도 하고. 서로 괴롭히고 때릴 땐 관절이 나가든 뼈가 부러지든 어디 한쪽이 맛이 가버릴 때까지 저지르니까요. 제일 많이 부러트리는 건

"발목이죠. 발목은 나라에서 교체비용을 다 대주잖아요. 일단 부러지면 제대로 걷지도 못하는데 아프기는 엄청 아프고…. 거기서 더 재수 없다 싶으면 저같이 아스팔트에 얼굴을 갈려버리는 경우도 생기고, 그런 거죠."

"그것 참 살벌한데…. 그래도 그렇게 잘생긴 얼굴로 갈아 끼웠다는 게 위안이라면 위안일까?"

"이제 보니 딱히 그렇지도 않아요. 일 년 전쯤에 제 또래 되는 여자랑 사귀었거든요? 저는 막 관심이 있진 않았는데, 여자 쪽에서 엄청 질척대는 바람에…. 뒤늦게 알고 보니 저보다 이십 년은 일찍 태어난 데다 남편에 애까지 딸려 있더라고요. 그 여자 남편이 피가 거꾸로 솟아가지고, 야밤에 차로 저를 들이받기 전까지는 전혀 몰랐지만요."

"아하. 그래서 온몸을 그렇게 칭칭 감고 있었던 거구만. 작정하고 들이받은 거면 바로 안 죽은 게 다행인데. 정확히 어딜 다친 거야? 전신골절인가?"

"척추가 아작 났어요."

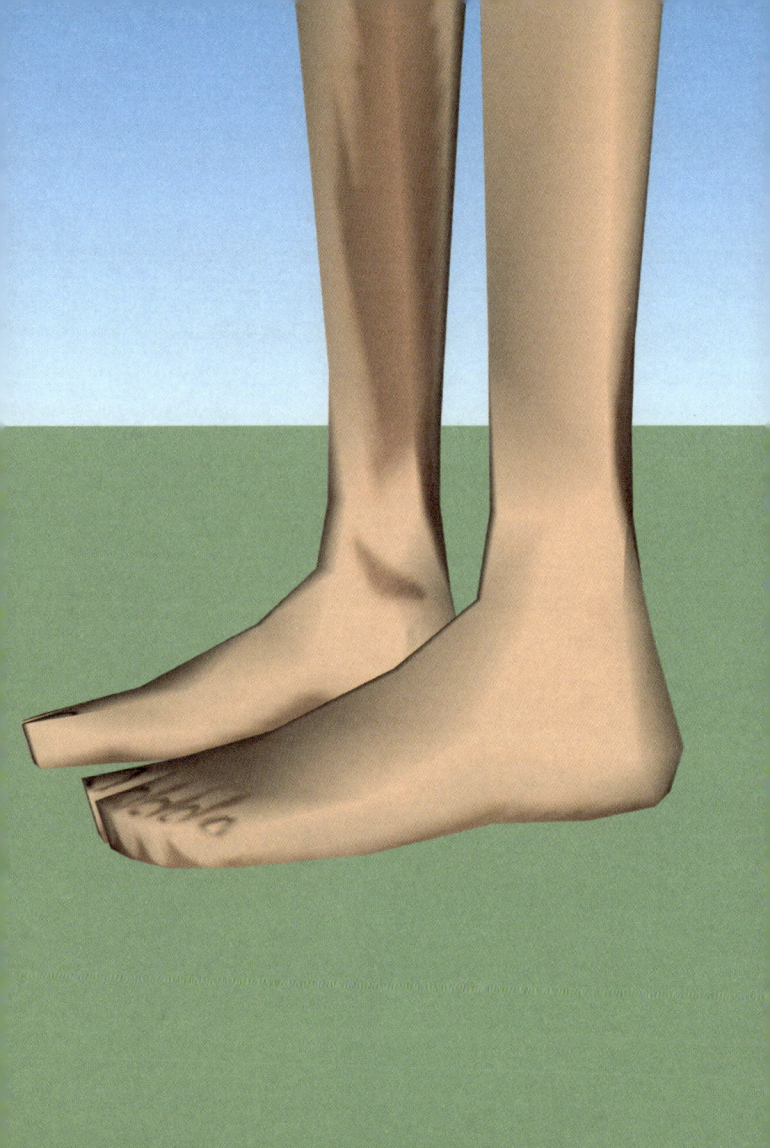

"저런."

"그러는 아저씨는요? 제가 목을 돌릴 수가 없어서."

"아, 나는…."

아저씨는 주저하는 체하더니 선뜻 이야기를 꺼냈다.

"나는 암이야. 평생 잔병치레 한 번 없이 건강하게 살았는데, 술담배도 줄기차게 해대면서 아무 걱정 없이 늙고 있었는데 갑자기 몸이 말을 안 듣더라고. 이렇게 몸뚱아리 전체를 바꿔 끼울 줄 알았으면 건강검진이라도 꾸준히 받을걸 그랬어. 암세포가 전신에 퍼지기 전에…."

"아, 저랑 비슷하네요. 저도 뇌랑 신경을 연결하는 척수가 완전히 작살나버려서. 정신만 다른 몸으로 옮길 거거든요. 보험금도 탔겠다, 기왕 옮기는 거 아주 건강한 몸으로 옮기자 싶어서 돈 좀 썼죠. 유전자를 제공한 사람이 왕년에 유명한 미식축구선수였나 그랬대요. 하하."

"…뭐라고? 그럼 지금 네 몸에서 뇌만 빼다가 옮기는 거야? 그 미식축구선수 몸에?" "그런 셈이기는 한데요, 왜요?"

나는 다소 불쾌한 억양으로 되물었다. 웬만하면 그러고 싶지 않았지만, 아저씨의 말투가 조금 전과 완전히 딴판인 걸 느꼈기 때문이다.

"아니, 나도 따지고 보면 암세포가 안 퍼진 머리만 빼고 바꾸는 거긴 한데 말이야…. 네가 그 몸으로 뇌만 옮기고 나면, 그게 정말 너 자신이라고 확신할 수 있니?"

아저씨가 자못 의미심장한 뉘앙스로 질문했다.

"그럼요. 제가 가진 뇌가 바로 저인데요. 통 속의 뇌에다가 전기신호를 주면…."

"물론 그게 바로 '의식'이고 '자아'라고 하는 사람들도 있지. 하지만 난 아니야. 사람은 단순히 뇌나 신체만으로 이뤄진 게 아니라고 생각해. 내가 생각했을 땐 그런 물리적 소재 이상의… 아직 과학적으로 증명되진 않았지만 말이야."

"세상에, 아직도 영혼이 있다고 믿는 사람이 있다니!"

나는 대기실에 있던 환자들 모두에게 들릴 만큼 큰 소리로 탄식했다. 별다른 반응이랄 건 없었지만. 뭐랄까, 그런 고루한 이야기를 꺼내놓는 아저씨에게 어떻게든 보복해주고 싶은 마음이었던 것 같다.

"너무 놀라서 미안해요. 저는 아저씨가 그 정도로 꼰대일 줄은 몰랐거든요."

"실망시켜서 미안하구나. 그래도 개인이 뭘 믿느냐 하는 건 자유의지에 따른 거니까."

"자유의지! 말 잘하셨는데요. 그럼 왜 그 고결한 영혼이 깃든 몸통을 버리고 다른 곳으로 옮겨버리는 건데요? 물리적으로 부자유한 것이 두려워서인가요? 아저씨는 나랑 뭐가 그렇게 다른데요? 뇌와 머리통이 그렇게 큰 차이가 있나요?"

난 아저씨의 말이 끝나기 무섭게 추궁하고 들었다.

"아니. 나는 사람의 몸에 뇌나
신경세포 이상의 무언가가 있다고
해서, 늙거나 아픈 몸을 함부로
교체하면 안 된다는 의견을 갖고
있진 않아. 의사도 머리 전체를
남기는 것보단 뇌만 옮기는 게 더
안전하다고 했고. 단지…" "단지?"

"내가 과연 '나'인지 의구심이 들진
않았으면 했을 뿐이야. 수술이
끝나고 아침에 일어났을 때…
그러니까, 화장실에 가서 거울을
봤을 때, 내가 아닌 완전히 다른
누군가의 얼굴이 있다면, 나는 그게
진정으로 '나'인지 의구심을 가질
것 같거든. 나는, 지금의 내 얼굴에
내 인생이 깃들어 있다고 느꼈어.
나이가 들어서인지는 모르겠는데,
내가 여태껏 살아오면서 했던 경험들,
그 경험들 앞에서 지어보였던 기쁘고
슬프고 화난 표정들, 그리고 그런
얼굴로서 날 알아보고 친해지고
사랑해왔던 많은 사람들까지 말이야.
그런 게 증발해버리고 나면, 원래의

나 자신에게서 뭐가 남아 이어지는
거지? 그때부턴 내가 알던 내가
아니라… 완전히 다른 사람으로서
제2의 인생을 사는 기분이 들지
않을까. 그래서 머리만큼은 원래의
나로서 남겨두고 싶었어. 이건
내 생각이지, 널 비난할 의도는
없었는데. 기분이 상했다면
미안하게 됐구나." "아니에요. 전 그냥…."

난 말을 이어가다가 무슨 질문을 하려고 했는지 까맣게 잊어버렸다.
안정제의 부작용일까? 거듭 생각이 안 나는 걸 보니 그렇게 중요한
질문은 아니었겠지. 은근슬쩍 다른 이야기로 넘어가기로 했다.

"됐어요. 신경 쓰지 마세요. 근데…."

"아니, 근데 너. 신경이 작살났다고
하지 않았어?" "네, 맞아요."

"그런데 말은 어떻게 하는 거야?" "아, 그거야…."

나는 퉁명스럽게 대답하던 중에 몸이 붕 떠오르는 것을 느꼈다.
내가 뭐라고 대답하려 했더라? 좀체 기억이 나질 않으니 바보가 된
기분이었다.

"849번 환자님, 이제 수술실로
들어가겠습니다. 계속해서 심호흡해주세요.
두뇌 이전 수술은 금방 끝나니까 너무
긴장하지 마시고요."

간호사의 목소리였다. 대기실에서 수술실로 향하는 통로의 문이
열렸다. 내가 누워 있던 병상이 그대로 미끄러져 복도로 밀려들어
갔다.

"아… 목이…."

나는 돌연 눈앞이 흐릿해지고, 목이 콱 막혀 아무 소리도 나오지 않는
것에 크게 당황했다.

"너무 말을 많이 하셨어요. 시신경이랑
발성기관은 임시로 매달아둔 거라 수명이
한 시간도 안 되거든요…. 하여간, 본인
목소리도 아닌데 용케 잘 적응을 하셨네요?
보통은 어색해서 한두 마디 하다 마시던데.
두뇌 이전하고도 금방 적응하시겠어요."

간호사는 내 앞으로 얼굴을 쭉 내밀고 아무렇지 않게 말했다.
두려워하는 시선 위로 사람 모양의 윤곽이 일렁거리다 이내 눈앞이
캄캄해져 아무것도 보이지 않았다. 좀 더 지나자 애초부터 내게
눈이라는 게 있었는지, 망막에 뭘 비쳐 본다는 게 어떤 기분인지조차
기억이 나질 않았다.

"…뇌… 뇌가… 신호를….”

누군지 도통 알 수 없는 목소리들이 뇌리를 울렸다. 그마저도 귀가 먹먹해지는 느낌이 들더니, 몇 초쯤 뒤에는 완전히 끊겨 사라지고 말았다.

머잖아 수술이 시작됐다. 내 의식은 사방이 텅 비어 아무것도 없는 곳에 홀로 갇혔다. 아무것도 보이지 않고, 아무것도 느껴지지 않는 가운데 내가 '나'라는 뚜렷한 의식만 우두커니 남아 있었다. 더 이상은 두렵지도 않았다. 그렇게 계속 있는 게 뭐가 문제일까 싶었다.

그저 '수술대기실에서의 내 목소리가 원래의 내 것이 아니었다'는 간호사의 말이 오랫동안 정신을 간지럽혔다. 난 목이나 성대를 갈아 끼운 기억은 전혀 없는데. 그건 그렇고 이 수술은 대체 언제 끝나는 걸까. 금방 끝난다고 했던 것 같은데. 뭣보다 수술이 끝난 다음의 나는 나에 대해 뭘 기억하고 있을까. 수술대기실에서 아저씨와 나눴던 대화나, 지금 이 순간에 대해 생생히 떠올릴 수 있을까. 만약 그렇다면 아저씨한테 안부 인사나 하러 가야겠다. 덕분에 대기실에서의 지루한 시간을 버틸 수 있었으니 말이다. 하긴 그때도 날 알아볼 수 있을지는 다른 문제겠지만….

말

홍창성

철학자

無　　　我

길동이와 철수는 자취방을 함께 쓰는 동무다. 그런데 어젯밤 지구를 방문한 외계인이 두 사람의 모든 기억과 의식 상태를 서로 바꾸어놓았다. 아침이 되어 하나가 일어나 거울을 보며 '내가 왜 갑자기 철수로 보이지?'라며 의아해한다. 지금 철수를 보고 있는 사람은 누구일까? 철수의 몸에 깃든 길동이의 의식이 거울에 비친 철수의 몸을 보고는 '왜 철수가 보이지?'라고 물은 상황이다. 우리의 직관은 대체로 몸보다는 의식이 우리의 정체성을 결정한다고 판단한다. 길동이의 의식이 깃들어 있는 몸에 길동이가 있다.

의식이 우리가 누구인가를 결정하기 때문에 내가 가진 이 유기체로서의 몸은 그다지 중요하지 않은 것 같다. 그렇다면 내가 사망할 때 의식 내용을 모두 컴퓨터로 옮겨 동일한 방식으로 작동시킨다면 내가 계속 생존한다고 볼 수 있을까? 그래서 컴퓨터만 계속 작동한다면 영생(永生)도 가능할까? 미래에는 스마트폰 하나에도 내가 깃들어 살 수 있을 텐데, 의식을 여러 컴퓨터에 동시에 저장하고 작동시킨다면 내가 여럿으로 존재하게 되는 것은 아닐까? 하지만 이 우주에 나는 오로지 하나만 있어야 하는 고귀한 존재가 아니었던가? 이와 같은 혼란스러운 질문이 끝없이 이어진다.

'나'라는 난제

우리의 존재에 관한 위와 같은 질문에 불교는 '근본적으로 내가 존재하지 않는데도 나의 존재에 대해 질문하는 어리석음이 오히려 문제'라고 답한다. 물어서는 안 될 질문을 하는 어리석음으로 우리 스스로 혼란을 초래할 뿐이라는 말이다. 궁극적으로는 '나'가 존재하지 않는다는 무아(無我)의 가르침은 오래전 붓다에 의해 설해졌고, 서양철학은 최근 그들의 문제투성이 자아론(自我論)의 대안으로 불교의 무아론에 주목하고 있다. 무아론을 살펴보기 전에 우리는 '나'의 존재에 대한 믿음이 철학적으로 해결될 수 없는 난제(難題)를 만들어낸다는 점을 좀 더 분명히 인식할 필요가 있다. 예를 더 들어보겠다.

  아담과 노아가 동시대인이었다고 가정해보자. 이 둘은 매일 하나씩 그들의 속성을 주고받는다. 머리색, 친절함과 퉁명스러움, 눈의 색깔, 기억 내용 하나, 키, 잘 쓰는 단어 하나, 몸무게 등등. 오랜 세월이 흐른 후 아담은 전에 가졌던 속성은 하나도 없고 그 대신 노아가 가졌던 속성을 모두 가졌고, 노아도 이제 아담처럼 생겼고 생각하고 말하며 산다. 그러면 지금 누가 아담이고 누가 노아인가? 답하기 어렵지만, 우리의 직관은 대체로 노아의 속성을 모두 가진 아담이 이제는 노아이고, 전의 노아는 아담이 되었다고 판단한다. 그렇다면 아담이 노아가 된 때는 정확히 언제인가? 노아의 속성을 50퍼센트 가지게 되었을 때일까? 50.01퍼센트, 50.1퍼센트, 아니면 50퍼센트에서 '속성 하나'를 더 가지게 되었을 때일까? 아무도 답할 수 없다.

  아담을 아담으로 그리고 노아를 노아로 만들어주는 고유한 본성 또는 자성(自性)이 존재하지 않는다고 보는 불교에서는 이런 난제가 처음부터 발생하지 않는다. '아담'이나 '노아'라는 이름은 단지 여러 속성의 묶음을 표현하는 이름표에 불과해서, 속성이 변할 때마다 편리에 따라 이름표만 바꾸면 그만이라는 입장이기 때문이다. 반면 개개인의

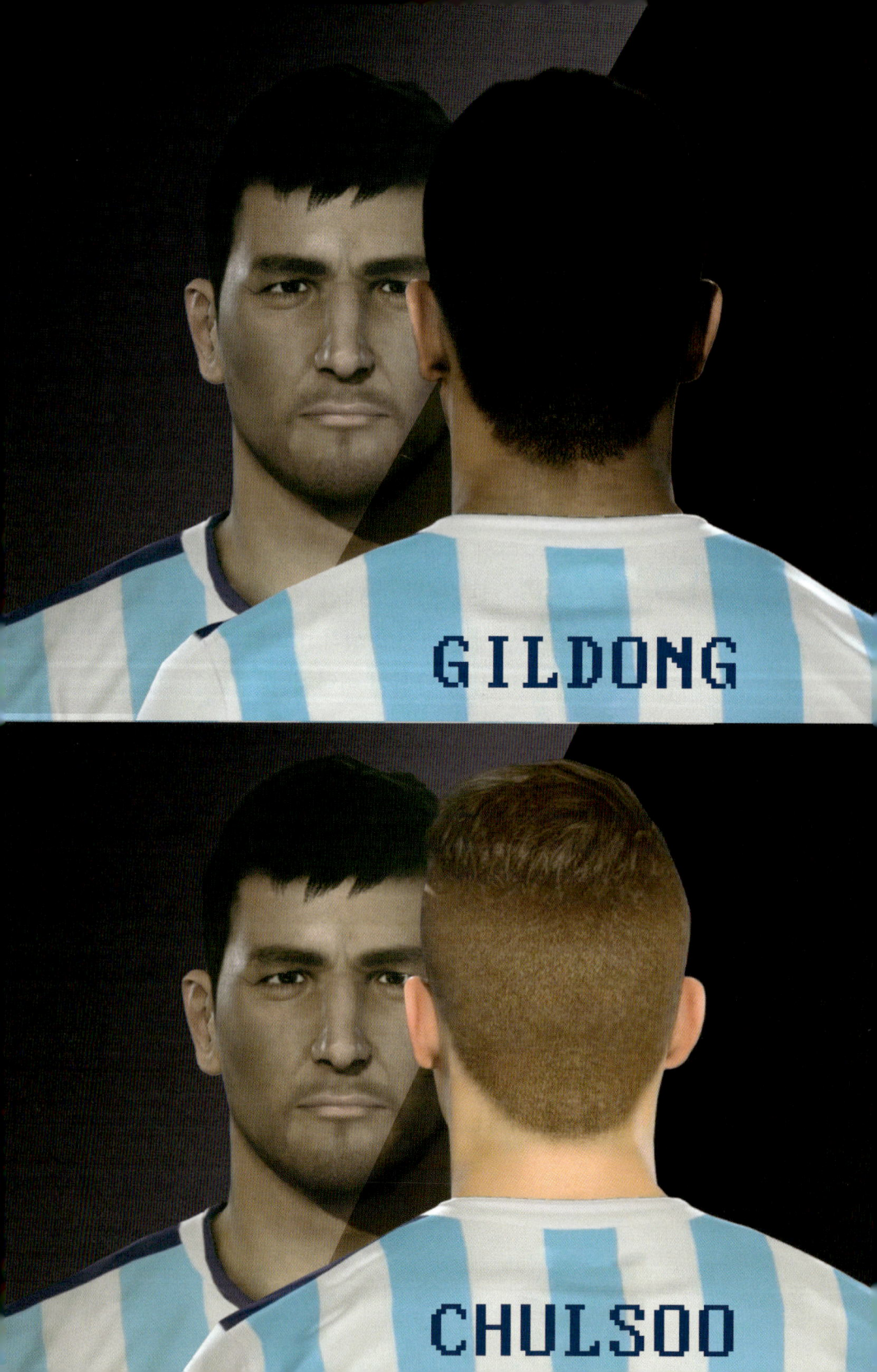

유일무이(唯一無二)한 자아 또는 영혼이 존재한다고 보는 서양의 전통에서는 위의 문제가 난제 중의 난제다. 서양인의 자아관을 살펴보면 왜 그들의 견해가 지적(知的)으로 끝없이 난관에 부딪힐 수밖에 없는지 알 수 있다.

자아(self)란 나를 나이게끔 만들어주는 무엇이다. 나는 이것 없이 나일 수 없고, 나는 이것만 있으면 다른 아무것 없이도 나다. 자아는 누군가 스스로 "나"라고 말할 때 이 단어가 가리키는 지시체다. 태어나서 지금까지 온갖 신체적·심리적 변화에도 불구하고 나를 같은 나로 남게 한 불변의 무엇이다. 불변하면 파괴될 수 없다. 파괴되려면 물리적·화학적 변화 등이 있어야 하는데, 변하지 않으면 파괴되지 않기 때문이다. 파괴되지 않으면 영원히 존재한다. 이렇게 나를 나이게끔 하는 영원불변불멸한 것이 자아인데, 이것은 서양에서 말하는 영혼(soul)과 정확히 일치한다. 위에서 말한 아담과 노아에게 영혼이 있다면 서로의 속성을 모두 교환해도 여전히 동일한 아담과 노아로 남는다. 그러나 문제는 '과연 그런 영혼이 존재하는가'다.

트럼프는 자신에게 영혼이 있다고 믿는다. 아무리 그와 닮고 똑같이 행위를 하는 로봇을 만들더라도 우리는 이 로봇이 영혼을 지녔다고 보지 않는다. 이제 외계인들이 실리콘과 비슷한 물질로 트럼프의 몸을 몰래 조금씩 교체해 20년 뒤에 트럼프가 완전히 이 물질로만 구성된다고 가정하자. 이 물질은 유기물로 구성된 트럼프의 원래 몸이 지닌 기능을 완벽히 재현하고 수행한다. 자기 몸이 다른 물질로 완전히 바뀐 줄 모르는 트럼프는 자신이 여전히 영혼을 지니고 있다고 믿을 것이고 다른 사람들도 이에 동의할 것이다. 그러나 그렇다면 앞서의 로봇도 영혼을 지니고 있다고 판단해주어야 한다는 곤란한 문제가 생긴다. 한편 만약 둘 다 영혼이 없다고 본다면 '유기물은 무엇이 특별하기에 영혼이 깃들 수 있는가'라는 질문에 답해야 한다. 아무도 설명할 수 없다. 영혼이 존재한다고 믿는 한 우리는 이 문제를 해결할 수 없다.

나에
 대한
  집착

우리는 '나'에 무한히 집착한다. 살아가는 동안 우리가 스스로를 위해 투자하는 시간과 노력은 얼마나 많을까? 생각해보면 먹고 자고 일하고 사랑하는 모든 행위가 나 또는 나와 관련된 사람을 위해 이루어진다. 어찌 보면 이것은 벗어날 수 없을 것 같은 인간의 굴레다. 불교적 관점에서는 '나'에 대한 집착이야말로 우리의 진정한 자유를 구속하는 가장 무거운 족쇄다. 그런데 위에서 든 예로 본다면, 우리가 믿는 스스로의 정체성은 아무래도 우리가 가진 몸에 대한 집착과 관련된 것 같다. 따지고 보면 몸은 소화된 음식물이 잠시 모인 것에 불과한데도 그렇다. 이 문제와 관련해 철학에서 제시하는 사고실험(思考實驗) 하나에 주목해보자.

　　24세기 서울시민 길동이가 화성 사는 철수를 만나려고 여행계획을 짠다. 우주선을 이용하면 한 달 걸리는 거리지만, 얼마 전 대중화된 '트랜스포터'로는 불과 몇 분 안에 갈 수 있고 비용도 저렴하다. 길동이는 선뜻 트랜스포터를 선택한다. 공상과학 드라마 〈스타트렉〉에도 유사한 장치가 나오는데, 트랜스포터 회사는 길동이의 몸을 분자 하나하나까지 스캔해 화성에 정보를 보내고 그곳에서 다시 길동이의 몸을 만들어낸다. 지구의 길동이 몸은 흩어져 사라지고, 화성에 있는 물질을 바탕으로 길동이의 몸이 다시 생겨난다. 원래의 몸과 분자 하나하나까지 배열이 모두 동일하기 때문에 길동이는 기억은 물론 성향이나 의지 등을 모두 그대로 지닌 채 친구인 철수를 만나러 간다. 당신도 아마 트랜스포터를 이용할 것이다.

그런데 트랜스포터를 이용하려는 당신은 은연중 영혼의 존재를 부정하고 있다. 기계가 스캔할 수 있는 것은 물질뿐이고 또 그 정보를 바탕으로 재구성되는 것도 물질로 된 몸일 뿐, 우리는 영혼을 스캔할 수도, 다시 만들어낼 수도 없다. 그래서 화성 쪽 기계 안에서 재구성된 길동이는 영혼이 없다. 그래도 그가 예전의 길동이처럼 말하고 생각하고 느끼며 모든 기억을 그대로 지니고 있기 때문에 우리는 무의식적으로 그것으로 충분하다고 판단한다. 영혼이 존재하지 않더라도 우리는 몸과 몸에 존재론적으로 의존하는 의식이 그대로인 한 기계에서 걸어나온 길동이를 동일한 길동이로 받아들인다. 길동이의 영혼이나 자아는 길동이를 위해 하는 일이 없다. 아무 역할도 없는 것은 존재할 이유도 없다.

한편 우주선과 마찬가지로 트랜스포터 장치도 고장이 나 사고가 일어나기도 한다. 길동이가 화성에서 다시 생겨날 때 사고로 길동이와 모든 면에서 동일한 다섯 명이 새로 만들어진다고 가정해보자. 이때 누가 길동이인가? 다섯 명 모두를 길동이라고 인정해야 하나? 그럴 수는 없다. 한 사람이 다섯 사람이 될 수는 없기 때문이다. 그렇다면 이제 길동이는 존재하지 않고 복제인간들(clones) 다섯이 새로 존재하게 되었다고 보아야 하나? 만약 그래야 한다면 '사고가 일어나지 않았을 때 생겨난 길동이 한 명이 이들 복제인간 하나하나와 다를 바는 무엇인가'라는 의문이 또 생긴다. 복제인간과 다른 점이 전혀 없으므로 그때의 길동이 또한 복제인간이라고 보아야 한다.

영원불변불멸의 영혼이나 자아의 존재를 믿는 한 지금까지 살펴본 철학적 문제를 결코 해결할 수 없다. 서양철학이 최근 불교의 무아론에 크게 주목하는 이유는 불교에서는 위와 같은 난제들이 처음부터 생겨나지 않기 때문이다. 붓다에 의하면 우리는 고정불변한 본질을 지니고 있지 않고 다만 끊임없이 변화하는 몸과 네 가지 의식 상태가 모여 있는 묶음으로 80년 정도 존재할 뿐이다. 이런 무상한 것들의 집합체가 길동이의 주관적 관점에서는 '나'이고 제3자의 관점에서는 '길동이'라는 인간이다. 그게 전부다. 영원불변불멸의 굉장한 영혼이나 자아 같은 것은 우리의 희망사항으로 상상 속에만 존재한다. 그러니 고정불변한 본성을 가졌다는 '나'에 집착할 이유가 없다. 실은 그런 집착에 얽매여 스스로를 구속해서는 안 된다.

왜 나를 놓아야 하는가

붓다가 자아의 존재를 부정한 방법은 여럿이지만, 그 가운데 만물의 무상함을 이용한 논증이 잘 알려져 있다. 그에 의하면 우리 개개인은 물질적 바탕인 몸[色]과 수상행식(受想行識)이라는 네 가지 의식 상태가 묶여 있는 집합체다. 이 다섯 요소 가운데 변치 않는 것은 없다. 매일 먹고 숨 쉬다 보니 몸에 그대로 남아 있는 것은 하나도 없다. 우리의 생각이나 감정, 의지, 감각 등 의식 상태는 몸보다도 더 빨리 변한다. 만약 우리에게 영원불변불멸의 영혼이나 자아가 있다면 몸 또는 네 가지 의식 상태의 하나로 존재해야 할 텐데, 이 다섯 가운데 그대로 남아 있는 것은 아무것도 없다. 나를 동일한 나로 머물게 하는 변치 않는 무엇이 자아일

텐데, 그런 것은 인간 존재 안에는 없다. 그런 진정한 나는 존재하지 않는다. 그래서 무아가 진리다.

　　세계종교인 불교가 영혼의 존재를 받아들이지 않는다는 사실에 많은 이들이 충격을 받는다. 영혼을 믿지 않는 사람을 '잃을 것이 없어서 막 사는 부도덕한 사람'이라고 단정 짓기 십상인 서양인은 평화를 사랑하며 비폭력주의와 금욕주의를 표방하는 불교가 자아나 영혼을 받아들이지 않는다는 사실에 곤혹스러워한다. 그러나 우리가 조금만 더 생각해보면 이 가르침의 깊이를 헤아릴 수 있다. 삶을 고달프게 만들고 세상을 어지럽히는 것은 많은 경우 지나친 집착이다. 돈, 성공, 외모, 사랑, 음식, 술 등 지나쳐서 우리를 나락으로 떨어뜨리는 욕망의 대상은 끝없이 많다. 이런 집착을 버리며 사는 것이 깨달음의 길이다. 이런 모든 집착의 가장 깊은 뿌리가 '나'의 존재에 대한 미망(迷妄)이라는 것이 붓다의 통찰이다. 우리는 '나'에 대한 집착을 떨쳐버려야 진정으로 열반과 대자유를 향해 나아갈 수 있다.

　　우리가 무아를 진리로 받아들여 내면화한다면 우리 삶은 어떻게 달라질까? 여러 좋은 변화가 있지만 그 가운데 가장 주목할 것은 우리가 자비에 넘치는 이타적 삶을 살기 시작하게 된다는 점이다. 우리는 깨어 있는 대부분의 시간 동안 누구나 '나'와 '나와 관련된 사람들'에 마음을 기울이기 마련이다. 어느 누가 아니라고 반박할 수 있을까. 그러나 무아의 진리를 깨달아 내가 궁극적으로는 존재하지 않는다는 점을 확신한다면 스스로에 대한 집착을 떨치고 지금까지 오매불망(寤寐不忘) 붙들고 있던 '나'를 놓을 수 있다. 나만을 위해 기울이던 마음을 버리면 자연스럽게 다른 사람들 그리고 다른 유정물(有情物)에도 관심을 가지고 배려하게 된다. 나에 대한 허망한 집착을 놓아버리는 것이 나를 구속하는 가장 근본적인 굴레로부터 해방되는 길이다. 우리는 무아의 진리를 통해 대자유를 얻고 깨달음의 길로 나아가 넘치는 배려와 자비심으로 다른 이들의 행복에 기여할 수 있게 된다.

  영혼과 자아의 존재를 믿어 의심치 않아 온 서양인들이지만, 그들도 은연중 자아에 집착하는 것이 옳지 않다는 점을 깨달아왔고 또 그런 판단이 그들의 언어에 반영되어 있다. 먼저 자아의 굴레를 벗어나지 못한 사람들에 대한 부정적인 표현으로 self-centered(자기중심적인), selfish(자기 이익만 고려하는, 이기적인), self-righteous(자기만 옳다는) 등이 있다. 모두 자기에 집착하기 때문에 나오는 좋지 않은 태도를 비판하는 단어들이다. 이와는 반대로 마치 불교의 무아론이 우리가 따라야 할 가르침이라는 점을 보여주는 듯한 단어들도 있는데, unselfish(스스로의 이익을 고려하지 않는, 이타적인)나 selfless(자신을 희생하는, 이타적인)가 그런 것들이다. 언어에 내재하는 일반 대중의 지혜가 무아의 가르침과 다르지 않다는 점이 반갑다.

나는
 있지도 않고
  없지도 않다

불교의 무아론과 관련해 주의할 점 하나를 지적할 필요가 있다. 나를 나이도록 하는 고정불변의 본성이 존재하지 않기 때문에 나는 자성이 없어서 공(空) 하다는 통찰이 불교의 가르침이다. 그러나 그렇다고 해서 내가 전혀 존재하지 않는다는 주장은 결코 아니다. 불교는 몸과 의식이 모여 있는 집합체로서의 개인 인격체(person)의 존재를 부정하지 않는다. 우리가 비록 영원불변불멸의 존재가 아니라고 해도 일상에서 서로

마주치며 함께 살아가는 나와 주위 사람들이 존재하지 않는 것은 아니기 때문이다. 인격체로서의 나와 다른 이들의 존재가 받아들여져야 하는 이유를 몇 가지 살펴보겠다.

브루투스는 시저를 칼로 찔러 살해했다. 법정에 불려나온 브루투스가 "나는 자아가 없다. 그런 내가 어떻게 시저를 죽일 수 있었겠는가? 나는 처벌받아서는 안 된다"고 항변한다고 가정하자. 어처구니없는 변론인데, 불교의 무아론을 문자 그대로만 받아들이면 이런 코미디 같은 상황이 연출될 수 있다. 영원불변의 자아가 없다고 해서 법적·도덕적 책임을 지는 몸과 의식의 집합체로서의 브루투스마저 존재하지 않는 것은 아니다. "브루투스"라고 불리는 심신의 집합체는 처벌되어야 한다. 그런데 브루투스는 또 "무상한 심신은 끊임없이 변한다. 지금 나의 심신은 시저를 살해했을 때의 심신이 아니다. 전에 다른 심신이 저지른 일에 대해 왜 지금 여기 있는 심신이 처벌받아야 하나"라고 항의할 수도 있겠다. 이 또한 하나는 알고 둘은 모르는 소리다. 지금의 심신이 살인을 저지른 심신과 인과적·역사적으로 연결되어 있는 연속체로서 하나의 인격체이기 때문에 처벌이 가능하다. 참고로 영어에서 'person'은 법률용어다.

법적·도덕적 책임을 질 인격체로서뿐 아니라 일상을 살아가는 데도 동일한 사람의 지속적 존재에 대한 가정은 실용적으로 필요하다. 밤늦게 집에 돌아온 내가 '궁극적으로 나는 존재하지도 않고 이 심신은 끊임없이 변하는데, 내일 아침 일어날 어떤 다른 사람을 위해 내가 지금 힘들게 양치질하고 세수할 이유가 없다'며 그냥 잠자리에 든다면 나는 다음 날 아침 반드시 후회한다. 여러 해 뒤 시험에 합격해 취직할 다른 사람을 위해 오늘 내가 공부할 이유가 없다며 놀면 인생이 어려워지고,

15년 후 집을 살 낯선 이를 위해 오랫동안 저축하지 않겠다며 버는 즉시 돈을 쓰면 평생 집을 못 산다. 비록 무상한 몸과 마음이지만, 오랜 기간 인과적으로 이어지는 이 연속체를 동일한 나로 간주하며 살아야 삶을 더 잘 살 수 있다. 나뿐만 아니라 다른 이들에 대해서도 마찬가지다. 세월이 흐르더라도 철수를 동일한 인격체 철수로, 영희를 같은 사람 영희로 간주하는 것이 실용적으로 요구된다.

불교에서는 이와 같이 우리 일상생활이 성공적이도록 도와주는 진리를 속제(俗諦, the conventional truth)라고 부른다. 개인의 삶과 사회생활을 위해 필요불가결한 진리다. 이에 대비해 우리를 궁극적으로 깨달음과 열반으로 이끌어주는 진리는 진제(眞諦, the ultimate truth)라고 한다. 궁극적 관점에서 볼 때 나는 단지 무상한 몸과 의식의 집합체에 불과하기 때문에 내게는 집착할만한 아무것도 존재하지 않는다. 우리는 진제인 무아의 가르침을 받아들이고 철저히 내면화시켜야 깨달음에 이르고 열반을 얻어 대자유의 길에 들어설 수 있다.

불교에서 자주 인용되는 표현으로 논의를 마무리하겠다. 나는 존재하지 않지만 그렇다고 전혀 존재하지 않는 것도 아니다. 영원불변불멸의 본성을 가진 영혼 같은 것으로는 존재하지 않지만, 그래도 한평생 80년 정도 매일 일상을 잘 살아가는 심신의 묶음으로서는 존재하기 때문이다. 그래서 나는 있지도 않고 없지도 않다(비유비무, 非有非無). 단지 묘하게 있을 뿐이다(묘유, 妙有).

나,

김상환

철학자

아무개
x

나를
한번이라도 본 사람은 모두
나를 떠나갔다, 나의 영혼은
검은 페이지가 대부분이다, 그러니 누가 나를
펼쳐볼 것인가, 하지만 그 경우
그들은 거짓을 논할 자격이 없다
거짓과 참됨은 하나의 목적을
꿈꾸어야 한다, 단
한 줄일 수도 있다

나는 기적을 믿지 않는다

기형도의 시 '오래된 서적' 마지막 부분이다.[1] 여기서 자아는 "검은 페이지가 대부분"인, 그래서 쉽게 읽을 수 없는 책에 비유된다. 손쉬운 규정을 거부하는, 그러나 어떤 비밀을 감춘 '오래된 서적'이라는 것이다. 우리는 무한한 해석을 요구하는 이런 자아 이미지 아래 현대 사상의 주요 특징을 집약할 수 있다. 과거 근대 주체철학에서 자기의식은 그 어떤 대상의식에서도 찾아볼 수 없는 자명성의 세계였다. 인간의 경험과 실천의 세계 전체는 그런 특권적인 자기의식 위에 정초되어야 했다. 그러나 오늘날 철학자들에게 자아는 한없이 불투명해지고 암호화되고 있다. 자아는 이미 주어진 정체성 안에 존재한다기보다 거듭 정체성을 만들어가야 할 과제로서 존재한다. 그러나 이 점을 다루기 전에 좀 더 초보적인 사항들을 점검해보자.

[1] 기형도, 《입 속의 검은 잎》, 문학과지성사, 1989, 26쪽.

인공지능시대의 인간

동서 사상사에서 자아에 대한 물음은 특정한 인간 이해에 기초한다. 나에 대한 물음은 종종 인간에 대한 물음을 전제하거나 연장하고 있을 뿐이다. 많은 경우 자아를 찾는다는 것은 참된 인간이 된다는 것을, 혹은 인간의 고유한 가능성을 완전히 실현한다는 것을 말한다. 위에서 인용된 기형도의 시에서도 마찬가지다. 여기서 나는 텍스트에 비유되기 전에 먼저 영혼과 동일시된다. "나의 영혼은/ 검은 페이지가 대부분이다." 이런 시적 언명은 특정한 인간관에 근거한다.

서양의 플라톤-기독교주의 전통에서, 그리고 그것을 계승하는 데카르트 이후의 근대적 전통에서 인간은 영혼-신체 복합체로 정의된다. 그리고 자아의 정체성은 육체와 분리된 순수 영혼에서 찾는 것이 보통이다. 반면 동아시아 문명권에서 영혼-신체 이분법은 낯선 어떤 것이다. 자아는 종종 몸과 동일시된다. 왜냐하면 영혼과 신체는 서로 삼투하면서 일체를 이루기 때문이다. 이런 차이에도 불구하고 과거의 동서 인간관은 서로 일치하는 데가 있다. 그것은 인간을 동물과 마주 세워 정의한다는 점이다. 동서 사상사에서 인간됨의 본성은 동물에게는 없고 인간에게만 있는 것들에 근거하여 정의되었다. 가령 서양에서는 언어 능력과 이성적 사고가, 반면 동아시아의 유가적 전통에서는 인의예지(仁義禮智)가 사람다움의 핵심을 이룬다. 바로 이런 것들이 인간과 동물을 나누는 근본 특징이라는 것이다.

그러나 인공지능시대에 들어서서는 사정이 달라진다. 인간의 고유한 본성을 기계와 비교되는 측면에서 찾으려는 추세가 일반화된다. 동물이 하지 못하는 것들은 이제 인간의 정체성을 찾아가는 단서가 되지 못한다. 이제 중요한 단서는 기계, 특히 로봇이나 인공지능이 결여하기 쉬운 능력에 있다. 가령 감정, 욕망, 상상 같은 것이 대표적인 사례다. 기계에서 기대하기 어려운 이런 능력은 우리가 동물처럼 신체를 지닌 덕분에 갖게 된 것들이다. 인공지능시대가 깊어갈수록 인간에게 몸은 기계적 추상성에 맞서는 구체성의 원천으로 자리매김할 것이다. 그리고 그럴수록 자아의 정체성에 대한 물음은 신체적 잠재력의 자장 안에서 추구될 것이다. "나의 영혼은/ 검은 페이지가 대부분이다"라는 기형도의 문장도 이런 관점에서 읽을 수 있다. 그것은 감정, 욕망, 무의식의 세계로 돌아가 바라볼 때 암호화되는 영혼에 대해, 물음표를 띠고 나타나는 자아에 대해 말하고 있다.

그러나 인공지능시대에는 또 다른 경향이 일반화되고 있다. 그것은 인간을 뇌과학과 정보과학이 교차하는 지점에서 파악하고자 하는 과학적 환원주의다. 여기서 인간의 개인적 동일성은 몸이 아니라 뇌를 중심으로, 거기에 들어 있는 정보로 정의된다. 요즘 공상과학영화에서는 저장장치에 담긴 뇌의 정보가 하나의 동일한 개인으로 설정된다. 그리고 이런 개인은 다른 신체로, 다른 행성이나 먼 미래로 얼마든지 이동할 수 있는 것처럼 가정된다. 현대유럽철학은 그런 과학적 환원주의에 대한 저항이다. 우리는 기형도의 시를 이런 관점에서도 읽을 수 있다. 즉 그것은 자아를 사물처럼 대상화하려는 모든 외부적 시선에 대한 거부다.

개인, 주체, 자아

기형도의 '오래된 서적'을 읽을 때는 한때 유행했던 텍스트 존재론을 떠올릴 필요도 있을 것이다. 해석학의 "모든 것은 텍스트다" 혹은 자크 데리다(Jacques Derrida)의 "텍스트의 바깥은 없다" 같은 명제가 그런 텍스트 존재론을 대변한다. 이런 문맥에서 등장하는 것이 폴 리쾨르(Paul Ricoeur) 철학의 정점에 있는 '서사적 정체성(narrative identity)'이란 개념이다. 한 사람의 인격적 동일성이나 그 크기는 자신만의 고유한 이야기를 창조하는 능력, 다시 말해서 자신의 삶과 공동체 문화를 하나의 줄거리 안에 엮어내는 능력에 있음을 말하는 개념이다. 그러나 기형도적인 자아가 도무지 믿지 않으려는 듯한 이런 이론은 나중으로 미루자("나는 기적을 믿지 않는다"). 그 대신 여기서는 자아와 관련된 책에 초점을 맞추어보자.

사실 한 인물의 삶을 기록하는 책, 어떤 주체의 정체성을 탐구하는 책, 자아의 내면을 서술하는 데 전념하는 책들이 있다. 그런 책은 때로 전기(傳記)라 하고 때로 자서전이라 하며 때로 고백록이라 불린다. 전기는 제3자의 관점에서 한 사람의 삶을 서술하는 글인데, 여기서 서술되는 인물은 '개인'이라 칭할만하다. 반면 자서전은 1인칭의 관점에서 한 사람이 자신의 삶을 서술하는 글이다. 이때 서술되는 동시에 서술하는 인물은 '주체'라 부를만하다. 고백록은 1인칭 관점의 자기서술이란 점에서는 자서전과 유사하다. 하지만 자신의 어두운 비밀과 치부를 드러낸다는 점에서는 자서전과 구별된다. 이런 고백록의 저자는 '자아' 혹은 '자기'라 부르는 것이 적절하다. 왜냐하면 외부적 시선으로 침투하기 힘든 내면적 삶이 여기서 문제가 되기 때문이다.

게다가 고백의 대상인 개인적 치부는 극복된 치부로, 극복되면서 내면적 변화를 가져온 밑거름으로 서술된다. 고백록은 한 인물이 자신의 오류와 방황을 이겨내면서 참된 자기를 형성해가는 과정을 담는다. 이 점에서 고백록은 근대 성장소설과 일맥상통하는 바가 있다. 이런 고백록이 기독교 전통의 산물임은 주지의 사실이다. 특히 고해성사의 관행이 고백록으로 발전했다는 것은 두말할 필요가 없다. 그러나 그 관행은 고백록만이 아니라 그 이상의 것, 정확히 말해서 근대 개인주의의 원천이기도 하다.

헤겔은 역사철학 관련 저작에서 루터의 종교개혁이 근대 개인주의의 뿌리임을 서술한 바 있다. 근대 주체철학의 중심에 있는 코기토(cogito)나 자율적 주체의 개념은 신과의 내면적 소통을 강조하는 개신교를 역사적 배경으로 한다는 것이다. 그러나 미셸 푸코(Michel Foucault)는 고해성사에 초점을 맞추어 기독교와 근대 개인주의의 밀접한 관련성을 서술한다. 이것은 개인, 주체, 자아라는 것도 시대의 산물임을, 그러나 무엇보다 그 시대를 지배하는 권력의 생산물임을 보여주기 위함이다. 중세 기독교의 사목(司牧)적 권력이 주체를 생산하는 기술이 고해성사라는 것이다.

고해성사는 비밀을 털어놓는 속죄의 절차다. 내면적인 치부를 언어로 옮기는 그 절차는 자신을 지배하던 욕망의 진실이 드러날 때까지 계속되어야 한다. 이런 고해성사에서 서양에 고유한

'주체의 해석학'이 탄생한다. 이 주체의 해석학은 서로 분리할 수 없는 두 가지 암시를 담는다. 주체라는 것은 자기 자신에게마저 드러나지 않는 어떤 비밀을 감추고 있다는 것이고, 그렇게 은폐된 진실을 밝히기 위해서는 정교하고 지칠 줄 모르는 언어화 작업이 요구된다는 점이다. 즉 주체는 무한한 해석의 과제를 요구하는 어떤 난해한 텍스트와 같다.

자기의 기술 혹은 실존의 미학

푸코에 따르면 유럽은 다른 문명권과는 달리 개인의 내면에 대해 속속들이 알려는 강박적 경향이 있다. 유럽에서 발아된 근대 개인주의는 무조건 입을 열어 너의 속내를 모두 털어놓으라는 집단적 명령의 산물이다. 개인의 내면적인 비밀을 캐내고자 하는 이런 앎의 의지는 근대 인간과학의 밑거름이 되었다. 정신분석도 그런 인간과학(언어학, 심리학, 의학, 사회학 등)의 한 가지 사례에 불과하다. 이때 인간과학은 중세 사목적 권력을 대신해서 등장한 근대 통치 권력(규율적 권력과 생명관리 권력)의 대리자에 해당한다.

여기서 중요한 점은 근대 개인주의라는 것이 인간을 한없이 대상화 및 예속화하는 인간과학과 동전의 양면을 이룬다는 점이다. 자율적 주체로 높이 상승하는 개인은 근대적 지식-권력 복합체가 규격화해놓은 순응적 주체의 허상이라는 것이다. 푸코는 그의 고고학을 대표하는 《말과 사물》(1966)에서 '인간의 죽음'을 선언하여 탈근대 논쟁을 불러일으켰다. 그의 계보학을 대표하는 《감시와 처벌》(1975)에서는 근대적 인간이 규율적 권력에

의해 철저히 길들여진 타율적 주체임을 고발하면서 근대철학이
금과옥조로 여겨온 자율적 개인의 이념을 조롱했다. 그러나 «성의
역사» 2권과 3권(1984)에서부터는 권력에 저항할 주체화의
가능성을 탐색하는 새로운 윤리학을 기획하여 다시 세상을 놀라게
했다.

푸코의 윤리학은 '자기의 기술'이나 '실존의 미학'이라 불리기도
한다. 근대 주체철학은 한편으로는 데카르트의 코기토로 대변되는
투명한 자기의식 위에 인간의 지식과 경험 전체를 정초하는
이론적 계획으로 펼쳐진다. 그리고 다른 한편으로는 칸트의
자율적 의지로 대변되는 자유의식 위에 인간의 도덕적 의무와
권리 전체를 정초하려는 실천적 계획으로 펼쳐진다. 그러나
푸코는 이런 두 가지 계획과 관계가 먼 제3의 길을 가리킨다.
그것은 우리 자신을 생산한 미시적인 통치 권력을 자기 식으로
전유하고 변형하면서 권력 자체의 한계를 드러내는 길이다.
여기서 도모되는 윤리학은 사회적 활동이 전제하는 자기통치의
기술이자 개인의 삶 전체를 예술작품으로 조형해가는 미학적
영감의 계획이다. 푸코는 "너 자신을 알라"와 "너 자신을 돌보라"는
두 가지 명령이 분리되지 않았던 고대 그리스와 초기 로마 시대로
돌아가 새로운 윤리학의 단초를 찾는다. 여기서 중요한 점은
진리의 경험('너 자신을 알라')이 주체의 자기관계와 자기변형('너
자신을 돌보라')으로 순환하는 구도로 들어서는 데 있다.

자아의 세 축

그렇다면 동아시아 전통에서는 자아에 대한 이야기를 새롭게

꾸려갈 유산을 찾을 수 없는가? 이 점을 위해 자아는 세 가지 관계 속에 놓여 있음에 주목해보자. 자아는 먼저 자기 이외의 다른 사물이나 타인과 관계하면서 존재한다. 자아는 지각의 주체일 수도, 행위의 주체일 수도, 유희의 주체일 수도 있다. 하지만 그런 모든 경험은 결국 자아가 타자와 관계하는 다양한 방식에 불과하다. 먹고 말하고 일하면서 살아가는 우리는 우리를 둘러싼 환경 속에서, 그 환경 속의 타자와 한데 얽히는 가운데 존재한다. 다른 한편 그런 타자관계 속에서 자아는 자기 자신과 관계한다. 경우에 따라서는 특정한 자기관계가 온전한 타자관계의 조건이 된다. 가령 자기 자신에 대해 낙관적인 믿음을 가지고 있는 사람이 있는가 하면 자기 자신에 대해 비관적인 태도를 지닌 사람도 있다. 이 두 부류의 사람은 동일한 대상을 두고도 서로 다르게 경험하거나 서로 다르게 판단한다. 동일한 사람도 기분이 좋을 때와 나쁠 때 판단의 방향이 달라진다. 이런 사례는 모두 자기 자신에 대한 관계나 주관적 상태가 사물에 대한 관계를 결정한다는 사실을 말해준다.

그러나 반대 방향으로도 생각해볼 수 있다. 왜냐하면 자기관계라는 것은 처음부터 완결된 형태로 주어져 있는 것이 아니기 때문이다. 한 개인의 특수한 자기관계는 그에게 고유한 경험의 우여곡절 속에서 점진적으로 생겨난다. 우리는 다른 사람이나 사물들과 얽혀들면서 비로소 자기가 누구인지 알아가게 된다. 가령 늘 자기 자신을 칭찬하는 사람들에 둘러싸여 성장할 때와 늘 자기 자신을 멸시하는 사람들에 둘러싸여 성장할 때 한 아이의 자기의식은 완전히 다를 수밖에 없다. 이런 관점에서 보면 타자관계가 자기관계에 선행한다고 해야 한다.

서양 철학사에는 주체의 자기관계(자기의식)를 절대화하여, 경험(대상의식)을 설명하는 모든 원리를 거기서 찾으려는 흐름이 있다. 데카르트, 칸트, 현상학과 실존주의 등이 이 흐름에 해당한다. 거꾸로 타자관계에서 출발하여 자기관계를 설명하려는 흐름도 있다. 경험론은 물론 스피노자와 구조주의 등이 이런 사조를 대변한다. 하지만 헤겔이 강조하는 것처럼 자기관계와 타자관계는 서로 꼬리를 물며 자극하는 순환적 관계에 있다고 해야 한다. 우세의 정도는 경우에 따라 달라질 수 있어도 둘은 서로 분리할 수 없는 관계에 있는 것이다.

그러나 그 두 가지 관계로 우리 인간의 경험을 모두 설명할 수 없다. 자아는 타자와 자기 자신 이외의 어떤 먼 것에 관계한다. 그 먼 것은 경우에 따라 인간을 넘어서는 것, 기억을 넘어서는 것, 경험의 논리를 넘어서는 것일 수 있다. 자아는 자기의 표상을 넘어서는 외부와 관계하면서, 그 외부에서 제기되는 물음에 다가서면서 비로소 자신의 중심을 만들어갈 수 있다. 가령 어떤 운명의 예감 속에 미래를 영접하는 일, 어떤 목적을 세우고 그것의 실현을 계획하는 일, 죽음을 바라보면서 인생의 의미를 생각하는 일 같은 것이 좋은 사례다.

자아가 타자관계, 자기관계, 원격관계라는 세 가지 축에 의해 구조화된다는 것은 서양 주체의 역사 전체를 통해 확인할 수 있다. 그러나 이 점을 가장 명확하게 정식화하는 문건은 성리학의 경전인 «중용»이다. 이 책 25장에는 하이데거적인 의미의 존재나 화이트헤드적인 의미의 창조적 과정을 일러 성(誠)이라 한다. "성은 만물의 시작과 끝이다. 성이 없으면 만물 또한 있을 수

없다(誠者物之終始, 不誠無物)." 그리고 만물을 이루는 창조적
과정은 사물을 이루는 성물(成物)과 자기를 이루는 성기(成己)가
동시에 일어나는 이중적 과정으로 설명된다.

그러나 이런 이중의 과정이 창조적일 수 있는 것은 성기라는
자기관계와 성물이라는 타자관계가 어떤 먼 것과의 원격관계에
의해 조율되기 때문이다. 이 점을 암시하는 것이 «중용» 전체를
여는 첫 문장이다. "하늘이 명하는 것을 일러 본성이라 하고,
본성을 따르는 것을 일러 도리라 하고, 도리를 닦는 것을 일러
교육이라 한다(天命之謂性, 率性之謂道, 修道之謂教)." 유가
전통에서 먼 것은 천명에 있다. 대타관계와 대자관계를 하나로
엮어 창조적 과정으로 이끌어가는 원격관계는 천명을 예감하는
데서 시작된다. 아마 헤겔이라면 시대정신이라 했을 것이다.

주체의 세 유형

«논어»(‹옹야› 18)에는 주체를 세 종류로 나누는 대목이 있다.
"알기만 하는 사람은 좋아하는 사람만 못하고, 좋아하는 사람은
즐기는 사람만 못하다(知之者 不如好之者, 好之者 不如樂之者)."
우리는 이 세 주체를 자아를 구조화하는 세 축에 배당해볼
수 있다. 즉 알기만 하는 자는 사물에 관계하되 외면적으로만
관계하는 주체, 대타관계를 대자관계로 이중화하지 못하는 주체다.
좋아하는 자는 사물을 알면서 자기 자신을 발견하는 주체이고,
그런 자기발견 속에 사물에 관계하는 새로운 동력을 얻는 주체다.

그렇다면 즐기는 자는 누구인가? 그는 미래의 차원에 속하는 어떤 먼 것과의 관계 아래 기존의 타자관계와 자기관계를 새롭게 변형해가는 주체다. 이때 먼 것은 어떤 불가능해 보이는 꿈일 수도, 무의미에 빠진 현실을 구제하는 어떤 미지의 전제나 의미일 수도 있다. 그렇다면 낙지자(樂之者)가 맛보는 쾌락은 호지자(好之者)가 경험하는 쾌락과 어떤 차이가 있는가? 정신분석의 용어를 빌려 설명해보자. 좋아하는 자는 자신의 본성을 자유롭게 따르되 아직 쾌락원칙의 지배 아래 놓인 주체다. 반면 즐기는 자는 쾌락원칙을 넘어선 주체다. 그러므로 그는 자신의 본성에 반하는 조건과 정서(고통, 불안, 고독) 속에서도 자기 자신을 긍정하고 향유하기에 이른다.

쾌락원칙을 넘어선 주체, 이것이 또한 서양 주체의 역사에서 마지막에 오는 주체다. 그 마지막의 주체는 자아라기보다 자기이고, 자기라기보다는 어떤 누구도 아닌 아무개 X다. 왜냐하면 모든 인칭상의 구별에서 벗어난 자기이고, 자신이 실현한 대의나 작품 배후로 사라지기까지 하는 주체이기 때문이다. 이런 관점에서 주체 이론을 가장 멀리 끌고나가는 철학자는 질 들뢰즈(Gilles Deleuze)다. 그는 쾌락원칙을 넘어선 주체를 '분열적 코기토(schizophrenic cogito)'라 부르는데, 이것을 쉽게 설명할 수 있는 사례는 숭고의 체험에서 찾을 수 있다.

숭고한 대상의 무지막지한 크기 앞에서 그것을 포착하려는 주체는 한없이 작아지는가 하면 어떤 아찔한 현기증에 빠진다. 인식능력들의 조화로운 작동이 멈추고 심지어 탈구되기까지 하기 때문이다. 그러나 숭고의 체험은 이런 고통스러운 혼란을

넘어설 때 성립한다. 즉 탈구된 인식능력들이 새롭게 결합하거나
작동하면서 자신들 속에 숨겨져 있던 새로운 잠재력을 길어올릴
수 있다. 그래서 불가능하게만 보이던 먼 것과 드디어 관계하게
될 수 있다. 우리는 바로 그때 숭고를 체험한다. 들뢰즈가 말하는
분열증은 이런 숭고의 체험 속에 포함된 현기증을 극적으로
표현하는 용어다. 그것은 인식능력들이 기존의 사유 이미지가
붕괴되는 지점, 다시 말해서 추상적인 선들만 남는 '이미지 없는
사유'로 돌아가 새로운 역량을 스스로 분만하는 어떤 임계점을
가리킨다.

기형도의 시로 돌아가서 말하자면, 그때의 나는 '검은 페이지가
대부분'인 영혼이다. 왜냐하면 기존의 잣대로 해석하거나 진위를
따질 수 없는 상태이기 때문이다. 그것은 진위, 선악, 미추의
기준이 새롭게 그려지기 시작하는 원점이고, 따라서 과거의
시선에 대해서는 결코 읽을 수 없는 텍스트다. 이런 의미에서
기형도의 시는 분열적 코기토에 대한 시적 언명이라 할 수도
있다. 나는 불교의 용어를 빌려 그것을 백비(百非)의 자기, 혹은
백색(百色)의 외출에 대한 언명이라 부르고 싶다. 왜냐하면
거기에는 자기를 이루던 수백 가지 성분들, 수만 가지 가능선들이
서로 삼투하면서 가시성의 저편에서 자신을 드러내고 있기
때문이다.

이규탁 　대중문화학자

Sing for Myself

"대중음악의 90퍼센트는 사랑이야기다"라는 말이 있을 정도로 대중음악 가사에서 만남의 기쁨과 설렘, 뜨거운 감정 교류 그리고 가슴 아픈 이별과 지난 사랑에 대한 그리움이 차지하는 비중은 매우 높다. 하지만 사랑 못지않게 자주 되풀이되는 주제가 있다. 바로 자아, 즉 '나(self)'다. 예술의 한 형식으로서 대중음악은 창작자와 실연자(實演者)의 내면과 자기고백, 자아성찰을 담아왔다. 음악과 가사를 통해 이루어지는 자신과의 대화는 종종 주변 사람들, 나와 그들이 함께 사는 사회 그리고 세상에 대한 관심과 자각을 불러일으키는 계기가 되기도 한다.

'나'를 이야기하는 수많은 노래 중 열 곡을 고르는 것은 쉽지 않다. 이 글을 읽는 독자들이 '그 노래는 꼭 들어가야 하는데 왜 빠졌을까' 의문스러워하는 것도 자연스러운 일이겠다. 이 선택 과정마저도 대중음악에 대해 항상 고민하고 생각하는, 연구자이자 평론가이기에 앞서 대중음악의 오랜 팬이자 마니아인 '나'를 드러내는 일일지 모르겠다.

신해철, <나에게 쓰는 편지> (1991)

앨범 제목부터 "나 자신(Myself)"인 신해철의 2집에 수록된 곡. 제목처럼 미래에 대해 불안과 초조를 느끼는 젊은 나 자신에게 위로와 격려를 보내는 편지 형식의 가사를 담고 있다. 빠르게 변해가는 세상을 따라가지 못하고 뒤처지는 느낌, 나의 이상이 현실의 성공을 보장해주지 못할 것이라는 불안감, 남들 앞에서는 센 척하지만 사실은 그렇지 않다는 자기고백은 이 노래가 나온 지 30년이 지난 지금도 여전히 유효한, 우리가 영원히 가지고 가야할 고민일지 모른다.

유재하, <내 마음에 비친 내 모습> (1987)
거울은 자신의 모습을 스스로 확인할 수 없는 인간에게 내가 어떻게 생긴 존재인지를 알려줘 자아에 대해
생각하게 하는 중요한 도구다. '한국형 발라드' 형식을 정립했다고 여겨지는 유재하 1집 <사랑하기 때문에>의
수록곡 <내 마음에 비친 내 모습>에서, 유재하는 내 마음을 거울삼아 스스로에 대해 생각하고 다짐한다. 이로써
듣는 이에게 '나'에 대해 생각해보는 시간을 선사한다.

Michael Jackson, ‹Man in the Mirror› (1987)

거울은 내 모습을 나에게 보여주면서 동시에 현실 속의 나와 거울에 비친 내 모습을 분리해 나를 객관화할 수 있는 순간을 제공한다. 마이클 잭슨은 이 순간을 기회로 삼는다. 자신이 꾸준히 외쳐왔던, 좀 더 평화롭고 행복한 세상을 만들자는 다짐을 거울 속 '나 자신'에게 제안한다. 앨범 ‹Bad›에 수록된 이 곡은 "거울 속의 그 사람과 함께 변화를 시작할 것이다"라는 가사를 통해 자아성찰이 사회변혁으로 가는 중요한 관문임을 보여준다.

Sing for Myself

2pac, ‹Me Against the World›(1995)

자신이 겪고 느끼고 생각한 것을 직접 가사로 써 전달하는 것을 가장 중요하게 여기는 힙합에는 그 어떤 장르보다 '나'에 대한 이야기가 많다(심지어 대중음악의 주요 소재인 '사랑 타령'은 '진정한 힙합'이 아니라고 여겨지기도 한다). 힙합계의 전설인 투팍은 ‹Me Against the World›에서 자신의 경험을 바탕으로 미국 대도시 뒷골목을 삶의 무대로 하는 가난한 흑인들의 비참함을 고발하고 그에 맞서 싸울 것임을 외친다. 1990년대 갱스터랩의 교과서 같은 곡이다.

빈지노, ‹Dali, Van, Picasso› (2013)

힙합이 '나의 이야기를 내가 직접 쓴 가사로 말하는 것'이라면, 미국 래퍼와 한국 래퍼의 이야기는 서로 다를 수밖에 없고 또 달라야 한다. 그런 측면에서 빈지노의 ‹Dali, Van, Picasso›는 굉장히 모범적인 사례다. 미대 출신이라는 자신의 삶의 배경을 잘 녹여내 힙합 가수로서의 '나'를 풀어내는 이 노래의 가사는 담백하고 솔직하다. 동시에 한 편의 시와 같은 아름다움마저 품고 있다.

방탄소년단(BTS), ‹IDOL› (2018)
'케이팝 아이돌은 기획사가 만들어준 노래만 한다'는 이미지가 있지만, 최근 3세대 아이돌은 스스로 작곡·작사를 하는 경우도 많다. 더구나 '나'와 '우리'를 이야기하는 것을 주저하지 않는 방탄소년단은 아이돌에 대한 고정관념에 꾸준히 도전해왔다. 특히 아이돌로서의 정체성을 부끄러워하거나 억지로 부정하지 않으면서도 그것을 빌미로 자신들을 손가락질하는 사람들에게 통렬한 일침을 가하는 ‹IDOL›은 매우 흥미롭고 신선하다.

아이유, <에잇>(feat. SUGA of BTS)(2020)

방탄소년단과 더불어 아이유 역시 '나'를 이야기하는 것에 주저함이 없는 아이돌 가운데 하나다. 특정한 나이가 되었을 때의 '내 모습'을 담은 일명 '나이 시리즈' 곡들을 꾸준히 발표해왔다. 이번 <에잇>에서 아이유는 28세가 된 지금, 과거의 행복했던 사랑과 우정에 관한 추억, 그들이 떠나버린 현실의 아픔을 오가며 '영원한 젊음'을 꿈꾼다. 이 '영원한 젊음'은 '젊음'이 끝나가는 20대 후반을 보낸, 혹은 보내고 있는 사람이라면 누구나 공감할 수 있는 '나'의 테마일 것이다.

Sing for Myself

자우림, ‹스물다섯, 스물하나› (2013)
사랑 이야기라고 해서 꼭 '나'를 표현하지 말라는 법은 없다. 특히 과거의 내 모습을 돌이켜보며 그리움과 후회, 연민의 감정을 갖는 것은 대중음악이 자주 다뤄온 주제이자 예술의 보편적인 테마다. ‹스물다섯, 스물하나›는 영원할 것만 같았던 젊은 날의 빛나던 사랑, 아름다움, 행복에 대한 기억이 어느덧 희미해지는 나이가 되어 과거의 '나'를 떠올려보는 노래다. 나이와 상관없이 세월의 흐름에서 자유로울 수 없는 우리 모두에 대한 이야기이기도 하다.

Beyoncé, ‹Listen› (2007)

국내 각종 오디션 프로그램과 경연대회 참가자들의 단골 리메이크 곡인 비욘세의 ‹Listen›은 뮤지컬 영화 ‹드림걸스Dreamgirls›의 삽입곡이다. 영화에서 비욘세(극 중 '디나 존스')가 "내 마음 속에서 흘러나오는 노래를 들어달라"며 이 노래를 부르는 장면은 "내 스스로의 목소리를 찾아야만 한다"는 가사로 마무리된다. 이 노래를 통해 그녀는 자신이 속한 음반사의 사장이자 남편인 커티스 테일러의 간섭과 통제에서 벗어나 독립된 자아를 가진 '나'를 찾겠다고 선언하며 관객들에게 카타르시스를 선사한다.

Sing for Myself

Neil Young, ‹Heart of Gold› (1972)

힙합 이전 '나'를 표현하기 가장 좋은 장르는 바로 포크·포크록이었으며, 이는 지금도 유효하다. 잔잔한 악기 연주에 가수의 목소리를 얹어 부르는 포크는 가사 전달력이 뛰어난 장르다. 음악적인 특성상 내면적인 이야기를 하기 좋은 장르이기도 하다. '순수한 마음'을 찾기 위해 다양한 곳을 누비며 점점 늙어가는 '나'를 이야기하는 닐 영의 포크록 ‹Heart of Gold›는 자아를 찾기 위해 평생 노력하는, 그러나 결국 끝까지 찾을 수 없는 '나'의 모습에 대한 잔잔하고 조금은 씁쓸한 성찰이다.

신해철,
<나에게 쓰는 편지>(1991)

유재하,
<내 마음에 비친 내 모습>(1987)

Michael Jackson,
<Man in the Mirror>(1987)

2pac,
<Me Against the World>(1995)

빈지노,
<Dali, Van, Picasso>(2013)

방탄소년단(BTS),
<IDOL>(2018)

아이유,
<에잇>feat. SUGA of BTS(2020)

자우림,
<스물다섯, 스물하나>(2013)

Beyoncé,
<Listen>(2007)

Neil Young,
<Heart of Gold>(1972)

Read Me: 나 읽기 도구들

마이어와 브릭스가 정신의학자 융의 심리유형론을 토대로 만든 자기보고식 성격 유형 검사다. 외향(E)-내향(I), 감각(S)-직관(N), 사고(T)-감정(F), 판단(J)-인식(P)으로 구성된 네 지표를 기준 삼아 개인 성격을 열여섯 가지로 분류한다. 예를 들어 주의집중의 방향이 내향적이고(I), 사람이나 사물을 인식할 때 오관에 의존해 그 실제적 측면을 파악하려 하며(S), 판단 시 객관적 상황에 더 주목하고(T), 상황 대처 방식에서 빠르고 합리적인 결정을 내리려는 성향을 띠면(J) 'ISTJ' 유형에 해당한다. 이 유형의 사람은 책임감이 강해 맡은 일을 끝까지 해내며, 매사에 철저하고 원리원칙을 준수한다.

MBTI Myers-Briggs Type Indicator

클리프턴 강점 진단 Clifton Strengths Assessment

미국의 여론조사기관 갤럽이 개발한 강점 진단 및 코칭 도구다. 약점보다 강점에 주목하는 것이 개인 잠재력을 실현하는 데 더 효과적이라는 관점에 바탕을 둔다. 인간의 재능을 34가지 범주로 분류하고, 각각의 재능을 강점으로 삼아 한층 더 강화할 수 있는 지침을 제공한다. 예를 들어 '포용' 강점이 있는 사람들은 모든 조직 구성원이 배제되지 않는 것을 중시하고, 특별 고객을 위한 프리미엄 제품 제작에는 관심을 덜 보일 수 있다. 그러므로 이들은 모든 고객층을 포용할 수 있는 제품 제작 업무를 맡으면 좋다.

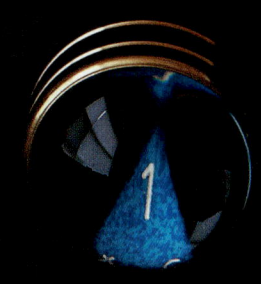

사주 四柱

사람이 태어난 연월일시(年月日時)를 바탕으로 길흉화복을 내다보는 방법이다. 연월일시가 곧 운명을 지명하는 네 기둥, 사주(四柱)이다. 기둥은 다시 천간(天干)과 지지(地支)로 나뉘며, 여기에 글자 하나씩 곧 여덟 자를 배당한 것이 팔자(八字)다. 예를 들어 '2000년 3월 2일 아침 6시'를 사주팔자로 표현하면 '경진(庚辰)년, 무인(戊寅)월, 기미(己未)일, 정묘(丁卯)시'가 된다. 이 팔자를 바탕으로 개인의 재운과 학운, 대인 관계, 건강, 재앙 등을 점친다. 사주에서 10년 단위로 바뀌는 운은 대운(大運), 1년 단위로 바뀌는 운은 세운(歲運)이라 한다.

에니어그램 Enneagram

인간 성격을 아홉 유형으로 분류한 지표다. 'Enneagram'은 희랍어로 아홉을 의미하는 'ennear'와 점, 선, 도형을 의미하는 'grammos'의 합성어다. 조화와 통일을 뜻하는 원, 힘의 균형을 뜻하는 삼각형, 방향성과 연속성을 뜻하는 좌우 대칭 화살표(헥사드)로 구성된다. 유형마다 성격 특징과 장단점이 다른데, 1번 유형은 완벽주의 성향이라 매사 끝맺음이 정확하나 세부 사항에 지나치게 집착한다는 단점이 있다. 9번 유형은 포용적이고 붙임성이 있으며 편견 없이 사람을 대한다는 장점이 있지만 다소 둔감하고 수동적일 수 있다.

점성술 占星術, Astrology

천체 현상을 보고 개인과 국가의 운명을 점치는 방법이다. 별의 밝기와 위치, 달의 운행, 일식과 월식 등을 고려한다. 고대 이집트와 바빌로니아 등지에서 성행했다. 개인의 운명을 점칠 때는 황도 12궁, 즉 태양이 지나가는 길을 따라 나 있는 열두 별자리를 중시한다. 출생 시 어느 별자리의 영향을 받았는지에 따라 개인의 운명과 성향이 결정된다고 본다. 예를 들어 화성의 영향을 받는 양자리 운세는 개척자의 기질을 띤다. 레오나르도 다빈치(4월 15일 출생)와 찰리 채플린(4월 16일 출생)이 양자리다.

최면술 催眠術, Hypnotism

암시 등을 이용해 사람을 수면에 가까운 상태로 만드는 방법이다. 고대 종교의식에서 현대 심리치료에 이르기까지 폭넓게 활용되어 왔다. 'Hypnotism'이라는 용어는 잠의 신 히포노스(Hyponos)에서 유래한다. 최면에 빠지면 마치 잠든 상태처럼 신체는 이완되나 의식은 깨어 있다. 이때 내밀한 기억에 대한 접근성이 높아지며, 평소 의식하지 못하던 과거 경험을 떠올릴 수 있게 된다. 이를 활용한 최면 치료 기법이 '연령 퇴행'이다. 내담자에게 과거 특정 시기의 경험을 떠올리게 하여 현재 겪고 있는 정서적 문제의 원인을 밝힌다.

Read Me: 나 읽기 도구들

내

성장의
비밀:

정여울

작가

비난에 대처하는 용기

'나'의 성장을 가로막는 것들과의 싸움

'나는 내 상처보다 강하다. 나는 나를 향한 비난보다 더 강력한 존재다.'

내가 힘들 때마다 나를 향해 속삭이는 주문이다. 돌이켜보면 '나'의 성장을 가장 힘들게 했던 장애물이 바로 타인의 비난과 비판, 그리고 적대의 시선이었다. 그런데 그런 비난과 싸울 수 있는 비결을 친절히 알려주는 곳은 어디에도 없었다. 삶에 필요한 모든 지혜를 학교에서 배울 수 있다면 얼마나 좋을까. 하지만 교육의 주요 목적이 입시에 한정된 사회에서는 삶에서 필요한 지혜를 학교에서 배우는 것이 너무도 어렵다. 학교에서 배우지 못한 것들 중에 인생에서 가장 절실한 지혜 중 하나가 바로 '타인의 비난에 대처하는 방법'이다. 살다 보면 워낙 많은 순간 전혀 생각지도 못했던 곳에서 따가운 비난과 비판을 듣게 된다. 심지어 내가 전혀 잘못하지도 않은 상황에서 억울한 비난이나 비판을 당할 때도 많다. 나는 그런 공격을 받을 때마다 휘청거리고, 때로는 절망하면서, 타인과 함께하는 삶에 대한 두려움을 키워갔다.

사람들은 특히 자신이 가장 사랑하는 일의 결과에 대해 비판받을 때 치명적으로 상처를 입는다. 예컨대 글을 쓰는 사람들은 글의 내용이나 완성도에 대해 비난을 받을 때 상처받을 수밖에 없다. 재능이 부족해도 비난받고, 재능이 넘쳐도 비난받는다. 사회는 재능 있는 사람들에게 항상 우호적이지는 않다. 재능을 질투하는 사람들의 거친 비난, 타인의 재능 자체를 부정하는 사람들의 무차별 공격 속에서 우리는 잡초보다 강인한 생명력으로 질기게 살아남아야 한다. 우리가 자기 안의 진정한 재능을 발견하기도 전에 그 싹을 짓밟는 것은 바로 타인의 폭력적인 비난이다. '난 이것밖에 안 되는 존재로구나' 하는 자기검열의 시초는 대부분 가까운 사람들의 반복되는 핀잔이나 낯선 공격이다. 나는 '골골이는 절대 되지 마라'는 엄마의 공격으로부터 나를 평생 지켜내야 했고, '피아니스트는 부잣집 애들이나 되는 거다'라며 피아노를 향한 나의 열정을 씨앗부터 잘라낸 이모의 공격으로부터 나를 지켜내지 못했다. 가까운 사람들의 비난은 사랑의 이름으로 자행되는 폭력이기에 더욱 방어하기가 어렵다.

어떻게 하면 우리는 자기 안의 재능을 탄탄하게 키워가면서 동시에 타인의 비난으로부터 우리의 잠재력을 보호할 수 있을까. 나는 심리학을 공부하면서 '회복탄력성(resilience)'과 '내적 자원(inner resource)'이라는 개념에 큰 도움을 받았다. 내 안에 나를 치유할 수 있는 내면의 치유력, 즉 회복탄력성이 있다는 것. 나아가 나를 성장시키고 치유할 수 있는 내적인 에너지를 끊임없이 비축해두어야 한다는 '내적 자원'의 개념이야말로 나에게 용기를 주었다. 심리학은 나약했던 나에게 '그렇게까지 절망할 필요는 전혀 없다'는 것을 가르쳐주고, 내 안에서 그 누구의 도움도 없이 홀로 일어서는 법을 개발해야 함을 일깨워주었다. 세상에서 가장 얇디얇은 유리로 만들어진 것처럼 걸핏하면 잘 깨지는 줄로만 알았던 나의 마음은 사실 그 무엇보다도 유연하면서도 강인한 존재였다. 내가 '마음이 부서졌다'고 생각한 거의 모든 순간들은 사실 거대한 마음의 수족관 '표면'에 난 상처였다. 정말로 치명적인 상처들은 악성댓글 같은 불특정다수의 비난이 아니라 내가 가장 사랑하는 사람들이 나에게 '애정의 이름으로 주는 상처'였다. 널 사랑하니까 비판도 할 수 있다는 식의 변명은 사실 또 하나의 '그루밍(grooming)'이 아닐까. 사랑하면서 상처를 주는 모든 행위는 결국 사랑이 아닌 폭력일 뿐이다. 널 사랑한다면서 비난과 폭언을 일삼는 사람들은 사랑의 이름으로 증오와 분노를 포장하는 잔인성을 내면화한 것이다.

하지만 모든 상처가 다 못 견딜 정도의 트라우마인 것은 아니다. '이게 상처구나'라는 직감이 들 때 나는 상처의 강도를 가늠해보곤 한다. 내가 견딜 수 있는 상처인지, 견디는 것이 아무 소용없는 상처인지, 견디기는커녕 어떻게든 맞서야만 하는 상처인지. 이제 나는 상처의 강도를 날카롭게 구분하는 연습을 한다. '나를 파괴할 정도의 강력한 상처인가', 아니면 '내가 어떻게든 이겨낼 수 있는 상처인가'라는 질문을 통해 나는 내 마음의 회복탄력성을 점검하고, '나는 역시나 안 될 거야'라는 입살로 새로운 도전을 포기하는 어리석음을 극복하려 한다.

우리는 상처 입으며, 고로 존재한다

나는 내 글로 인해 수없이 많은 비판을 받았지만, 항상 먼 바다에서 빛나는 등대처럼 반짝이는 타인의 말들이 나를 지켜주었다. 비난과 비판으로부터 나를 지켜주는 마음의 등대, 그것은 바로 나를 진심으로 아끼고 이해하며 존중하는 사람들의 조언이었다. 그들은 하나같이 더욱 담대하게 거침없이 이상을 향해 나아갈 것을, 결코 타인의 비난이나 예찬에 일희일비하지 않고 나 자신의 운명을 스스로 개척할 것을 주문했다.

　　　나의 아름다운 멘토 H선생님은 얼마 전에 나에게 이런 말씀을 해주셨다. "신문에서 너의 칼럼을 읽거나 네가 쓴 책을 읽고, 내가 느낀 모든 것들을 너에게 들려주는 것은 내 인생에서 커다란 기쁨이야." 그 말을 듣는 순간, 나는 이제 다른 사람의 어떤 비난을 들어도 너끈히 견딜 수 있을 것만 같은 강한 투지가 샘솟는 느낌이었다. H선생님이 투병생활 중 수술실에 누워 계실 때, 선생님을 죽음의 공포에서 깨워준 것은 '우리가 함께할 수 있는 시간'에 대한 그리움과 설렘이었다고 한다. '이윤이와 약속한 그 책을 꼭 써야만 하는데, 그러려면 절대 죽지 말고 살아남아야 하는데'라는 마음속의 목소리가 선생님을 공포로부터 지켜주었다고 한다. 전화통화를 통해 그 말을 들으며 나는 수화기 너머에서 눈물을 흘렸다. 그러면서 새삼 진의를 물태웠다. 아직도 투병 중인 선생님을 앞으로도 죽음의 공포에서 지켜드리는 글을 꼭 써야겠다고. 내가 사랑하는 모든 사람들을 불안과 우울에서 구해낼 수 있는 글을 써야겠다고. 그런 커다란 꿈을 가지면 자잘한 공포에 휘둘릴 시간이 없다. 그런 커다란 꿈 앞에서는 모든 공포가 사색해진다. 당신들의 비난은 나를 결코 죽이지 못한다. 내 열정과 재능만 더욱 부채질할 뿐이다.

　　　인문학 강연을 하다 보면 내 상처에 대해 이야기를 할 때가 있다. 내가 겪은 과거의 상처를 예로 들어 설명하면 사람들이 강연 내용을 더 쉽게 이해하니까. 그런데 내 상처 이야기를 듣고 난 독자들이 이런 질문을 할 때가 있다. 그렇게 똑똑하고 잘난 선생님이 왜 그렇게 자꾸 절망하고 자존감이 낮은지 모르겠다고. 그런 말들이 나에게는 이상하게도 2차 트라우마가 되었다. 저쪽에서는 공격의 의도가 없음에도

이쪽에서는 상처받는 경우다. 1차 트라우마, 즉 과거의
상처를 또 한 번 후벼 파서 잘 아물고 있던 상처조차도
더 심각하게 성이 나고 덧나는 느낌이었다. 똑똑하다고
해서, 서울대 졸업생이라고 해서, 이미 생겨버린 상처가
저절로 아물지는 않으니까. 아무리 똑똑해도, 아무리
많은 장점을 가지고 있어도, 인간은 단 한 가지 트라우마
때문에 완전히 무너져내릴 수도 있다. '스펙 좋고, 멀쩡하고,
심지어 강해 보이는 사람들도 상처받을까'라는 의문을
가진 분들에게 나는 이렇게 대답해드리고 싶다. "그렇게
똑똑한 사람들도 절망한답니다. 상처받는 것은 나약함의
표현이 아닙니다. 존재의 필연적 조건입니다. 우리는
상처받도록 설계되었습니다. 우리는 매일 상처 입습니다.
고로 존재합니다." 우리가 상처 입었다면, 그것은 가장 강력한
'살아 있음'의 증명이기도 하다. 우리가 매일 상처 입는다는 것,
그것이야말로 우리가 살아 있다는 강렬한 증거다.

이제는 예전처럼 아프지 않은 나

오랫동안 회복탄력성과 내적 자원을 맹렬하게 키워내다
보니, 이제는 예전처럼 아프지 않은 나를 발견한다. 예전보다
더 심한 말을 들어도 미소로 넘어가기도 하고, 농담으로
받아넘기기도 한다. 화를 내는 나, 분노하는 나로부터
밀어지려는 연습을 한다. 화는 화를 부를 뿐, 화풀이를 한다고
화가 사라지는 것이 아니기 때문이다. 분노를 쟁여놓은 나,
억울함으로 가득 채워진 나, 내 분노를 풀 대상을 찾는 나를

밀리해야, 분노보다 더 중요한 것을 아는 나, 화에 사로잡히지 않는 나, 차분하게 본래의 나 자신으로 돌아올 수 있는 나를 만날 수 있다. 사람들은 자꾸 오해를 한다. '내가 좀 더 강한 사람이라면, 나에게 힘이 있다면, 나는 그런 상처를 입지 않을 텐데'라는 생각으로 자신을 괴롭힌다. 하지만 강인한 사람도 상처받으며, 나약한 사람도 상처를 치유할 수 있는 힘을 가지고 있다.

문제는 나약함이 아니다. 완고함이 더 심각한 문제다. 나약함보다 더 무서운 것은 아무것도 변화시키지 않으려고 하는 완고함이다. 우리는 단지 나약하기 때문에 상처 입는 것이 아니라 나약함을 계속 고수하려고 하기 때문에 더 큰 상처를 입는다. 문제는 소외의 유전자를 가슴 깊은 곳에 내면화하여 다시는 사람들과 진정으로 소통하지 않으려는 쇠고집이다. 완고한 것이야말로 가장 심각한 질병이 될 수 있다. 현재 상태에 머무르려는 사람들은 정신의 탄력성이 부족해지고, 당연히 회복탄력성이 떨어지게 된다. 완고한 사람들은 상처로부터 나으려는 노력 자체를 잘 하지 않는다. 변화를 싫어할 뿐 아니라 타인에게 도움을 받는 것도 싫어하기에 변화의 시작, 치유의 시작 자체가 어렵다. 그렇다면 건강한 마음 상태란 어떤 것일까. 건강한 마음은 아예 상처를 받지 않는 무심함이나 둔감함이 아니다. 오히려 상처를 언제든지 잘 받을 만큼 예민하면서도 동시에 언제든 상처로부터 자신을 끄집어낼 수 있는 용기와 유연성이 존재하는 상태가 낫다. 강철 같은 완고함보다는 고무줄 같은 유연함이 훨씬 더 건강한 마음 상태다.

우리 마음을 언제든 부드럽게 내가 원하는 형태로 빚을 수 있는 촉촉한 찰흙의 상태로 만들어보면 어떨까.

얼음처럼 너무 차가운 마음이라면 타인에 대한 공감능력이 떨어질 것이고, 너무 뜨거운 물처럼 끓어오르는 마음이라면 걸핏하면 분노에 사로잡힐 것이다. 가장 적당한 마음의 온도, 가장 적절한 마음의 점도, 가장 알맞은 마음의 촉감은 촉촉한 찰흙의 상태가 아닐까. 찰흙의 질감은 그 자체로 심리적 안정감을 준다. 찰흙은 언제든지 다른 상태로 변할 수 있지만 지금은 일단 안정된 상태다. 찰흙처럼 쉽게 형태를 빚거나 변형시킬 수 있고, 결국은 수많은 시행착오를 거쳐도 실수가 눈에 띄지 않고 점점 더 말랑말랑하고 부드럽게 나 자신을 바꿔갈 수 있는 용기야말로 우리에게 절실한 마음의 형태다. 대리석처럼 굳어 있는 마음, 상처로 똘똘 뭉쳐 그 무엇으로도 풀어줄 수 없는 마음이 아니라, 매일매일 물 한 번만 뿌려주면 촉촉해지는 찰흙처럼, 그렇게 말랑말랑하지만 쉽게 무너지지 않는 마음을 가진 사람이 되고 싶다. 찰흙처럼 그 무엇으로도 변할 수 있고, 그 어떤 형태로도 안정되게 존재할 수 있는 마음의 상태로 나를 단련시키기 위해, 나는 끝없이 읽고, 쓰고, 듣고 말하는 훈련을 매일 하고 있다. 들숨처럼 책을 읽고, 날숨처럼 글을 쓴다. 그래야만 하나의 상태로 고착되지 않을 수 있다. 그래야만 끊임없이 변화하면서도 온전한 나 자신일 수가 있다.

  나는 아주 느리게 성장하는 사람이고, 그 사실에 감사한다. 쉽고 빠르게 성장했다면, 성장이 이렇게 고통스러운 것인지 몰랐을 테니까. 나는 한꺼번에 많이 성장해서 급격히 조로하기보다는 매일 조금씩 성장하는 사람이 되고 싶다. 관 뚜껑이 닫힐 때까지, 아니 관 뚜껑이 닫히고 나서도 내적으로 성장하는 사람, 개성화하는 사람이 되고 싶다. 제도권 교육처럼 타인이 만들어놓은 규격에 알맞게 사회화해온 시간이 너무 길었기에, 오직 나만이 만들어가는 나의 세계를 가꿀 수 있는 개성화의 시간을 늘리고 싶다. 베토벤이나 고흐처럼, 우리 마음속에 별이 된 사람들은 아직도 개성화하고 있으니까. 삶의 의미와 열정의 흔적을 온 힘을 다해 이 세상에 남겨놓는 사람은, 그의 명성 때문이 아니라 그의 진심 때문에 매일매일 죽어서도 개성화할 수 있고, 죽어서도 성장할 수 있다.

나는 '성장'이라는 개념 대신 '개성화'라는 이름을 살포시 포개고 싶다. 성장을 떠올리면 자연스럽게 그 반대말로 '발육부진'이라든지 '지체' 같은 것이 떠오르는데, 그래서인지 나는 '성장'이라는 말에 거부감을 느낀다. 때로는 발육부진이나 지체, 퇴행도 더 커다란 성장의 일부이기 때문이다. 우리는 항상 그렇게 위로만 성장하는 것은 아니다. 우리는 오히려 아래로 성장해야 한다. 위로 성장하는 것이 성공이나 경쟁을 통해서 가능한 에고의 확장이라면, 아래로 성장한다는 것은 내면의 깊이가 풍요로워지는 것, 즉 셀프의 심화다. 우리가 삶의 보람과 열정을 잃지 않도록 해주는 것은 바로 에고의 과도한 성장이 아니라 셀프의 비옥함이다.

오늘도 아픔과 힘겹게 씨름하는 당신을 위하여

내가 요새 셀프의 '개성화'를 위해 가장 힘을 쓰고 있는 부분은 나의 소중한 사람들과 '향연(symposium)'을 가지는 것이다. 화려하고 거창한 향연이 아니다. 사랑하는 사람들과 맛있는 것을 먹으면서 책을 읽고 수다를 떠는 것이다. 더 나은 향연을 위해, 더 나은 개성화를 위해, 나는 읽기, 듣기, 쓰기, 말하기 중에서 출력(쓰기, 말하기)보다는 입력(읽기, 듣기)의 시간을 더 늘리기 위해 노력 중이다. 나의 향연이란, 일종의 북클럽이다. 읽은 것을 말로 표현하고, 들은 것을 글로 표현하면서, 사랑하는 사람들과 함께하는 일, 그것이 나의 일상 속 작은 향연이다. 외적 표현은 눈에 뚜렷이 드러나기에 누구나 신경 쓰지만, 내적 수련은 오직 자신만이 아는 일이기 때문에 소홀하기 쉽다. 말하기와 글쓰기는 모두가 잘하고 싶어 하지만, '읽기와 듣기를 잘하고 싶다'는 소망을 지니기는 쉽지 않다. 나는 그런 사람이 되고 싶다. 쓰고 말하는 표현력만을 강조하는 사회에서, 조용히 듣고 차분히 읽는 삶을 살 수 있는 내 마음의 요새를 만들고 싶다. 듣거나 읽는 것은 오로지 '마음의 여백'을 일부러 의식적으로 만들어야만 할 수 있는 일이다. 내 마음에 타인의 목소리가 들어올 여백을 만드는 것, 내 마음속으로 타인의 아픔과 기쁨이 모두 노크할 수 있도록 내 안에 '울림의 공간'을 만드는 것이 내가 할 일이다. 타인의 소중한 이야기가 내 마음을 노크할 수 있도록, 우리는 시간을 내고, 마음의 한 켠을 내주고, 듣고 읽는 시간을 더 많이 늘려 셀프가 더 깊고 풍요롭게 개성화될수록 스스로를 응원해야 하지 않을까.

  개성화를 꿈꾸었던 순간, 나는 내 안의 깊은 성장을 꿈꾸는 희망의 꽃봉오리가 환하게 피어나는 느낌도 경험했지만, 동시에 내 안의 무언가가 처참하게 죽어가는 느낌도 함께 경험했다. 이상하게도 진정한 성장의 시간에는 그 두 가지 양극단의 감정이 동시에 찾아왔다. '작가로서의 길'을 선택할 때 나는 '직장인이나 교수로서의 길'은 포기했다. 오랜 시간 공들여 취득한 박사학위가 아까웠고, 그동안 투자한 시간이 미치도록 아까웠다. 그 포기가 너무 아팠지만,

'작가로서의 나'는 진심으로 기뻤다. 어떤 회한도 미련도 없이, 진심으로 '오직 작가의 길'을 선택한 내가 자랑스러웠다. 직장인이 되고 싶은 나, 교수가 되고 싶은 나는 내 뿌리 깊은 '에고'였던 것이다. 내가 누구의 눈치도 볼 필요가 없다면 나는 그저 작가의 삶 자체가 좋았다. '다른 아무것도 필요 없고, 오직 글을 쓰는 삶이면 충분하다'고 믿었던 나의 '셀프'가 나를 구한 것이다.

인생의 갈림길에서 우리는 반드시 무언가 하나를 선택해야 할 시간에 맞닥뜨린다. 그럴 때 나를 구하는 것은 어김없이 셀프, 즉 내 안의 현자이자 내 안의 모든 것들을 에고보다 더 잘 알고 있는 또 하나의 나였다. 바로 그 내면의 자기가 매일 켜고 있는 등불을 찾아 떠나는 것이 나의 독서이고, 나의 글쓰기이고, 삶이라는 여행이 우리에게 펼쳐주는 개성화의 로드맵이다. 그러니 도대체 이 방황이 언제 끝날지 몰라 애가 탈 때는, 내면의 자기에게 길을 물어보라. 이 세상 그 누구도 내 삶에 참견하지 않는다면, 그 누구의 시선으로부터도 완전히 자유롭다면, 너는 과연 어떤 길을 택할 것이냐고. 당신 안의 위대한 멘토, 위대한 현자는 반드시 당신에게 가장 어울리는 길을 보여줄 것이다.

우리가 죽은 뒤 먼 훗날이 되어서도 우리가 남기고 간 것들이 더 아름답게 개성화되기를. '나'라는 존재가 성장해온 가장 강력한 증거, 그것은 상처를 견뎌낸 마음의 나이테가 하나둘 늘어간다는 점이다. 오늘도 가장 아픈 트라우마와 힘겹게 씨름한 당신을 위하여 내 이야기를 들려드리고 싶다. 내가 남긴 모든 글들이, 내가 당신에게 들려준 모든 이야기들이, 당신의 진정한 개성화의 밑거름이 되기를. 당신은 당신의 상처보다 강한 존재다. 당신은 당신이 견뎌낸 모든 고통들로 인해 더욱 눈부신 존재다.

내 성장의 비밀:
비난에 대처하는 용기

살면서 '나'와

몇 번 이별 하셨나요?:

김도인

명상가

나와의
이별과
만남

어렸을때부터 무엇인가 중요한 것이 내 인생에 없는 느낌, 나를 잃어버린 느낌, 그 공허함과 상실감이 늘 지워지지 않는 낙인처럼 마음에 새겨져 있었어요. 그런 쓸쓸한 기분으로, 마치 세상 끝에 혼자 남겨진 기분으로 살았습니다. 무엇으로도 그 허무하고 슬픈 기분은 사라지지 않았어요. 그러다 고등학교때 우연히 명상이라는 것을 배우게 되었어요. 그 뒤로 동양철학, 서양철학, 심리학, 명상학을 전공하고 수많은 심리치료 프로그램과 명상 프로그램을 수련하면서, 나와 이별하고 새로운 나를 만나며 행복하게 사는 법을 배웠습니다. 그 이야기를 해보려고 해요.

새로운 인생은 혼돈 속에서 불안과 함께 시작됩니다

새로운 인생이 시작되면 설레고 기쁜 감정보다는 불안하고 두려운 감정을 마주하게 됩니다. 아무것도 정해지지 않은 미지(未知)의 인생으로 나아가고 있기 때문에, 정해지지 않은 기분을 느끼게 돼요. 불안(不安), 편안하지 않은 감정이 마음을 물들입니다. 동양철학 고전 중에 64가지 지혜로운 인생의 가르침을 전하는 《주역(周易)》이라는 책이 있어요. 이 책에 '새로운 인생'이 시작되는 이야기가 나와요. 이 새로운 인생을 '둔(屯)'이라 하는데, '혼돈'이라는 의미입니다. 이상하게 3,000년도 더 되는 시간 전부터 사람들은 새로운 인생의 시작을 '혼돈'이라고 불렀어요. 이 '둔'과 관련해, 《주역》에는 결혼하기 위해 사랑하는 연인을 만나러 가다가 자꾸 길을 잃고 헤매는 사람의 이야기가 나옵니다. 새로운 인생은 지금까지 단 한 번도 내 인생에 일어난 적이 없었던 최초의 시간이기 때문에, 아무것도 정해지지 않은 길로 걸어가야 합니다. 아무것도 정해지지 않아서 어느 길로 가면 좋을지 불안하기도 해요. 그래서 새로운 인생의 시작 이야기는 '둔', 혼돈이라는 이름으로 불렸어요. 행복해지기 위해서는 필연적으로 아무것도 정해지지 않은 인생으로 나아가는 법을 배워야 한다는 뜻이에요. 결혼이라는 새로운 인생을 시작하는 사람이 연인을 찾으러 가면서 계속 길을 잃는 상황은, 새로운 인생을 살아가는 법을 배우는 시간이기도 합니다.

'屯'이라는 한자도 이런 상징적인 의미를 담고 있어요. '屯'은 새싹이 땅을 뚫고 솟아나는 초봄의 이미지를 그린 한자입니다. 땅을 상징하는 '一'과 새로 싹트는 풀을 상징하는 '屮'가 합쳐진 글자로 겨우내 땅속에 웅크려 있는 씨앗이 새싹이 되어 언 땅을 뚫고 솟아나는 모습이에요. 씨앗의 입장에서는 초봄이라는 새로운 인생의 시기에 땅을 뚫고 위로 솟아오르는 것은 매우 힘든 일인 동시에, 정해지지 않은 길로 나아가는 일입니다. 새싹은 지상 위로 나아갈 때까지 힘겹게 언 땅을 계속 온몸으로 부딪혀 경계선을 부수는 일을 해요. 그리고 아주 힘겹게 새로운 세상, 땅 위로 피어납니다. 새싹이 된 씨앗은 이렇게 새로운 삶의 방식을 배워갑니다. 그때 새싹이 겨울을 살았던 방식, 언 땅 속에서 씨앗으로 기다리던 방식은 무용해져요. 새싹은 겨울을 살아갈 수 있게 해주었던 씨앗의 방식과 이별하고, 봄을 살아갈 수 있는 새싹의 방식과 만나야 해요. 그 과정에서 씨앗에서 새싹이 되는, 새로운 나의 모습을 만나게 됩니다.

새로운 나를 만나려면 과거의 나와 이별해야 합니다

과거의 나와 이별하고 새로운 나를 만나는 과정은 고통스럽게 진행돼요. 지금까지 살아온 인생의, 알아왔던 나라는 모습의, 경계선을 넘어가는 일이기 때문입니다. 당신은 새로운 인생을 시작하는 순간, 모국어를 잃어요. 봄이 시작되면 새싹이 되려는 씨앗은 겨울을 살았던 방식을 잃습니다. 추운겨울을 땅속에서 기다리며 지냈던 씨앗의 모국어인 감각, 감정, 생각, 행동, 기억들은 새로운 봄의 상황에서 무용해져요. 행복해지려면 인생에서 필연적으로 만나는 변화의 순간마다, 무용해진 모국어를 박탈당하고, 새로운 인생의 외국어를 배워야 해요. 새로운 나를 이루는 감각, 감정, 생각, 행동, 기억들로 나의 새로운 모국어를 만들어 가야 합니다. 인류는 이런 시간마다 사회적인 의식을 통하여 나와 이별하는 법을 배웠습니다.

고대에는 문화권마다 새로운 인생이 시작되는 네 시기를 위한 통과의례가 마련되어 있었어요. 새로운 인생이 시작되는 네 시기를 관혼상제(冠婚喪祭)라고 하는데, 각 시기에 우리는 지금까지 함께 살아온 나와 이별하고 새로운 인생을 함께 살아갈 나와 만나게 됩니다. 관(冠)은 성년이 되는 의식으로, 인생에서 '아이의 나'와 이별하고 '어른의 나'와 만나는 시간입니다. 인생에서 처음으로 나와 공식적으로 이별하는 시간이기도 해요. 아이로서 살아왔던 정신은 부모에게 의존하고 있어 어른으로서의 인생을 살 수 없기 때문에, 이때 우리는 '아이의 나'를 이루던 모국어인 몸, 감정, 생각, 행동, 기억과 이별하는 법을 배웁니다.

고대에는 문화권마다 '관'의 시기가 되면 성년이 되는 의식을 치르기 위해서, 아이를 공동체에서 '분리'하고는 했어요. 성인이 되는 시기를 맞은 아이는 사회가 마련한 절차에 따라서 일정기간 동안 집을 떠나 다른 곳에 머물게 됩니다. 보통은 일주일 정도의 시간동안, 마을 밖에 마련된 숲속 주거에서 완전히 혼자서 지내게 돼요. 아이는 이때, 낯선 숲속에서 혼자 지내며 새로운 나와 만납니다. 그리고 '사냥'이라는 새로운 역할을 맡게 됩니다. 일부 문화권에서는 신체적으로 극도의 고통을 주는 절차를 통해서 아이의 몸을 변형하기도 해요. 그렇게 사회는 아이에게 나와 이별하는 법을 가르칩니다. 아이는 완전히 낯선 환경 속에서, 새로운 역할을 하며, 극도의 신체적인 고통을 겪으면서, 지금까지 살아왔던 '아이의 나'를 이루는 모국어인 감각, 감정, 생각, 경험들과 이별하게 돼요. 아이로서 살았던 나의 방식을 박탈당하는 거죠. '아이인 나'는 이제 아무런 보호도 받지 못하는 공간에서 새로운 몸의 감각을 느끼고, 불안하고 두려운 감정을 배우며, 어떻게 자기 스스로를 먹이고, 재우고, 하루를 보내게 할지 생각하게 됩니다. 낯선 공간에서 새로운 경험을 몸으로 겪으며, 아이는 '아이인 나'와 이별하고 '새로운 나'를 만나게 돼요. 아이 안에서는 혼자서 생활하는 '어른의 언어'가 만들어지게 됩니다. 이제 아이는 '어른의 나'를 이루는 외국어인 낯선 감각, 불안과 새로운 욕망, 독립적인 생각들을 갖게 됩니다.
그래서 모든 문화권에서는 우리가 인생을 살면서 반드시 만나게 되는 네 가지 이별의 시간이 성스러운 의식으로 만들어져 전해내려 왔습니다. 이렇듯 새로운 인생이 시작될 때 이방인이 되어 지금까지 살아온 나의 모습을 잃고, 낯선 추방의 시간을 겪게 됩니다. 새로운 나를 만나기 위해서 지금까지 살아왔던 방식과 이별해야 하고, 새로운 현재와 만나는 법을 배워야 해요. 이별 없이는 무엇과도 새롭게 만날 수가 없기 때문입니다. 이를 체계적인 방법으로 만든 것이 명상이에요.

나와 이별하는 법을 배우는 시간, 명상

명상(meditation)은 고통으로부터 자유로워지고 행복을 얻기 위해서 계발된, 마음을 훈련하는 방법입니다. 특히 명상은 요가처럼 인도 문명권에서 2,500년 전부터 고도로 체계화 되면서 이어져왔기 때문에, 이론과 방법이 매우 정밀한 것이 특징입니다.
몸의 건강을 얻기 위해서 운동을 하듯, 마음의 행복을 얻고자 하는 사람은 명상을 통해서 행복한 마음의 상태를 계발 하는 두 가지 방법을 배우게 됩니다. 첫째로 집중명상(Samatha)을 통해서 마음을 현재에 집중시켜 고요하게 만들 수 있는 방법을, 둘째로 통찰명상(Vipassanā)을 통해서 특정한 방식으로 내면에 주의를 기울여 심리적 고통이 발생하는 원인과 해결방안을 깨닫는 지혜를 계발하는 방법을 배워요.
행복해지기 위해서 필요한 두 가지 심리적 능력인 고요해질 수 있는 능력과 모든 심리 과정을 관찰해서 통찰할 수 있는 능력을 계발하는 거예요.
고요해진다는 건, 원래 나의 모습으로 돌아간다는 것을 의미합니다.
동양 철학에서는 원래 나의 모습을 '물의 비유'를 들어서 설명해요.
물이 얼음이 되면, 다양한 얼음 결정체가 됩니다. 세모, 네모, 동그라미.
그러다 얼음이 녹으면 다시 물의 모습으로 되돌아 가죠. 이렇게 무엇으로도 변할 수 있는 본래 나의 모습인 '물의 상태'를 느끼는 감정이 고요함이에요.
그런데 살면서 고요한 감정을 느끼는 법을 배우지 못하면, 이 얼음의 결정체가 '나'라고 착각하게 됩니다. 그래서 인생 대부분의 시간을, 그 작은 결정체를 유지하기 위해서 고통스러워 하게 돼요. 나는 모든 얼음의 결정체가 될 수 있는 물이기 때문에, 계절이 변하듯 새로운 인생이 시작될 때마다 우리는 지금의 얼음 결정체인 나와 이별하고 새로운 얼음결정체인 나와 만나야 합니다.
하지만 마음은 연결되는 특징이 있어서, 우리는 과거 속에서 살아가기 쉬워요.
이것을 심리학에서 '자동적 연합'이라고 불러요. 어제의 하루는 이미 끝났는데 내 마음 속에는 어제 있었던 일의 기억, 어제 느꼈던 감정 어제 했던 생각들이 남아 있어요. 그리고 오늘 나의 기억, 감정, 생각들과 연결 돼요. 새로운 인생을 시작할때 지금까지 삶의 방식이 잘 사라지지 않는 이유입니다. 집중명상은 이런 마음의 특징에 기반을 두어, 현재에 집중하는 훈련을 통해서 과거에 얽매이지 않는 심리적 능력을 계발하는 법을 배우는 과정입니다.

새로운 나를 만나는 '혼자만의 시간'을 가져보세요

20대 어느날, 공허함과 상실감에 짓눌려 어느 산속에 있는 명상센터를 찾아갔습니다. 행복해지고 싶었어요. 그곳에서 새벽 5시부터 하루 종일, 자유롭게 움직이는 마음을 한곳에 집중해서 마음을 고요하게 만드는, 집중명상을 배웠습니다. 숨을 들이쉬고 내쉬면서 주의(mindfulness)를 숨 쉬는 감각에 집중하다 보면, 마음이 한곳에 머물면서 점차 고요해지는 상태가 돼요. 명상이 무엇인지도, 행복이 어떤상태인지도 모른 채, 그냥 행복해지고 싶다는 바람만으로 하루하루 명상하는 시간을 모았습니다. 이렇게 일주일이 지난 어느날, 갑자기 말로 표현할 수 없을 정도의 강렬한 기쁨을 느끼게 되었어요. 태어나서 처음 느껴보는 환희가 전율하듯 온몸을 지배했습니다. 지금까지 보냈던 그 쓸쓸하고 공허한 시간도, 마음에 담았던 상처도, 가족의 문제도 다 괜찮다는 생각이 들었습니다. 그렇게 너무나 원했던 행복을 찾게 되었어요.

그리고 다음 날, 아주 비참한 마음이 찾아왔습니다.
모든것이 괜찮다고 여겨졌던 그 행복한 기분은 하루가 지나자 사라졌어요. 그리고 다시 세상 끝으로 추방당한 것 같은 마음이 되었습니다. 또다시 그곳에 공허한 기분으로 남겨졌을 때는 인생에서 절대 잃어서는 안 되는 중요한 것을 빼앗긴 것 같았어요. 곧 모든 것이 시들해졌습니다. 그 사라진 행복을 다시 되찾고 싶어서 제대로 먹지도, 제대로 잠들지도 못했어요. 빨리 노력해서 다시 그 기쁨을 느끼고 싶었고, 그럴수록 점점 비참한 마음이 되었습니다. 기쁨만을 느끼려고 노력하면서 제 마음은 점점 경직되어 갔고, 노력할수록 내가 원하는 것을 얻을 수 없게 되어서 화가 났어요. 2주정도 시간 동안 먹을 수도, 잘 수도, 쉴 수도 없는, 폐인과 같은 모습으로 변해 갔습니다. 그때 보냈던 하루하루의 시간은 집착으로 고통스러웠던 기억으로만, 약간 흐린 회색빛의 이미지로 떠올라요. 화를 주체할 수 없을 정도로 고통스러운 상태가 되자 제 마음에는 한 가지 생각이 떠올랐습니다.

'왜 이렇게 고통스럽지?'
'나는 행복해지려고 열심히 노력했는데, 왜 내마음이 이렇게 불행해졌지?' 하고 스스로에게 묻게 되었어요. 그리고 주의를 집중해서 2주간의 기억을 관찰해 보기 시작했습니다. 이것을 통찰명상에서

'조사 한다'라고 해요. 마음의 상태를 직접 진단해서 관찰하는 방법입니다. 통찰명상을 빨리어로 '위빠사나(Vipassanā)'라고 해요.
'위(Vi)'는 '뛰어난', '빠사나(passanā)'는 '보다'라는 의미로, 마음을 뛰어나게 보는 지혜를 계발하는 방법을 배우는 과정입니다.
그러자 이미 사라진 환희에 대한 생각에 빠져 현재를 공백 상태로 지낸 나의 모습을 보게 되었어요. 전율하는 환희의 감정이 온몸을 지배했을 때, 그 감정이 쓸쓸하고 공허한 내 마음에서 사라지지 않기를 바라는 것을 알게 되었어요. 그렇게 기쁜 상태로는 인생의 모든 일을 겪을 수 있을 것만 같았습니다. 그 행복이 나에게서 사라지지 않기를 바라자, 제 마음에 '기쁨이 변치 않고 영원하기를' 원하는 목망이 찾아왔습니다. 그 뒤로 눈이 멀고, 귀가 닫히고, 감각이 마비된, '현재를 부재(不在)로 사는 나'를 보게 되었어요. 2주의 시간 동안, 나는 이미 사라진 환희의 기억 속에 남겨져 있었어요. 2주 전에 사라진 환희를 기억하는 동안에는 현재 일어나는 그 어떤 것도 제 마음에 담기지 않았습니다. 그렇게 현재를 공백 상태로 살아가는 것이, 마음을 마비시켜서 고통을 일으킨다는 것을 알게 되었습니다. 명상을 하는 수행자는 이처럼 직접 마음의 고통을 반복적으로 겪으면서 관찰을 통해서 고통의 특성을 이해하게 돼요.
잠깐 눈을 감고, 코 주변에 주의를 집중해보세요. 숨을 들이쉬고, 내쉬면서 코 주변의 감각을 느껴봅시다. 들숨에서 코끝을 스치던 감각은, 이내 2초도 되지 않아서 날숨에서는 약간 뜨거운 바람의 감각으로 변합니다. 호흡하면서 일어나는 감각을 2초 동안 조차도 사라지지 않게 만들 수 없어요. 2초의 시간 동안에도 감각은 변하고, 2초 전의 감각은 사라집니다. 명상을 배우는 수행자는 이러한 경험을 수백, 수천 번 하는 동안 심리 과정을 관찰하는 방법을 통해서 내가 영원불멸하기를 원하던 감정조차도 변한다는 사실을 깨닫게 돼요. 이 사실을 깨달을 때, 수행자는 고통에서 벗어나 새로운 나와 만나요. 감정의 특징을 모르던 고통스러운 무지(無知)의 상태에서, 감정의 특징을 깨닫게 된 지혜(insight)를 얻은 평온한 나를 만나게 됩니다.
눈을 감고, 온전히 홀로 되는 시간 속에서, 명상을 하는 수행자는 심리상태를 관찰하며, 수천 번의 내적경험을 통해서 이렇게 나와 이별하고 새로운 나와 만나는 법을 배워가요.

마지막 순간에 잊고 싶지 않은, 새로운 인생을 만나면 좋겠습니다

당신이 만나게 되는 새로운 인생은 지금 이 순간에 단 한 번만 일어나는 일이에요. 새로운 세계가 탄생하는 것과 같아요. 그 어느 누구도 그 새로운 순간에 대한 낯설고, 처음으로 갖게되는 외국어를 가르쳐줄 수 없어요. 인생에서 만나게 되는 안내자들이 그 길에 대한 조언을 해줄 수 있겠지만, 안내자들과 나의 인생이 서로 다르기 때문에 나만이 스스로 새로운 인생을 만들어갈 수 있습니다. 겨울의 씨앗이 기다림의 모국어를 박탈당하고 땅의 경계선을 넘어 새로운 자신의 모습을 만들어가듯이, 우리는 새로운 인생을 스스로 창조하는 법을 배워야 합니다.

지금까지 살아온 인생을 되돌아보고 내 인생에서 중요한 것들을 깨닫게 하는 죽음명상이라는 과정이 있습니다. 내가 죽음에 이르고, 인생에서 얻었던 모든 것들이 내 앞에서 사라지고, 인생에서 만난 모든 사람들과 사랑하는 사람들과도 헤어지게 될 때, 내 마음에 남는 것들을 관찰해서 인생의 의미를 깨닫는 방법이에요. 죽음명상을 경험한 사람들은 살아온 인생을 되돌아보면서, 후회되는 기억을 가장 고통스러워해요. 내가 원하는 인생을 살지 못했다는 것을 후회하고, 의미 없는 기억들로 채운 인생을 후회합니다. 후회는 의미있는 기억의 부재에서 생기는 감정이에요. '사랑하는 사람들과 좀 더 소중한 시간을 보냈어야 했어' 하고 후회할 때, 우리는 내 마음에 사랑하는 사람들과 행복한 기억이 부재한 공백의 자리를 보게 됩니다.
'내 인생에서 의미 있는 것들에 도전했어야 했어' 하고 후회할 때, 우리는 내 마음에 인생을 걸고 이루고 싶었던 꿈에 대한 기억이 부재한 공백의 자리를 보게 됩니다.
죽음에 이르는 자가 후회되는 기억들을 떠올릴 때, 그에게는 더 이상 후회를 다시 되돌릴 시간이 남아 있지 않아요. 그러니 후회 되지 않을, 인생에 반드시 잊고 싶지 않은 기억들을 마음에 담으면서 살아가면 좋겠습니다. 당신이 나와 이별할 때마다 아름다운 이별이, 알 수 없는 나와의 만남이 있기를 바랍니다.

살면서 '나'와 몇 번 이별
하셨나요?: 나와의 이별과 만남

'나'와
'나 아님'을

김철수

심리학자

가르는

일

우리는 다른 사람은 몰라도 '자기 자신'만큼은 누구보다 잘 알고 있다고 믿는 경향이 있다. 정말로 그럴까? 그렇다면 누군가 "당신은 누구인가"라고 묻거나, 아니면 혼자서 "나는 누구인가"라고 물을 때 우리는 무엇을 기준 삼아 대답하는가? 자신의 이름이나 외모 혹은 가족관계? 아니면 직업이나 사회적 역할? 그것도 아니면 성격이나 취미? 이런 것들이 정말로 '나'일까? 이런 것들이 나의 일부임에는 틀림없지만 진정 나의 전부일까? 까다로운 사람이 "당신은 누구냐"고 계속해서 캐묻는다면, 또는 진지하게 자신이 무엇이고 누구인지 스스로 캐묻는다면, 결국엔 솔직히 "모르겠다"고 답할 수밖에 없을 것이다.

　애초에 간단히 답할 수 있는 물음이었다면 그 옛날 소크라테스의 "너 자신을 알라"는 교훈이 수십 세기가 지난 지금까지 우리 마음 한 곳에 자리 잡고 있지는 않을 것이다. 우리가 오래전부터 '자기에 대한 탐구'를 교훈으로 삼아왔던 것은 그것이 정직하고 행복한 인생으로 이끄는 빛이자 진실과 지혜를 위한 보편적인 처방이라고 믿었기 때문이 아닐까. 물론 "너 자신을 알라"가 그저 "네 주제를 파악하라"라든가 "네 분수에 맞게 처신하라"는 말 정도로 치부되기도 하지만, 자신의 정체성을 올바로 인식하는 것, 그것이 어렵다면 적어도 자기에 대한 무지를 인식하는 것이 중요하다는 점은 분명해 보인다.

A marble head of Socrates in the Louvre

Born   c. 470 BC[1]
       Deme Alopece, Athens

socrates_t0day 다수의 지식으로 이루어진 웹 사전 '위키피디아'라는 플랫폼 속 저(socrates)를 검색한 결과입니다. 남이 쓴 나(Socrates)를 읽는 행위가 참 재미있습니다. 💡💡

9월 6일

 socrates_t0day

socrates_t0day 구글에 제 자화상을 가지고 이미지 검색을 하니 결과가 흥미롭습니다. 이렇게나 많은 나(Socrates) 중에 진짜 '나'는 누구일까요?

9월 6일

나에 대한 물음들

인간은 '다면적'이자 동시에 '다층적'이기도 한 매우 복합적인 존재다. 우선 우리는 몸으로 이루어진 생명체이므로 '생물적' 존재다. 또한 다른 생명체에서는 찾아보기 힘든 마음을 쓰고 사는 '심리적' 존재일 뿐만 아니라 자신보다 높은 차원의 존재를 지향하는 '영적' 존재이기도 하다. 그런가 하면 다른 사람들과 함께 더불어 살면서 서로 유사한 정신세계를 공유하고 사는 '사회문화적' 존재다. 생물적인 면이든 심리적인 면이든 어느 한 면만 떼어내 살펴보더라도 매우 복잡할 텐데, 인간은 이런 면들 중 어느 하나도 완성이 안 된 상태로 태어난다. 우리는 몸과 마음, 사회적·문화적 측면이 모두 미완성인 상태로 태어나 여러 단계를 거쳐 완성된 상태를 향해 성장, 발달, 진화해가는 존재다. 이런 점을 감안하면 '자기'의 탐구가 왜 그토록 어려운 일인지 납득이 가기도 한다.

우리가 "나는 무엇인가" 또는 "나는 누구인가"라고 스스로 물을 때, 나는 나의 어떤 '면'의 어떤 '층'까지를 '나'라고 답하는 것일까? 이때 '묻는 나'는 누구이고 '답하는 나', 즉 내가 누구이고 무엇인지 '아는 나'는 누구일까? 이 '아는 나'와 '알려진 나' 중 어느 쪽이 진정한 '나'이며, '아는 나'가 진정한 나라면 그 '나'는 누가 어떻게 알 수 있을까? 이런 물음들까지 더해지면 내가 왜 이런 쓸데없는 문제로 시간을 낭비하고 있는지 자책하는 것으로 끝나기 십상이다.

다른 사람들은 이 문제를 어떻게 풀어냈는지 궁금해서 이런저런 문헌을 찾아보더라도 만족할만한 답을 얻기는 쉽지 않다. 오히려 더 혼란스러워질지 모른다. 데카르트는 "나는 생각한다. 고로 존재한다"고 말했다. 생각이 곧 나란 존재의 핵심이라는 주장이다. 하지만 금세기

가장 위대한 현자 중 한 사람인 라마나 마하르시(Ramana Maharshi)는 "나는 몸이 아니다. 나는 감정도 아니고, 생각도 아니다"라며 "나는 무엇이다"라고 답할 때마다 그것이 아니라고 부정하면서 더 이상 아니라고 할 수 없는 '진정한 나'로 이끌었다. 그런가 하면 러시아의 현인 구르지예프(G. I. Gurdjieff)는 '나는 하나'라고 믿고 사는 우리가 실은 '하나의 나'로 살고 있지 않다고 말했다. 몸이 하나고 여러 '나들'이 각자 삶이라는 무대에 등장할 때마다 같은 이름을 쓰기 때문에 하나처럼 느껴질 뿐, 실은 여러 '나들'로 뒤숭숭하게 그저 기계적인 삶을 살고 있을 뿐이라는 것이다.

이렇듯 "나는 누구인가" 또는 "나는 무엇인가"라는 물음에 대해 세속적인 답에서부터 신학적인 답에 이르기까지, 단순한 답에서 복잡한 답에 이르기까지, 철학적인 답에서부터 과학적인 답에 이르기까지 거의 모든 분야에 걸쳐 다양한 답이 있다. 부분적으로는 나름 그럴듯해 보이는 답도 있지만, 속 시원한 답은 없다고 보아야 할 것 같다.

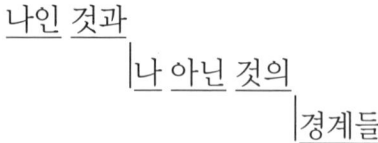

나인 것과
나 아닌 것의
경계들

이처럼 얽히고설켜 골치 아픈 '나의 정체성' 문제를 전반적으로 쉽고 일목요연하게 풀어주는 이론은 없을까? 철학자 켄 윌버(Ken Wilber)의 "무경계"론은 이 문제에 대해 아주 간결하면서도 매우 설득력 있는 관점을 제시한다.

윌버는 "나는 누구인가? 진정한 나는 무엇인가? 나의 근본적인 정체는 무엇인가?" 하는 물음에 답하려고 할 때, "우리 안에서는 매우 구체적이고 보편적인 과정이 진행된다"고 말한다. "나는 이러저러한 사람이다"라고 답하기 전에 우리는 먼저 마음속에 있는 내적 경험세계에 일종의 정신적 '경계선'을 긋는다. 그런 다음 그 경계의 안쪽에 있는 모든 것들은 '나'라고 느끼거나 '나'라고 부르고, 그 경계선 밖에 있는 모든 것들은 '내가 아닌 것'으로 여긴다. 달리 말하면, 우리의 정체성은 전적으로 '경계선'을 어디에 긋느냐에 달려 있다는 것, "나는 누구인가"라는 물음에 대한 모든 답은 정확히 '나인 것'과 '나 아닌 것' 사이의 경계선 설정에 달려 있다는 것이다. 즉, "당신은 누구인가"라는 물음은 본질적으로 "당신은 어디에 경계를 설정했는가"와 같다는 것이다. 그렇다면 어디까지가 '나'의 경계일까. 경계는 하나일까, 여럿일까. 경계는 자명한 것이어서 더 이상 변화시킬 수 없을 만큼 단단할까, 아니면 더 넓게 확장할 수 있을까. 확장할 수 있다면 그 방법은 무엇일까. 여러 궁금증이 꼬리를 문다.

윌버는 "경계선을 긋는 사람만큼이나 많은 종류의 경계선이 있을 수 있지만, 최소한으로 줄이더라도 크게 네 개의 경계선이 있다"고 말한다. 이 경계선 중 사람들이 가장 자연스러운 것이자 당연한 것으로 받아들이는 '나'와 '나 아님'의 경계선은 '피부경계'다. 이 피부경계를 기준으로 안쪽에 있는 것은 모두 '나'이고, 그 경계 밖에 있는 모든 것은 '내가 아니다'. 이 경계 수준의 '나'는 환경과 분리되어 있되 몸과 마음은 분리되지 않은 유기체 전체로서의 '나'다. 인본주의 심리학자 칼 로저스(Carl Rogers)가 말한 '충실히 기능하는 나' 또는 에이브러햄 매슬로(Abraham Maslow)가 말한 '자기실현한 나'와 매우 비슷하다.

피부경계가 너무나 명백하고 실질적이고 보편적인 것처럼 보여 이것 말고 다른 경계가 또 있으리라고 생각하기는 쉽지 않다. 그러나

지극히 보편적이고 명백한 또 다른 경계가 있다. 몸과 마음 사이에 그어진 경계가 그것이다. 일단 이 경계가 설정되면 이제 경계 안쪽의 '나'는 "나는 몸이다"라고 느끼기보다 "나는 몸을 갖고 있는, 필요에 따라 몸을 조종하는 마음, 정신, 또는 자아"라고 느낀다. 이처럼 몸을 '나 아님' 쪽에 놓는 이유는 여러 가지겠지만, 몸은 늙고 병들어 결국 죽어 사라진다는 두려움과 '나'의 영속성을 유지하려는 욕망이 작용한 결과일 것이다.

그러나 이것이 경계의 전부는 아니다. '나'와 '나 아님'의 경계는 자아 또는 마음 내부에 또 다시 설정될 수 있다. 자아 내부에는 좋은 것, 바람직한 것, 드러내고 싶은 것만 있는 것이 아니라 자신의 일부로 인정하거나 받아들이고 싶지 않은 부정적인 감정이나 욕망도 있다. 이 경계선이 그어지면 마음 전체와 동일시되던 비교적 올바르고 건전한 자아 상태에서 훨씬 좁고 제약된 자아 상태에 이르게 된다. 이렇게 최대로 협소해진 자아상을 카를 융(Carl Jung)은 '페르소나', 즉 가면이라고 불렀고 '나 아님'으로 쫓겨난 나의 영역을 '그림자'라고 불렀다. 윌버도 가장 협소한 경계선 내부의 나를 페르소나라고 부른다. 평균적인 성인 대다수의 '나'는 이 페르소나 수준의 나와 자아 수준의 나에 속해 있을 가능성이 매우 크다.

이들 경계 말고도 잘 알려져 있진 않지만 새롭게, 실은 아주 오래 전부터 주목받아온 경계가 있다. 바로 피부를 경계로 하는 유기체를 넘어선 '초개인' 또는 '자아초월' 영역으로, 동서양의 지혜 전통에서 오래 전부터 일컬어진 '진정한 나', '초월적인 나', '지고의 정체성'이 바로 이 수준의 '나'에 해당한다. "부모가 태어나기 전의 너는 무엇이냐"라는 선(禪)의 화두라든가, "아브라함이 태어나기 전부터 내가 있느니라"와 같이 시간을 초월해 있는 나의 존재성에 대한 《성서》 속 언급도 이 수준의

'나'를 말하는 것이라고 할 수 있다.

이처럼 한 사람이 가용할 수 있는 정체성 수준은 하나가 아니다. 이들 정체성 수준은 그저 이론적인 가설이 아니라 각자 자신의 내부에서 스스로 검증해볼 수 있는 관찰 가능한 실재다. 물론 서로 다른 정체성의 근간이 되는 경계선은 언제든 새롭게 다시 설정될 수 있고, 한 수준 안에서 더 세분화될 여지도 없진 않다. 어쨌든 윌버는 어떤 경계선도 그어지지 않은 '무경계' 상태에서 차례로 그어진 네 개의 경계선을 인간 의식의 가장 보편적인 경계선이라고 생각한다. 따라서 누군가는 온 우주와 일체를 이루는 '무경계' 의식을 자신의 정체성으로 느낄 것이고, 누군가는 그 온 우주에 경계선을 긋고 자신을 환경에서 분리된 심신 유기체로 느낄 것이다. 또한 다른 누군가는 몸과 마음 사이에 경계선을 긋고 자신을 마음 혹은 자아라는 유기체의 일부로 느낄 것이며, 누군가는 건전한 자아의 긍정적인 부분과 원치 않는 부정적인 부분 사이에 경계선을 긋고 자신을 오직 긍정적인 부분으로 이루어진 축소된 나, 곧 페르소나로 느낄 것이다. 단계별로 등장하는 이 다른 '나'가 현실을 구성하는 방식은 질적으로 각각 다르다. 따라서 '나'가 바뀌면 자신과 세상을 보고 이해하는 방식 자체도 바뀌고, 이전과 다른 삶을 살게 된다.

경계의 확장과 해체

경계선은 어디에 그어지든 두 진영을 만들어낸다. 경계선은 이쪽과 저쪽이 서로 싸우는 잠재적 전선이기도 하다. 심신 유기체로서의 나는 유기체 밖의 환경을 이질적인 것이자 자신의 생명과 안녕을 위협할 수 있는 적으로 볼 것이다. 자아로서의 나는 환경뿐 아니라 자신의 몸도 이질적인 대상으로 볼 것이므로 갈등과 불화가 훨씬 더 증폭된다. 전선이 가장 극명하게 드러나는 수준은 페르소나로서의 나일 때다. 이 수준에서는 정신적 측면들 사이에서 경계선이 그어지므로 환경, 몸, 정신 내부의 원치 않는 부분 모두를 상대로 전선이 그어져 더 큰 갈등이 일어난다.

개인이 이런 갈등을 알아차리고 경계선을 확장하거나 해체하려 시도하는 시점은 대체로 현실의 삶에 대한 극심한 불만이나 고통을 스스로 인식하는 순간인 경우가 많다. 전문가들의 생각과는 달리 삶에 대한 극심한 불만과 고통은 정신질환의 신호이거나 사회적 부적응의 지표 또는 인격장애의 결과가 아닐 수 있다. 삶과 존재에 대한 이런 근본적인 회의와 불만은 성장을 추구하는 특별한 지성, 즉 현재의 경계가 허구일 수도 있다는 사실을 알아차리는 지성의 싹을 포함하고 있기 때문이다. 모든 고통을 미화하거나 과장해서는 안 되겠지만, 고통이 경계를 넘어선 다른 차원을 가리키는 신호일 수도 있다고 본다면 고통은 경계선을 확장하거나 해체하여 나를 해방으로 이끌어주는 것일 수도 있다.

이 경계선을 해체하거나 확장하는 데는 여러 심리치료법이나 상담기법들을 활용할 수 있다. 예컨대 정신분석에서 사용하는 '자유연상' 기법은 빈약한 페르소나 경계를 건전한 자아로 확장하는 데 유용하게 쓰일 수 있다. 몸과 마음이 혼연 일체된, 더욱 안정된 자기 정체감을 쌓는 데는 인본주의 심리학이나 실존주의 심리학의 상담기법들이 쓰일 수 있을 것이다.

페르소나 수준에서 자아 수준으로 경계를 확장할 때 사라지는 것은 그림자나 페르소나 자체가 아니라 그 둘 사이에 그어진 경계, 그로 인한 전쟁이다. 몸과 분리된 건전한 자아 수준에서 심신 일여의 실존 수준으로 확장해갈 때 사라지는 것 역시 그 둘 사이의 경계와 전쟁이다. 즉 경계를 확장하더라도 예전의 '나'를 완전히 상실하거나 그것과의 접점을 잃지는 않는다. 나를 예전의 '나'와 배타적으로 동일시하는 집착이 사라질 뿐이다.

모든 경계는 본래 있지도 않은 분리와 갈등을 만들어낸다. 그것은 전적으로 환상에 지나지 않는다. 따라서 동서양의 여러 해결책들은 인간을 이런 경계에서 구해내는 것, 즉 투쟁을 만들어낸 경계가 애당초 허구이자 환상이었다는 사실을 드러내 보여주는 것을 목표로 한다. 투쟁을 애써 멈추는 것이 아니라 저절로 해소되도록, 즉 양극의 대립과 분리라는 마법에서 벗어날 수 있도록 해준다.

환상은 그 자체를 이해하고 꿰뚫어볼 수 있을 뿐, 그 뿌리를 뽑아 근절시키는 것은 불가능하다. 그러므로 '무경계'에 그어진 최초의 경계를 실재하는 것으로 받아들인 다음 그것을 제거하려고 애쓰기보다, 그 최초의 근원적 경계가 실제로 존재하는지 살펴보는 것이 낫다. 만일 그 최초의 경계가 환상에 불과한 것이었다면 그것이 애당초 존재한 적도 없었다는 사실을 이해하게 될 것이고, 이런 이해와 통찰은 경계란 어디에도 없다는 '무경계'에 대한 자각으로 우리를 이끌어줄 것이다.

분리된 나는 없다

윌버는 경험과 느낌에서 떨어져 있는 분리된 '나', 즉 '분리된 채로 경험하고 느끼는 주체로서의 나'를 아주 꼼꼼하게 찾아내는 것이 곧 이 최초의 경계를 찾아내는 것이라고 말한다. 이렇게 '나 자신'을 아무리 꼼꼼히 찾아봐도 찾을 수 없을 때, 목적은 달성되고 찾는 일 자체도 끝난다.

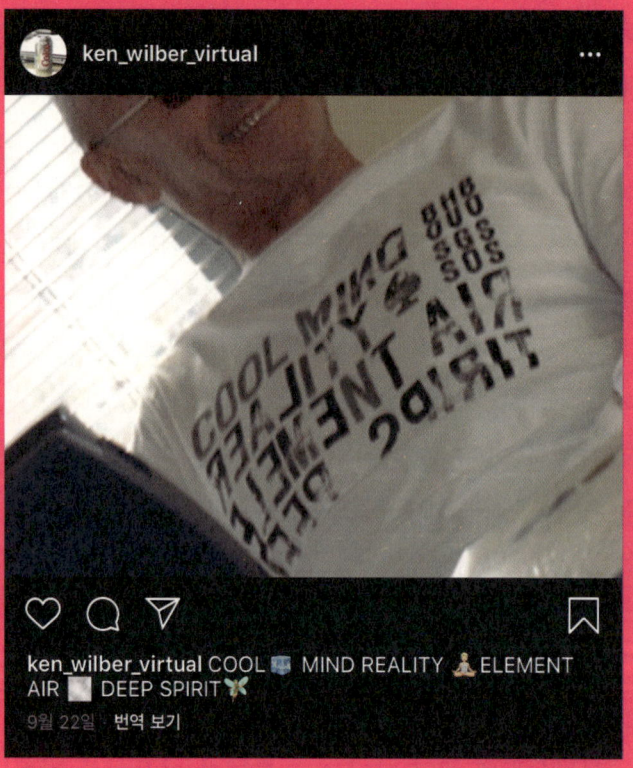

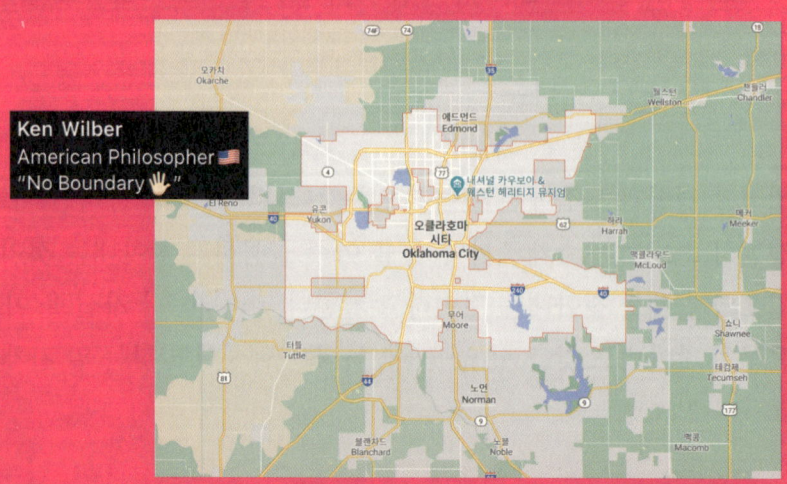

윌버의 말에 따르면, 우리는 경험의 흐름에서 떨어져나온 '나', 주변 세계에서 분리되고 고립된 '나'라는 존재 감각을 갖고 산다. 그러나 '나'라는 느낌과 '저 밖에 있는 세계'라는 느낌을 주의 깊게 살펴보면 이 두 느낌이 실제로는 '하나이자 동일한 느낌'이라는 사실을 알게 된다. 경험자와 경험된 세계가 분리되어 있지 않기 때문에 그것들을 따로 찾아낼 수 없다는 것이다. '분리된 나'란 없다는 통찰이 생길 때, 자신의 '진정한 나'가 이미 언제나 '지고의 정체성'임을 알게 된다. 언제나 현존해 있는 '무경계'를 자각하는 그 빛 속에서, 한때 '내면의 고립된 나'라고 상상했던 것은 저 밖의 우주와 하나가 된다. 그렇게 되면 어디를 둘러보든 모든 곳에 우리의 '본래면목(本來面目)'만이 있을 뿐이다. 바로 이것이 우리 모두의 진정한 '지고의 정체성'이라고, 윌버는 말한다.

윌버는 "경계선을 그어서 생긴 양극, 즉 '나'와 '나 아님'뿐만 아니라 '선과 악', '진실과 허위', '생과 사'와 같은 양극이 실은 동전의 양면처럼 동일한 것의 다른 측면일 뿐이라는 사실을 알게 될 때, 불화는 조화로 녹아들고 투쟁은 춤이 되며, 오랜 숙적은 연인이 된다"고 말한다. 이 말이 진실인지 아닌지를 밝혀내는 일은 각자가 경계선 해체라는 실천을 통해 확인해보고 증명하는 방법 외에는 없을 것이다. 지금이라도 '가면'을 여전히 나라고 착각하고 있지는 않은지, 밖에서 주입되고 틀지어지고 조건화된 생각과 감정과 욕망 등을 본래 '나의 것'인양 애지중지하면서 살고 있는 건 아닌지, 기본적인 것부터 다시 찬찬히 확인해보는 작업을 해야 할 것 같다.

당신은

어떤 부족의

오찬호

사회학자

사람
인가요?

대구를 봉쇄하라는 사람들

코로나19, 31번 확진자가 등장하고 언론에서 대구와 특정 종교를 엮어 보도하기 바쁠 때, 나는 제주로 거주지를 옮긴 이후 처음으로 병원을 찾았다. "얼마 전에 입도했다"라면서 초진임을 밝히자 돌아오는 답은 통상적인 문진 절차가 아니라 "혹시 대구는 아니죠?"였다. 별 뜻 없는 농담인 줄 알고 대화를 이어가고자 고향이 대구인데 부모님 말씀 들어보니 요즘 그곳 사람들 난리도 아니더라고 슬쩍 흘렸다. 함께 슬퍼하자는 것은 아니었지만 위로하고 격려하자는 분위기를 전달하고 싶어서였다. 반응은 어땠을까? 흉내라도 딱한 표정을 지어주면 좋았겠지만 그런 건 없었다. 선배로 보이는 간호조무사는 후배에게 지시했다. "이 사람 대구래. 발열체크 다시 해봐!"

선제적 방역 조치였을까? 평소와는 다를 수밖에 없다는 점에는 동의하지만 방역당국의 매뉴얼에 사람을 벌레처럼 대해도 된다는 문구는 없었을 것이다. 내가 운 나쁘게 무례한 사람을 만났다고 할 수도 있지만, 2020년 내내 제주 사람들이 육지인들을 경계하는 수준은 즉각적이었고 원초적이었다. 반응은 빨랐고 수위는 높았다. 언어가 정제될 여지는 없어 보였다. 제일 걱정스러운 사람은 대구 시민 당사자라는 걸 빤히 아는 상황에서 "대구 사람은 안 왔으면 좋겠다!"는, 직설적인 사람들의 적극적인 의견 개진이 제주에 부유했다. '제주를 사랑하는 사람들'이라는 타이틀을 내건 여러 커뮤니티에서는 '아예 못 들어오게 하는 방법이 없나요?'라는 진지한 물음이 좀처럼 수그러들지 않았다.

언제나 도민의 편에 서겠다는 제주도지사는 여론을 정책에 반영하고자 대구와 연결된 항공편을 완전히 끊는 방법을 국토교통부에 건의했다. 수요가 감소해 알아서 공급이 조정되기도

전인 2월 21일의 일이다. 지역차별 논란이 일어 이틀 만에
사과하는 해프닝으로 끝났지만 논란은 육지에서의 일이지 바다
건너 사는 제주도민들은 '그게 왜 문제야?'라는 반응이었다.
코로나 사태가 절정기였던 3월 이후, 제주와 대구 사이에
비행기가 하루 1대만 왕복하는 초유의 일이 벌어졌지만 그조차도
찝찝하다는 반응을 접하는 게 어렵지 않을 정도였다. 한 정치인이
'대구봉쇄'라는 발언을 했다가 봉변을 맞기도 했는데, 제주
사람들은 종종 그런 말을 내뱉었다.

    자기가 살아가는 공간을 애정으로 대하는 것과 성역으로
여겨 높은 성벽을 쌓는 것이 같은 '지역사랑'일 리 없다. 대구와
가까운 대전 사람들이 경부선 기차가 대구에 정차하는 것을
막기라도 했단 말인가? 광주 사람들이 대구에서 들어오는
시외버스의 터미널 진입을 반대라도 했을까? 물론 속으로 그런
상상을 했을 수는 있지만 드러내긴 어려웠을 것이다. 같은 나라
안에서 큰일 날 소리니까 말이다.

    물론 정부가 여러 조치를 취하면서 사실상의 이동 제한
상태를 유도할 수는 있다. 하지만 현대사회에서 어디 살아생전에
자기 동네만 오가면서 살 수 있단 말인가. 그러니 충분히
당사자들을 납득시켜야 하고, 웬만한 이유가 있다 한들 '같은
국민인데' 차별받는 당사자들의 목숨을 건 항의를 피할 수 없다.
이 반응은 누구라도 추론할 수 있는 상식이기에, 입 밖으로 최소한
자국민의 '봉쇄'라는 말을 쉽게 하지 못한다. 그런데 이 제안을
국민, 정확히는 특정 지역에 거주하는 사람들이 적극적으로
한다는 건 놀라운 일이다.

    사회적 거리두기라는 낯선 실천을 해가던 3~4월, 제주가
좋아 이주했다는 사람들의 SNS에서는 묘한 내용이 공유되었다.

요약하자면 '우리도 밖으로 안 나가는데 왜 너희들이 놀러 오냐'는 해괴망측한 소리였다. 성산일출봉을 제주도 사람도 안 보는데 왜 육지 사람이 보러 오냐는 황당한 논리는 제주도를 제주도민의 사적 소유물인 것처럼 착각하기에 가능하다. 이런 사람이 참으로 많았다. 아이에게 자연의 이치를 선물하고 싶어서 육지생활을 청산했다던 A도, 제주산 유기농 재료로 소박한 식당을 운영하며 산다는 B도, 자유영혼으로 살고 싶다는 예술인 C도, 제주에 살면서 몸과 마음이 건강해졌다는 D도 대동단결하여 투덜거렸다. 커뮤니티에서는 마스크를 쓰지 않았다느니, 떠든다느니 등의 개념 없는 관광객의 실상을 알려주겠다는 목격담들이 연일 등장했다. 그들 눈에는 열 명 중 서너 명꼴로 마스크를 쓰지 않는 제주 사람들은 보이지 않았다. 관광객 열 명 중 안일하게 다니는 한두 명이 아주 크게 각인된다. 적을 발견했다고 얼른 공유하고 화살을 쏘라고 명령한다.

그들만의 룰

정치학에서 현대사회를 '부족'이란 개념으로 분석하는 경향이 뚜렷하다. 부족은 학자들마다 사용하는 맥락이 조금씩 다르지만 사회적으로 용인된 집단성을 벗어난 무리를 지칭할 때 자주 사용된다. 아파트 단지 주민들이 주변 환경 개선을 요구하는 건 일반적인 집단의 모습이지만, 장애인 시설을 혐오시설이라며 반대한다면 이는 더 강한 응집성으로 모인 무리, 즉 부족의 집단행동이라 할 수 있다. 사회 '안'의 집단이 아니라, 사회를 아랑곳하지 않는 괴상한 집단을 생각하면 된다.

그래서 사회 전체의 규범이 아니라 자기들끼리의 윤리를 더 중시하는 사람들에게 종종 부족 딱지를 붙인다. 인종차별을 일삼는 백인 집단, 테러만이 답이라는 저항 집단, 여성혐오를 부끄러워하지 않는 남성 집단이 대표적이다. 타 지역을 배제하는 걸 마다하지 않는 특정 지역의 사람들도 크게 다를 바 없다. 이들은 기존의 집단 개념을 뚫고 나온다. 즉 보수적인 백인들보다 너무 나아간, 일반적인 저항의 수위를 넘어선, 단순히 가부장적인 남성이라고는 할 수 없는 수준이다. 원래의 집단과는 다르게 설명할 수밖에 없다. 지역을 사랑하는 것과 다른 지역을 혐오하는 것을 동일한 덩어리라고 볼 수 없는 것처럼.

한국은 국가가 개인들에게 '부족의 인생'을 권했다. 선택지가 있으면 부족에 가입하는 게 풍요로움에 가까운 길이라고 유혹했다. '조국과 민족을 위하여 몸과 마음을 다 바쳐' 충성을 다하겠다고 다짐했던 시대가 있었다. 개인은 온전히 국가의 부속물에 불과했는데, 일반적인 국민이 아니라 국가에 민족이란 양념이 더해진 '부족'의 구성원으로서 충실하게 살아야만 했다. 다 바쳐 충성한다는 건 요즘 들으면 우습지도 않지만, 오랫동안 부족의 힘은 한국을 지배했다. '한국식' 민주주의라면서 민주화운동은 탄압되었고 경제성장의 이면을 보려는 자는 하루아침에 빨갱이가 되었다.

삼십 년의 군부독재는 사라졌지만, 부족을 좋아했던 사람들의 정서가 컴퓨터 자료처럼 삭제될 리 있겠는가. 그럴듯한 원인을 만들어 사람을 결집시켜 반대편 의견을 짓누르는 게 가장 효율적인 세상살이라는 걸 사람들은 (몸으로) 깨달았고 (살면서) 실천했고 (아래 세대에게) 전수했다. 이런 말을 하면 "내가 박정희의 후예란 말이냐!"고 항의하는 사람을 만나는데, 모두가 독재정권이 뿌린 유산에 허우적거리며 살 수 있기에 독재정권을 타도하려고 한 것 아니었던가. 독재가 단지 민주적 절차를 위반했다는 이유 하나만의 문제이겠는가. 세상을 대하는 그릇된 태도를 체화한 개인이 '부족의 대장'처럼 집과 사회에 군림해도 된다고 착각하는 사람들이 넘쳐나니까 심각한 거지.

국가가 직접 선보인 부족원리는 곳곳에 흩어졌다. 기업이라는 부족은 빌어먹을 수요와 공급의 법칙만을 언급하며 노동자를 사람으로 여기지 않는다. 학교라는 부족은 빌어먹을 경쟁논리만 앞세우며 학생을 기계처럼 대한다. 종교라는 부족은 빌어먹을 신의 뜻이라면서 성소수자를 인간이 아닌 존재로 취급한다. 부족에 길들여진 이들은 날카로움을 숨기지 않는다. 노동조합을 무작정 비하하는 사람, 힘들어하는 비정규직 노동자에게 밑도 끝도 없이 입사 시험에 통과하면 될 일 아니냐는 말만 하며 빈정거리는 사람, 동성애자를 싫어할 권리가 있다는 궤변을 늘어놓는 사람들은 한국 사회에서 소수가 아니다.

어디 이뿐이겠는가. 양극화는 신부족들을 탄생시켰다. 처음엔 자신이 귀족인 줄 아는 '강남 부족' 정도가 있었는데 최근에는 같은 원리로 파생된 수도권 부족, 명품아파트 부족 등등이 넘쳐난다. 이들은 '지방거지', '빌라거지' 등의 신조어를 떠올릴 자양분을 어린 세대에게 제공했다. 이 덩어리들은 단순한 집단이 아니다. 부족 편에 서야지만 자신에게 이득이 돌아오기에 사람들은 사회의 상식이 아니라 부족의 룰을 따른다. 집값 떨어질 거라고 스스로 추정한 모든 것들을 혐오하고 배제하는 이유다. 특수학교가 우리 동네에 생겨서는 안 된다면서 결사반대를 외치는 이들 앞에서 자녀의 교육을 위해 보호자들이 무릎을 꿇은 건, 특수학교를 '혐오시설'로 여기는 부족을 납득시킬 방법을 일반적인 상식의 수준에서 찾을 수가 없었기 때문이다.

나도 부족일 수 있음을 자각하기

일부는 부족을 이야기하면서 사람들이 진영논리에 파묻히는 것과 마찬가지라 한다. 하지만 진영과 부족은 전혀 다른 맥락의 현상이다. 진영은 개인 생애과정의 경험이 응축되어 선택된 결과물이다. 가족을 진영논리로 살펴보자. 사람은 살면서 가족과 여러 애증의 관계를 맺는다. 그래서 가족 중 누가 범죄를 저지르면 그저 말없이 지켜보기도 한다. 죄가 없다고 범죄자를 두둔하는 게 아니라, 범죄자를 최악의 상황으로 내몰지는 않으려고 하는 것이다. 커다란 테두리를 만들어 팔을 안으로 굽힌 정도지 결코 유유상종이 아니다. 하지만 가족 누군가의 범죄를 어떻게든 무마하기 위해 가족 구성원 모두가 동분서주하는 경우도 있다. 피해자의 집에 무작정 찾아가 합의를 요구하고 주변에 '피해자란 사람이 알고 보니 수상하다'면서 2차 가해를 서슴지 않는 집단들, 이는 '가족부족'이다.

진영은 부족과 같은 게 아니라, 파렴치한 부족의 모습으로 전체 집단을 재단하는 실수를 줄여주는 좋은 기준이다. 나는 생애에서 얻은 경험을 발판삼아 진보의 가치를 지향하는 진영 안에 들어가서 살고 있다. 정당에 가입했다는 게 아니라, 내 마음의 경계선 같은 거다. 하지만 같은 진영 안에서 어떤 부족들이 보여주는 헛발질을 보고 있자면 가슴이 아프다. 일부 진보단체들의 정제되지 않은 언어나 아마추어의 향기가 나는 행동들을 보면 답답하다. 또한 페미니즘의 가치를 내건 일부 부족들의 자살골은 한심할 지경이다. 하지만 부족의 모습 때문에 성차별에 반대하는 가치를 철회할 수 없다. 페미니즘의 중요성을 부정할 수도 없다. 살면서 어설픈 운동권들을 여럿 만났지만, 운동 자체를 필요 없는 것이라 여기지 않는다. 그건 나쁜 부족의

271

당신은 어떤 부족의 사람인가요?

사례이지, 내가 속한 진영 전체의 특징이 아니기 때문이다. 서울에서 임대아파트에 살 때, '이 동네엔 임대가 많아서 걱정'이 한가득이라는 이웃을 자주 만났다. 내 눈앞에서, 나를 혐오하는 꼴이었지만 내가 그를 혐오하지는 않았다. 누군가가 무례하다고 해서 내가 인간에 대한 예의를 포기해서는 안 되니까. 진보진영이 중시하는 보편적 인류애가 착한 사람만 선별해서 차등적으로 적용되어야 하는 건 아니니까.

진영은 찬반토론이 가능하지만 옳고 그름으로 구분될 수 없다. 보수도 진보도 사회를 바라보는 충분히 상식적인 시선 중 하나일 뿐이다. 하지만 보수의 이름으로 역사를 왜곡하거나, 진보랍시고 사회가 합의한 기초적인 것에서 예외가 될 수 있다고 여기는 건 '옳지 않기에' 찬반토론 자체가 불가능하다.

우리는 온전한 개인일 수 없다. 필연적으로 어떤 진영에 소속될 것이고, 진영 안의 나쁜 부족의 출몰을 경계해야 한다. 반대 진영의 괴상한 부족을 보고 나와 생각이 다른 사람을 무조건 '악'으로 생각하는 관성을 경계해야 한다. 즉, 건전한 진영논리는 상식적인 토론의 장을 만들어주고 사회를 변화시키는 데 매우 중요한 요소다.

자신을 괴롭힌 부족을 비판하는 것이야 쉽다. 피해자로서 겪은 고충은 기억에 뚜렷하게 남아 있기 때문이다. 하지만 본인이 가해자로서 무슨 짓을 한지는 잘 모른다. 부족이 저지르는 폭력은, '매우 정의로운 행동'으로 해석되어 구성원들에게 세뇌되기 때문이다. 그러니 부족의 출몰을 막으려면, 자신이 어떤 부족에 당당하게 가입했는지를 자각해야 한다.

자신은 한 번도 차별과 혐오를 한 적이 없다면서 걱정 말라는 사람도 있는데 '부족'은 평소에는 쉽게 수면 위로 부상하지 않는다. 자체 기준에 따른 위기상황 경보가 울리면 순식간에 대동단결한다. 어릴 때부터 지구촌 사람 모두가 평등하다고 지겹도록 배웠던 한국인이지만 예멘 사람이 난민신청을 해오자 기겁을 한다. 특정한 지역, 문화, 종교, 인종에 대한 편견을 여지없이 드러내며 결사반대를 외친다. 관용이 일상화되었다는 유럽에서 코로나19 사태가 터지자 동양인을 혐오하는 부족이 등장하는 것도 마찬가지다. 자신도 그럴 수 있음을 인정하는 것, 아니 그랬음을 고백하지 않으면서 부족의 만행이 사라지길 기대하는 것은 어불성설이다.

집을 지을 것인가,

죄를 지을 것인가:

이일훈

건축가

'나'를
건축에 담는
방식

'건축'의 '건' 자도 모르며 대학 졸업을 앞둔 어느 날, 존경하는 교수님께서 부르셨다(학문이 깊고 엄하고, 강한 소신에 타협을 몰라 주변에서 몹시도 어려워하던 전설 같은 분이셨다).

"이 군! 내가 추천서를 썼으니 졸업하고 여기로 가게. 일을 배우고 건축가가 된다면 언제나 잊지 말고 내 말을 명심하게. 건축주가 요구하는 것이 백 가지라면 아흔아홉 가지를 다 들어주게. 그리고 백에서 남는 하나, 그 한 가지를 자네가 자의적으로 이룰 수 있다면 아흔아홉 가지를 살리는 거라네. 그러면 그 건축이 다 사는 거라네. 한 가지로 아흔아홉 가지를 다 뒤집을 수 있는 게 건축(가)이라네."

백에서 아흔아홉을 버리고 남은 하나가 어찌 다란 말인가. 하나가 아흔아홉을 뒤집는다니. 그 말씀이 무슨 뜻인지도 모르고 밤새우는 날이 많았다. 시간이 지나 건축(물)을 그리며 말하고 밥벌이를 할 즈음, 세계적 아니 세기적인 건축 거장 밑에서 학습하고 경력이 남달라 누구와도 비교 불가한 대가의 부름을 받고 모시게 되었다. 과연 주어진 조건을 해석하는 시각과 사고의 방향과 깊이가 남다른 분이셨다.

프로젝트를 맡은 연구생을 불러 진행되는 과정을 들으시고는 흡족지 않으시면 "됐다. 나가봐라" 하시지만, 마음에 드시면 웃음기와 함께 프로젝트와 별 관련 없(어보이)는 동서고금의 역사, 철학, 음악, 문학, 예술과 정치 등 지난 경험과 후일담을 풀어놓으셨다. 그 말씀을 듣는 것이 참 좋았다. 그러던 어느 날, 대가로 칭송받는 선생님의 의중이 궁금해서 여쭈었다.

"선생님께서 생각하시는 제자란 무엇입니까?" 그러자 선생님은 순간의 망설임도 없이, "나를 밟고 뛰어넘는 놈이 제자지. 나보다 못한 놈을 어찌 제자라 하겠나." 헉. 가히 살불살조(殺佛殺祖)였다(나는 제자 되긴 글렀구나).

우리의
　자화상,
　　패스트하우징

백에서 남은 하나로 전부를 살리고, 선생을 밟고 뛰어넘으려면 도대체 어떻게 건축을 해야 한단 말인가.

　광화문 교보빌딩(1984년 준공) 옆, 돌에 새겨놓은 글귀를 본다. '사람은 책을 만들고 책은 사람을 만든다.' 이 말은 윈스턴 처칠의 말(1943년 10월) '우리가 건축을 만들고 다시 그 건축이 우리를 만든다'에서 '건축'을 '책'으로 바꾼 것이다.

　사람이 만든 사물이 다시 사람을 헤아릴 수 없는 새로운 상태로 이르게 하다니 이 얼마나 대견한가. 그런데 수많은 책과 건물이 넘쳐나는 이 세상, 우리 사는 이 시절은 왜 이 모양으로 어수선하고 수상한가. 필시 책과 건축이 사람을 잘못 만들고 있음 아니랴. 그 서로 만듦의 상관을 저어하는 무엇이 있지 않고서야.

　책을 읽는(었)다고 사람마다 훌륭하게 되는 것은 아니다. 책에서 지혜도 얻(을 수도)지만 교활함도 배우고, 사유의 깊이를 더하기도 하지만 오독하여 사고를 망치기도 한다. 책을 통한 깨달음도 천차만별, 그러나 어쨌든 책은 선택의 문제다. 책 없이 살 수도 있고 살기도 한다.

　그러나 건축은 책과 많이 다르다. 언뜻 건축도 선택의 문제일 듯 보이지만 건축은 의식하면 할수록 무의식적으로 지배(당)하며 피할 수 없는 대상(상황, 조건, 일상)임을 알게 된다. 일상의 아침에서 저녁, 집에서 일터, 휴식과 만남의 시간, 별난 일과 기호적 소비의 특별한 여가, 그 어디 어느 시간에 건물 없는 곳이 있는가. 도시는 건물로 짜인 거대한 그물이다. 지방·시골이라도 구축 밀도만 느슨할 뿐 속성은 같기에 건축 상황이 곧 시대상이다. 전국의 난개발(오죽하면 국어사전에 올라있을까. 원고를 마무리할 즈음 유명 정치인이 '서울은 천박한 도시'라 하자 정치적 입장에 따라 치졸한 시비와 변명이 이어진다. 필자가 보기에 그 발언은 어떤 도시계획가나 건축평론가보다도 적확하게 서울을 평한 것이다)과 품격 없는 건축의 실상이 곧 이 시대 이 땅에 사는 우리의 자화상이다. 내 의사와 관계없이 남이 남긴 자국을 자화상이라고 봐야 하는 느낌은 어떠신가. 건축은 그렇게 개인이 선택할 수 없고 피할 수도 없는 상황으로 억압(강제)하며 존재(기능)한다.

   건축(집: 건축물의 유형과 용도가 달라도 근본적으로 모두 집이다)을 보려면 의(옷), 식(밥)과 함께 봐야 한다. 옷·밥·집(의식주)은 본래 모두 행위의 주체가 확실하게 스스로 짓는 것이었다. 옛날엔 모두 개인·가정·동네에서 직접 지었지만 요즘엔 짓는 것(생산·판매·공급)은 남이 하고 개인은 사용(소비)만 한다. 직접 요리하지 않음의 방증으로 '먹는 방송'이 인기를 끌고, 집에 없는 '집밥'은 식당에 있다. 기성복을 고르다 마음에 안 든다고 맞출 수가 없다. 집도 미리 만드는 것이 대세다. 아파트·빌라·오피스텔·상가·업무시설·창고·콘도 등, 말하자면 많이 빨리 팔기 위해 미리 만들어놓은 패스트푸드 같은 패스트하우징이다(옷과 밥에 명품과 진미가 있듯 집에도 명작·걸작이 있으나 그것은 아주 소수이므로 보편적 상황과는 거리가 멀다). 도구가 결과를 지배하듯 사용(소비) 방식이 의식을 지배한다. 옷·밥·집의 생산과 소비의 톱니바퀴가 같이 물려서 돈다. 그 바퀴를 세우기는 불가하니 무서운 일이다. 아니, 그 무서움을 잊(잃)은 것이 더 무섭다. 아! 일상에 스며든 무서움이라니.

281 집을 지을 것인가, 죄를 지을 것인가: '나'를 건축에 담는 방식

건축 없는 건축가의 시대

훌륭한 건축이 훌륭한 사람을 만든다는 것, 근사한 건물에서 멋있는 생활이 이루어진다는 것은 좀 심한 비약이지만, 건축(공간·장소·환경)이 사용자의 의식과 심리에 미치는 영향이 지대하다는 것은 굳이 공간심리학이나 신경건축학을 들먹이지 않더라도 사실(학문적 연구와 임상적 실험의 결론)이다. 건축가들에게 그런 연구에서 힘을 얻고 노력할 프로젝트는 아주 드물다. 사회적 가치와 공동성과 문화예술의 가치로 짓는 건물은 극소수이고 자본 시장의 상품으로서의 건물이 절대 다수이기 때문이다. 건축가들은 굶지 않으려(더 배 부르려)고 시장에 내놓을 건축 상품을 앞장서 기획하고 선동하거나 해결사 노릇을 하려고 기웃거린다. 그 와중에 자신의 스타일을 지닌 건축(가)도 있고 지닌 게 숫제 없는 건물도 있다.

연극, 회화, 무용, 건축, 문학, 음악, 영화, 사진, 만화 중 표제(標題)적 표현의 방법과 수단으로 가장 적절치 않은 분야가 건축이지만 건축은 그 유혹에 흔히 빠진다. (무조건) 팔아야 하는 상품으로서의 건물은 호소력 짙은 광고(제품과 별 관련도 내용도 없어도 그저 멋져보이기만 하면 되는) 문안 같은 디자인이 필요하다.

«건축가 없는 건축(Architecture without Architects)»은 버나드 루도프스키(Bernard Rudofsky)가 지은 책이다. 1964년 11월 뉴욕현대미술관(MoMA)에서 열린 같은 명칭의 전시회 내용을 담은 것인데 이 전시회가 열릴 때는 건축이 이상 시대를 구현할

수단이라고 믿던 시대였다. 루도프스키는 '서구 세계에서 쓰이고 가르치는 건축 역사'가 아닌 '원시 문화에서 시작된 공동의 창조' 유산인 토착(풍토성·지역성) 건축을 주목했다. 전시와 책의 부제는 '족보 없는 건축'이다. 이는 족보(혈통)를 내세우며 강요하는 서구 중심의 논리와 획일적 국제주의의 만연을 경계하는 것이었다. 이 책은 각기 다르고 고유한 역사·문화권에서 집단적 삶을 가능케 했던 건축의 공동성과 지혜를 볼 수 있어 울림이 크다. 《건축가 없는 건축》에서 건축(물)보다 더한 공동성과 집단의 궁리와 협력과 축적된 시간과 지속성, 또 그런 삶을 볼 수 있다. 이젠 사라진(질) 삶이고 건축이다.

그런데 필자는 《건축가 없는 건축》을 볼 때마다 자꾸만 '건축 없는 건축가'가 떠오른다. 그렇다. '건축 없는 건축가'의 시대가 오고 있다, 아니 이미 왔다.

책 이야기 하나 더. 동물의 집 짓기를 다룬 책이 많다. 새들이 만든 둥지 형태는 각기 독특하고 짜임새가 튼실하다. 신기하고 재미있다. 거기까지면 좋은데 집 짓는 새를 '동물 건축가'라 칭하고, 동물의 집(형태)에서 디자인을 배우자는 주장을 보면 난감하다. 동물의 짓기는 본능이고, 사람은 본능이 아니라 도구를 이용하고 재료를 가공하며 기술적 지능으로 집을 짓는다. 동물의 본능 발현은 건축이 아니기에 집 짓는다고 동물이 건축가는 아닌 것이다. 혹 둥지를 본뜬 건물이 있다 해도 그건 새에게서 배운 것이 아니라 형태만 모방·차용하고 사람의 기술을 적용한 것이다.

혹 동물의 집 짓기에서 배울 점이 있다면 형태의 특이함에 있는 것이 아니라 짓기, 소유, 사용의 방식일 것이다. 동물들은 어떤 경우도 직접 짓고, 필요한 크기만 확보하고, 재료는 모두 가까운 주변에서 찾고 멀리서 운반해오지 않는다. 쓰임이 다한 둥지는 썩어 자연으로 돌아가니

폐기물을 남기지 않는다. 더 중요한 것은 필요하지 않으면 절대 짓지도 갖지도 않고 여러 채를 갖는 경우는 아예 없다는 점이다. 그래서 매매가 없고, 전세·월세·임대도 없고, 1가구 2주택도 없다(자본주의시장이 얼마나 배우고 싶지 않겠는가).

"한 가지로 아흔아홉 가지를 다 뒤집을 수 있다"는 말씀과, 스승을 "밟고 뛰어넘"으라는 말씀은 오랜 화두였다.

"아흔아홉 가지"는 건축주의 욕망·욕구·욕심일 것이다. "남은 하나"는 그것들을 순화시키려는 건축가의 의지·의도일 것이다. 그 의지·의도로 공동성 나아가 공동선에 기여하는 건축이 된다면 얼마나 건강한 건축일 것인가. 또 그것이 건축을 대하는 태도일 것이다.

"스승을 밟고 뛰어넘"으라는 말씀은, 선생의 스타일을 뒤좇거나 흉내 내는, 제자입네 내세우며 족보나 파는, 유행과 경향을 분별없이 추종하는, 그런 아류 아닌 자신의 생각과 방법으로 건축을 하라는 말씀은 아니었을까. 아류 건축을 벗어나는 일 또한 건축가의 의지·의도일 것이다. 비로소 나는 두 분의 말씀이 같음을 새긴다. 마침내 건축을 대하는 나의 문제로.

학습의 타성을 벗지 못하는, 경험의 우월을 앞세우는, 틈틈이 욕망을 전이하려 표현의 기회를 엿보는, 건축의 공급자 입장에서만 사고하는, 맥락 없는 추상적 개념의 유혹에 빠지는, 하나보다 둘이 무조건 크다고만 생각하는, 실감 없는 찬사에 귀와 눈을 내주려는, 아집·고집을 개성으로 여기려는, 탈각하지 못하는 나!

짓기 전에
생각할 말

옷같이 밥같이 중요한 건축(집)에서 기술의, 예술의, 학술의 방법론보다 무엇이 먼저여야 할까. 건축 기술, 요소, 기량 등을 동원하는 개인·개별적 작법이나 설계방법론보다 더 중요한 의식은 일상의 말일 것이다. 그렇다. 바로 우리가 다 같이 하는 말. 무심코 의식을 드러내며 무의식을 확인하게 하는 말. 사람은 언어적 존재이고 말은 유전자 같은 것이다. 같은 말이지만 아쉽게도 사람마다 같게도 다르게도 듣고, 다르게도 같게도 쓴다. 같은 발음을 달리 쓰는 것은 아마도 사회와 사람에 대한 이해와 사고의 차이일 것이고 그 다름은 고스란히 건축에 스며들 것이다. 건축, 공공·문화·상업·생산·주거용의 구분 없이 사람이 쓰는 모든 건물을 생각하며 어떻게 디자인할 것인가 궁리하기 전에, 아래 말의 의미를 되새긴다.

1   맡다/맞다[맏따]
    건축 일을 하려면 일을 '맡'아야 하는데 그냥 '맡'는 경우는 드물다. 맡기 위해 애써야 한다. 일감을 놓고 경쟁해서 이긴 경우 일을 땄다거나 먹었다고도 한다. 천박함이 뚝뚝 흐른다. 좋은 건축은 일을 '맡'는다고 되는 것이 아니라 경우에 '맞'는 것을 지향하려는 태도에서 온다.

2   짓다/짖다[짇:따/짇따]
    오로지 지구상에 한 곳밖에 없는 장소(대지)에 들어서는 건축은 소중하고도 귀하게 '짓'는 것인데 잘못하면 지구환경에 (알게 모르게) 죄'짓'는 셈이 되고 더 잘못하면 소리 내어 '짖'는 꼴이 된다. 경계할 일이다.

3   낫다/낮다[낟ː따/낟따]
    건강한 건축적 제안의 결과가 좋으면 '낫다'는 평가를 받지만, 신통치 않으면 평가가 '낮'아진다. 건축을 더 '낫'게 하려면 일하는 자세는 더 '낮'게. 소수의 건물 수준이 앞서서 '낫'고 대다수는 뒤처져 '낮'다면, 문화적 수준이 '낮'은, 그리 즐겁지 않은 사회·시대다. 건축은 세상을 '낫'게 하는가 아니면 '낮'게 하는가.

4   분리/불리[불리]
    사회성과 공동성의 목적과 쓰임에서 뜻이 '분리'된 건물은 그 자체의 입지도 점점 '불리'해진다. 많은 공공건축(물)에서 그 예를 본다.

5   반드시/반듯이[반드시]
    건축에 대해 묻고 대하는 태도. '반드시'해서 유지해야 할 일들과 '반듯이' 지키고 살필 일은 같아야 하는 것.

6   있다/잇다/잊다[읻따]
    공동성의 가치가 '있'는 건축은 사회·문화·역사적으로 존중되며 의미를 '잇'게 되지만 없다면 점차 아니 금세 '잊'힌다.

7   같이/가치[가치]
    사회와 '같이' 조응하려는 건축이 결국 '가치' 있는
    건축(물)이다. 건축(물)의 '가치'는 '같이'가려 함에 있다.
    혼자만 즐기려는 독락(獨樂)과 여럿이 함께 '같이' 웃으려는
    동락(同樂)은 전혀 다른 의식이다. 의식이 다르면 건축(물)의
    격도 당연히 다르다.

8   기피/깊이[기피]
    어디 건축뿐이랴. 매사 '기피'는 쉽고, '깊이'는 어렵다.
    그러나 피하면 안 되는 질문에 대한 건축적 답은 '깊이'와
    '기피'에서 갈린다.

9   넘어/너머[너머]
    현실의 많은 문제와 규제 그 어려운 제약을 '넘어'서
    지어졌다고 다 건축이 아니다. 건축의 '너머'에 무엇이
    있는가를 묻지 않고 세워진 건물은 이 사회에 우울을 더하는
    그저 재화일 뿐. 그 증명으로 조물주 위에 건물주가 있다
    한다.

집에
    '나'를 표현하겠다는
                    이들을   보면
어느 건축가가 평생 벽돌만 썼다거나, 아무개는 모든 건물을
노출콘크리트로, 철판으로, 유리로만 한다거나, 기능과 용도를

가리지 않고 무조건 곡선·곡면의 형태를 만든다거나, 반대로 무조건 직선·직면·직각의 형태만 고집하거나, 한눈에 누구 작품·건물인지 알 수 있게 하는 등의 일관성을 앞세워 특정한 스타일을 구축하고, 현학과 논리를 끼워맞추며 '나'를 표현한 건축 작품(?)에 나는 별 흥미가 없다. 건축을 '나'를 표시·표출·표현하는 대상·목표·목적·수단·방법·도구로 삼기보다는, 오히려 '맡'은 일을 '맞'게 하려는 심성이 더 중요하다. '짓'는다며 '짖'지는 않았는가. '낮'추어 '낫'게 된 것은 무엇인가. 사회와 '분리'되어 '불리'해질 것은 없는가. '반드시' 하려는 마음은 '반듯'한가. 그 무언가를 '잇'게 하려고 의미'있'게 만든 것이 '잊'히진 않겠는가. '같이'하자고 권유하는 '가치'는 있으며 그 '가치'를 '같이' 나눌 방법은 무엇인가. 여러 상황의 '깊이'가 힘들어서 '기피'하려는 것은 없는가. 건축의 벽을 '넘'으며 그 '너머'를 보려 하는 건축가를 존중하고 그런 생각을 아우르는 건축이라면, 어느 곳에 어떻게 서든 건축화할 요소들의 가능성과 잠재력을, 또 건축적 상상력을 놓치지 않을 것이다. 그렇다면 비록 성취가 미흡하고 건축가의 고유한 스타일이 보이지 않아도 건강한 건축일 것이다.

  필자는 생업인 건축을 신성하며 성스럽게 생각하지만 다른 이들에게 아무것도 아닐 수도 있음을 벌써 안다. 반면에 건축(공간·장소·환경)은 짓기 전에 어떻게 살 것인가를 묻는 것이고, 삶의 방식을 성찰·실천하는 것이라고 믿고 쓰는 이들도 있음도 안다. 그 둘을 다 품는 것이 건축이리라. 무너지고 부서져도 죽지 않을 건축은 보다 나은 우리의 삶을 위해 복무하는 것이다. 해서 나는 내가 만든 건축에 '나'가 드러나지 않아도 안타깝지 않다. '나'가 보이지 않는 것이 뭐가 대수랴.

신중한 낙관주의자,

Interview

인터뷰어 김대식
& 편집부
번역 김민소
정리 편집부

재레드 다이아몬드

Q 먼저, 코로나19 사태에서 요즘 어떻게 지내고 계신가요? 지금의 팬데믹에 대해서는 어떻게 생각하십니까?

A 현재는 '모든 것이 뒤섞인 상태(mixed bag)'라고 생각합니다. 긍정적인 면이라면 요즘 거의 집에서, 대부분 제 책상에 앉아서 뉴기니 조류에 관한 논문을 집필하며 시간을 보낸다는 것이지요. 아내와 많이 대화하고 산책도 자주 다닙니다. 부정적인 면은, 사회적 봉쇄 조치가 내려진 것이겠죠. 친구들과 거의 만나질 못해요. 새를 관찰하러 갈 때 동행하는 친구나 제 피아노 연주와 합을 맞춰주는 첼리스트 친구 말고는요.

현재 팬데믹에 대해서 제가 가지고 있는 정보는 코로나, 에이즈, 사스, 에볼라 같은 유행병이 앞으로 더 많아지리라는 것입니다.

그렇다고 지금의 위기로 인류나 문명에 대한 제 견해가 바뀌진 않았습니다. 이번 사회적 봉쇄 조치가 저를 비롯해 거의 모든 미국인에게, 또 세계 여러 나라의 거의 모든 시민들에게 새로운 경험이 되긴 하겠지만요.

  사람을 직접 만나는 일이 코로나 탓에 어려워졌지만, 1~2년 안에 백신이 개발되면 다시 가능해지리라 생각합니다. 휴대전화나 컴퓨터가 없던 전통 사회에서는 대개의 만남이 면 대 면으로 이루어졌고, 타인을 그저 컴퓨터 화면 속 단어로 취급하며 무례하게 굴지 않았어요. 서로를 더 잘 이해했고, 타인을 존중받아 마땅한 사람으로 보았습니다. 지난 10~20년 동안 의사소통 대부분이 이메일, 문자, 전화 등 비대면 방식으로 변하면서 우리는 화면 너머 타인을 실제 사람으로 대하는 방법을 까먹고 있습니다. 전통 사회에서는 익숙했던 일이었음에도 불구하고 말이지요.

Q 잡지에 참여해주신 분들 모두에게 저희가 던진
  질문입니다. '나'를 어떻게 정의하시나요? 혹시
  다른 사람이 되고 싶다고 생각한 적은 없으신가요?
  당신을 가장 잘 나타내는 세 가지 사건을
  말씀해주시겠습니까?

A 나는 나 자신이고, 그뿐이라고 생각합니다. 저는 저 외에 다른 사람이 되고 싶지 않아요. 제 아내의 남편, 아이들의 아버지, 새를 관찰하기 좋은 로스앤젤레스의 막다른 골목에 살며 피아노를 치는 지금의 저로 사는 것이 좋습니다.

인생에서 제가 어떤 사람인지를 결정지은 세 가지 순간이 있습니다. 첫째는 헨리 데이비드 소로(Henry David Thoreau)가 쓴 위대한 책 «월든»을 읽었을 때입니다. 책의 메시지는 이렇습니다. '당신이 하고 싶은 일을 찾아내라. 그 일을 해라. 다른 사람들이 해야 한다고 말하는 뻔한 것들에 방해받지 말고, 그런 것들로 삶을 채우지 말라.'

둘째는 1981년 뉴기니에서 보트 사고로 거의 죽을 뻔했을 때입니다. 그 일을 겪고 삶에 대한 제 태도가 좀 바뀌었습니다. 일이 항시 잘못될 수 있다는 생각을 끊임없이 하게 되었고, 매사 철저히 대비하게 되었죠. 철저한 대비 덕에 제 자신의 삶을 추진하고 즐길 수 있게 되었고요.

셋째는 1987년 쌍둥이 아들이 태어난 일입니다. 아이들의 탄생은 담낭생리학을 연구하는 것보다 더 중요한 일이 있다는 사실을 제게 일깨워주었습니다. 아이들이 살아갈 미래 세계에 영향을 미치고 또 그래야 한다는 것이었죠. 전 세계 사람들의 생각을 바꿀 수 있는 책을 쓰는 일처럼요.

Q 이이서 묻겠습니다. 요즘 자신의 정체성을
잃어버릴까봐 걱정하는 사람들이 많습니다.
당신에게 정체성이란 무엇입니까?

A 저의 정체성은 여럿이지만, 정체성을 잃을까봐
걱정한 적은 없습니다. 저에겐 훌륭한 아내의
남편으로서의 정체성이 있습니다. 또 아이들의
아버지, 뛰어난 학생들의 교수, 아주 멋진 친구들의
친구로서 정체성을 가지고 있죠. 뉴기니 조류를
좋아하고, 이에 대한 전문성을 가졌다는 것도 제
정체성 중 하나입니다. 대중을 위한 책을 쓰는
작가로서 정체성도 있네요.

Interview

295

**신중한 낙관주의자,
재레드 다이아몬드**

Q 사회의 정체성은 어떨까요? 개인의 정체성을 합친 걸까요? 미국이라는 나라가 앞으로 어떤 정체성을 가질 것이라고 예측하시는지 의견을 듣고 싶습니다.

A 사회는 수많은 개인의 집합이지만 몇 가지 측면에서 개인과 다른 점이 있습니다. 사회에는 리더가 있고, 또 집단적으로 협상을 통해 어떠한 결정이 내려집니다. 반면 개인인 각자는 단독으로 많은 결정을 내릴 수 있지요. 앞으로 미국의 국가 정체성이 어떻게 될지는 다가오는 11월 3일 선거 이후에 알 수 있을 것 같아요. 누가 대통령이 되는지에 따라 미국이 독재 국가로 변할 수도, 민주주의 국가로 남을 수도 있을 겁니다.(인터뷰는 당선자가 결정되기 전에 진행되었습니다-편집자 주)

Q 한국에서는 세대 정체성 차이, 곧 세대 차이가 여러 분야에서 문제로 작용하고 있습니다. 이와 관련해 참고할만한 사례가 있을까요?

A 세대마다 경험한 것이 다르므로 사회 정책, 정치적 견해, 전망에 대한 관점도 다를 수밖에 없습니다. 저는 1937년생인데요, 똑같이 1937년에 유럽에서 태어난 사람들은 2차 세계대전을 겪으며 자랐습니다. 많은 이들이 고아가 되었고, 어린 시절 내내 포탄이 날아들까 걱정하며 밤마다 다리 밑에서 잠을 자야 했지요. 이런 경험이 인생을 바라보는 이들의 관점에 영향을 미쳤습니다. 일이 아주 나빠질 수 있다는 생각, 작은 것보다는 큰 문제에 집중하는 것이죠. 반면 1945년에 유럽에서 태어난 사람들은 평화, 번영, 경제적 안정 속에서 자랐습니다. 단순히 생존만이 아니라 정의라는 문제에 헌신할 수 있는 여유와 안정감이 있었고, 1968년 세계를 뒤집어 놓은 학생운동을 시작할 수 있었죠. 1937년에 태어난 제 세대는 학생운동에 이들만큼 열과 성을 다할 수 없었습니다. 1948년생인 제 아내는 사회운동과 학생운동에 열렬히 참여했지만 저는 그러지 못했지요.

신중한 낙관주의자, 재레드 다이아몬드

Q 항상 궁금했습니다. 인간 문명에 대한 당신의 관점과 '신중한 낙관주의(Cautious Optimism)' 사이의 관계에 대해 구체적으로 설명해주실 수 있을까요?

A 신중한 낙관주의란 이런 겁니다. 사람들이 저에게 이렇게 묻는다고 해보죠. "재레드, 전 세계가 직면한 문제를 우리 인류가 해결할 수 있을까요?" 제가 낙관적으로 대답하면, 이런 반응을 보일 겁니다. "참으로 어리석고 뭘 모르시네요. 그런 문제는 풀기가 까다롭고, 또 문제 해결에 관심 없거나 지금 상태가 지속되길 바라는 사람도 많은데, 어떻게 그렇게 낙관할 수 있어요?" 반대로 제가 비관적으로 대답하면 이러겠죠. "그럼 다 같이 죽으면 되겠네요!" 그래서 저는 신중한 낙관주의를 취합니다. 전 세계적 문제들, 예를 들어 기후변화 같은 문제는 모두 인간에 의해 발생한 것이에요. 우주에서 소행성이 날아와 공룡을 멸종시켰던 상황과는 다르죠. 기후변화의 원인이 화석연료 과다 사용에 있다면, 인간은 화석연료 사용을 줄여 문제를 해결할 수 있지요. 즉 문제를 해결하기 위해 해야 하는 일은, 문제의 원인이 되는 행동을 그만두는 것입니다. 제가 신중하지만 낙관적인 태도를 취할 수 있는 이유도 여기 있습니다.

Q 우리의 미래와 관련하여 가장 먼저 해결해야 할 문제는 뭐라고 생각하십니까? 그 문제를 해결하기 위해 지금 어떤 조치를 취해야 할까요?

A 가장 먼저 해결해야 하는 것은, 가장 먼저 해결해야 할 문제가 무엇인지 찾는 일을 멈추는 것이라고 생각합니다. 어느 문제는 해결하고 어느 문제는 해결하지 않으면 결국 문제를 해결할 수 없어요. 시급한 문제 여러 개를 모두 풀어야 합니다. 관련해서 세 가지를 꼽자면 수산자원, 임산자원, 토양, 물 등 필수적인 자원에 대한 지속 불가능한 착취 문제, 기후변화 문제, 불평등 문제를 들 수 있겠습니다. 이들 문제를 해결하기 위해 지금 당장 해야 할 행동이 무엇인지는 명백합니다. 이미 다들 잘 알고 있지요. 에너지 소비를 줄이고, 화석연료가 아닌 재생에너지 비중을 높이는 것이죠. 수산자원과 임산자원은 지속가능하도록 관리해야 합니다. 부유한 나라는 가난한 나라를 돕기 위해 훨씬 더 많은 지출을 해야 해요. 착하거나 관대해야 해서 그래야 하는 것이 아닙니다. 그것이 부유한 나라의 생존과도 연관되어 있기 때문입니다.

신중한 낙관주의자, 재레드 다이아몬드

Q 이 불확실한 시기에 '신중한 낙관주의자'가 되고자 하는 한국의 독자들에게 조언 한마디 해주실 수 있나요?

A 참으로 불확실한 시기입니다만, 그럼에도 불구하고 확실한 것이 하나 있다는 것을 말씀드리고 싶어요. 문제의 원인은 바로 우리 인간이라는 사실입니다. 문제를 일으키는 행동을 멈추면, 문제를 해결할 수 있습니다.

Q 마지막 질문입니다. 수천 년 또는 수백만 년 동안 당신의 '자아'나 '기억'을 보존할 수 있다면, 그렇게 하고 싶으신가요?

A 전혀 그러고 싶지 않습니다. 제 자신과 기억을 보존할 이유가 없어요. 그러는 건 순수한 자기중심주의입니다. 지금의 저는 저의 삶을 살아가는 것과 제 자신, 아내, 아이들, 친구들, 전 세계 사람들의 행복에 기여하는 것만 생각합니다.

301

신중한 낙관주의자,
재레드 다이아몬드

컨트리뷰터

전승환

작가. 책 속의 좋은 글귀를 바탕으로 사람들의 지친 마음을 치유하는 북테라피스트다. 소셜미디어 채널 <책 읽어주는 남자>와 오디오클립 <인생의 문장들>을 진행하며 독자에게 아름다운 글과 위로의 말을 전하고 있다. ≪내가 원하는 것을 나도 모를 때≫, ≪나에게 고맙다≫ 등을 썼다.

김범준

통계물리학자. 성균관대학교 물리학과 교수다. 작게는 친구 사이부터 크게는 사회 갈등에 이르기까지, 다양한 관계에서 '부분'과 '전체'가 어떻게 서로 연결되는지 탐구해왔다. 복잡한 현상에 감춰진 연결고리를 알기 쉽게 풀이하는 대중 강연과 글쓰기에도 매진하고 있다. ≪관계의 과학≫, ≪세상물정의 물리학≫ 등을 썼다.

노명우

사회학자. 니은서점 마스터 북텐더, 아주대학교 사회학과 교수다. 교수라는 직업에만 매여 있기보다는 우리 주변의 평범한 삶을 관찰하고 해석하고 대리하는 일상의 사회학자, 헤르메스로 살길 꿈꾼다. 독립서점을 운영하며 책을 매개로 여러 사람과 생각을 나누는 중이다. ≪인생극장≫, ≪세상물정의 사회학≫ 등을 썼다.

신견식

번역가. 20여 개 언어를 해독하는 '언어괴물'로 불린다. 기술번역에서 출판번역까지 다양한 부문의 번역 일을 한다. 비교언어학, 언어문화 접촉, 전문용어 연구 등 언어와 관련된 다방면의 분야에서 활동하고 있다. 지은 책으로 ≪언어의 우주에서 유쾌하게 항해하는 법≫, ≪콩글리시 찬가≫가 있다.

박한선

신경인류학자. 서울대학교 인류학과에서 '진화와 인간 사회'에 대해 강의하고 '정신의 진화 과정'을 연구한다. 우리가 일상에서 겪는 마음의 문제가 어디서 어떻게 비롯하는지 해석하고 진단하는 글을 여러 매체에 활발히 발표하고 있다. ≪마음으로부터 일곱 발자국≫ 등을 썼고 ≪진화와 인간 행동≫ 등을 우리말로 옮겼다.

강봉균

신경생물학자. 서울대학교 생명과학과 교수다. 인간 신체 기관 중 가장 복잡하고 신비로운 '소우주'인 뇌 그리고 시냅스 작용을 연구해왔다. 기억 연구의 권위자로, 학습과 기억의 원리를 밝히는 다수의 논문을 발표했다. ≪뇌 Brain≫, ≪기억하는 인간 호모 메모리스≫ 등을 같이 썼고 ≪시냅스와 자아≫ 등을 우리말로 옮겼다.

류충민

미생물학자. 한국생명공학연구원 감염병연구센터장이다. 식물과 미생물의 상호작용 연구를 바탕으로 지구상의 미생물들 각각의 기능과 역할을 폭넓게 탐구하고 있다. 미생물과의 공생이야말로 인간이 추구해야 할 최선의 가치라고 믿는다. 지은 책으로 ≪좋은 균, 나쁜 균, 이상한 균≫이 있다.

이명현

천문학자. 과학책방 갈다 대표다. 우주에 관한 전문 지식을 대중화, 문화화하는 과학 저술가로 활발히 활동해왔다. 과학 전문 서점을 운영하며 ≪코스모스≫와 같은 과학책의 독서층을 넓히는 데 힘쓰고 있다. ≪이명현의 과학책방≫ 등을 썼고 ≪과학 수다≫, ≪시민의 교양 과학≫ 등을 같이 펴냈다.

오강남

비교종교학자. 캐나다 리자이나대학교 비교종교학과 명예교수다. 수십 년 동안 전 세계 동서고금의 종교를 아울러 연구하며 종교 간의 이해와 소통을 모색해왔다. 모든 종교에는 표층과 심층이 있으며, 심층 종교에야말로 인간과 종교의 본질이 담겨 있다고 생각한다. ≪예수는 없다≫, ≪세계 종교 둘러보기≫, ≪종교란 무엇인가≫ 등을 썼다.

정우열

만화가. 쉽게 지나치기 십상인 일상의 의미를 섬세하고 따뜻하게 포착해온 만화가이자 일러스트레이터다. 자화상을 반영해 만든 캐릭터 '올드독'을 통해 개인 경험과 성찰을 만화로 표현해왔다. 현재는 반려견 '풋코'와 함께 제주도에 살면서 프리다이빙 강사로도 활약 중이다. 네이버 '동물공감' 판에서 웹툰 <노견일기>를 연재하고 있다.

김대식

뇌과학자. KAIST 전기및전자공학부 교수다. 뇌과학의 최신 연구 성과와 동서양의 인문학 지식을 바탕으로 인류의 과거와 현재, 미래를 성찰해왔다. 인공지능이 야기할 인간의 자아 위기 등 곧 닥칠 미래의 화두를 앞장서 제시하고 있다. ≪당신의 뇌, 미래의 뇌≫, ≪김대식의 인간 VS 기계≫, ≪김대식의 빅퀘스천≫ 등을 썼다.

이묵돌

작가. '김리뷰'라는 필명으로 먼저 알려졌다. '90년대생'의 현실 경험과 시선이 담긴 글로 밀레니얼에게 큰 공감을 받아왔다. 필명인 '묵돌'은 흉노족의 이름에서 따왔다. 소설집 ≪시간과 장의사≫, ≪어떤 사랑의 확률≫, 에세이 ≪마카롱 사 먹는 데 이유 같은 게 어딨어요?≫ 등을 썼다.

홍창성

철학자. 미네소타주립대학교 철학과 교수다. 형이상학을 비롯해 심리철학, 불교철학 분야를 아울러 연구해왔다. 서구의 자아 개념에 한계가 있다고 보며, 불교의 연기 개념을 바탕으로 동서양 형이상학을 재구성하고 있다. ≪미네소타주립대학 불교철학 강의≫, ≪생명과학과 불교는 어떻게 만나는가≫ 등을 썼다.

김상환

철학자. 서울대학교 철학과 교수다. 현대철학의 흐름을 체계적으로 재구성하는 연구에 매진하고 있다. 현대철학의 다양한 통찰을 바탕으로 지금의 우리 모습과 시대를 진단하는 글을 써왔다. ≪근대적 세계관의 형성≫, ≪왜 칸트인가≫ 등을 썼고 ≪차이와 반복≫ 등을 우리말로 옮겼다.

이규탁

대중문화학자. 한국조지메이슨대 교양학부 교수다. 케이팝과 대중음악을 집중적으로 연구하며 한국대중음악상 심사위원으로 활동 중이다. 연구 대상으로 대중음악을 대하기도 하지만, 수십 년 공력의 팝 마니아이기도 하다. ≪갈등하는 케이, 팝≫, ≪대중음악의 세계화와 디지털화≫, ≪케이팝의 시대≫ 등을 썼다.

정여울

작가. 매일 글을 쓰며 매일 '조금 더 나은 나 자신'이 되길 꿈꾸는 작가다. 한때는 상처 입은 사람이었지만 지금은 타인에게 용기를 주는 치유자가 되길 바란다. 인문학, 글쓰기, 심리학을 강의하며 '읽기와 듣기, 말하기와 글쓰기'로 소통한다. ≪헤세≫, ≪나를 돌보지 않은 나에게≫, ≪마흔에 관하여≫ 등을 썼다.

김도인

명상가. 명상센터 리프레쉬마인드 대표다. 스무 살 때부터 다양한 종류의 명상 수련을 해왔고, 그 과정에서 나를 '받아들이는' 법을 알게 됐다. 명상의 본질은 나와의 솔직한 만남에 있다고 믿는다. 팟캐스트 <지대넓얕>에서 동양철학과 심리학을 접목한 통찰을 보여준 바 있다. ≪숨쉬듯 가볍게≫를 썼다.

김철수

심리학자. 계명대학교 심리학과 교수를 지냈다. 의식의 구조와 자기 발달 과정, 켄 윌버의 통합모델 연구를 천착해왔다. 종교와 영성 분야에도 관심을 기울이고 있으며, 연구 내용을 정치, 교육, 리더십, 조직문화 등 현실에 적용하기 위해 애써왔다. ≪무경계≫, ≪켄 윌버의 신≫ 등을 우리말로 옮겼다.

오찬호

사회학자. 한국 사회의 부조리를 사회학의 시선에서 날카롭게 비판하는 글을 써왔다. 상아탑 속의 연구가 아니라, 지금 우리 현실과 밀착한 관찰과 분석의 결과를 칼럼과 책으로 활발히 묶어왔다. ≪우리는 차별에 찬성합니다≫, ≪결혼과 육아의 사회학≫, ≪진격의 대학교≫ 등을 썼다.

이일훈

건축가. 불편하게 살기, 밖에 살기, 늘려 살기의 철학을 권하는 설계방법론 '채나눔'을 주창했다. 건축가로서 '자비의 침묵 수도원', '성 안드레아병원 성당', '도피안사 향적당', '가가불이', '밝맑도서관', '성프란치스코 평화센터' 등을 지었고 ≪사물과 사람 사이≫, ≪이일훈의 상상어장≫, ≪나는 다르게 생각한다≫ 등을 썼다.

재레드 다이아몬드

문화인류학자. UCLA 지리학과 교수다. 분야를 넘나드는 방대한 지식과 탁월한 글쓰기 능력을 바탕으로 인류 문명의 어제와 오늘에 대한 통찰을 선사하고 있다. ≪총, 균, 쇠≫, ≪문명의 붕괴≫, ≪어제까지의 세계≫, ≪대변동≫ 등의 저작으로 한국의 독자와 꾸준히 만나고 있다.

에필로그

GOGUMA

누구나 마음속에 품고 있는 오래된 질문들이 있을 터. 나 또한 마찬가지. 같은 시절을 살아가고 있는 다양한 분들과 함께 그 질문들을 꺼내 묻고 답해보는 공간이 있으면 어떨까. ≪매거진 G≫가 그런 장이 되기를. 마음속의 질문과 답변이 차곡차곡 채워지고 동시에 죽 비워져 가기를. 이제부터는 독자의 시간. 나도 오늘부터는 독자.

Who?

"이렇게 해도 될까?" "이렇게 해도 돼요?" 창간호 작업 내내 따라붙었던 질문이다. 이제, 독자 여러분에게 던진다. "이런 잡지 어때요?"

SB

너무 익숙해서 외려 대답하기 까다로운 질문들이 있다. 누구나 꼭 한 번은 마주하게 되는, 보편적이지만 정답은 없는 질문들. 묻고 묻는 과정 자체가 의미 있는 질문들. 그중 하나인 '나란 무엇인가'를 필자 스물한 분과 함께 고민해보고, 그 결과를 모아 잡지 한 권으로 묶었다. 익숙하던 질문이 낯설어지는 경험. 생각이 고양되고 확장되는 느낌. 이제 더 많은 분과 나누고 싶다.

herenow

코로나로 세상이 바뀌었다. 변화의 방향과 속도를 알 수 없다. Zoom과 마스크 너머로 소통하며 물었다. 이러한 변화의 때에 무엇을 함께 나눌 것인가? 무언가 대상을 찾아 파고들다 보면, 어떤 형태로든 결국 그 추구하는 자를 직면하기 마련이다. ≪매거진 G≫는 그 묻는 자, 혼란스러워하는 자를 맨 처음 살펴보았다. "나는 무엇인가?" 수많은 '나'가 다양한 갈래로 이 질문을 되비친다. 대상을 가리키던 손가락을, 찾는 그 자신에게 문득 되돌리는 순간. 그 Zero(0)에서 ≪매거진 G≫는 시작한다. '나는 누구인가'와 '나는 무엇인가'의 미묘한 차이에도 한번 주목해보시기를.

tok

하루를 마치고 털썩 소파에 주저앉는다. 티브이를 켤까 스마트폰을 열까 잠시 고민하다가 잡지를 집어 든다. 풀썩 먼지가 일 정도로 고루한 질문을, 전혀 새로운 형식에 담아낸 잡지라는 소문이 있었는데, 실물을 보니 과연 그러하다. 어지간히 자유로운 영혼이 아니라면 감당하기 어려울 정도의 파격적인 디자인에 졸음이 달아난다. 시시해 보이는 짧은 기사부터 몇 꼭지 읽다 잠들 요량으로 페이지를 죽 넘겨보는데, 정말 잘 읽힌다. 내 독서의 호흡이 이렇게 길었던가. 인문정신 같은 근사한 말은 찾아볼 수 없지만, 정신이 고양되는 듯하다. 절반 넘게 읽다가 시간을 확인하고 잡지를 덮는다. 내일 아침 출근길에 마저 읽어야지 나람 무엇인가, 짚물을 가방에 쑤셔 넣고 이불 속으로 기어든다.

이미지 출처

| Cover | 1~17 | 18~35 | 36~47 | 48~61 | 62~79 | 80~97 |

Cover
3dwarehouse.sketchup.
com

Page 9
shutterstock.com
enews.imbc.com

Page 11
Player Unknown's
Battlegrounds

Page 13
shutterstock.com

Page 17–18, 21–22
pixabay.com

Page 27
pixabay.com
Trnio 3D Scanner

Page 30–31, 33, 36
Wikipedia (Santa Trinita
Maestà, Cimabue's
Celebrated Madonna)

Page 38
ⓒ Die Photographische
Sammlung/SK Stiftung
Kultur – August Sander
Archiv, Cologne SACK,
Seoul

Page 44
shutterstock.com

Page 47
Waga Jabal Kyonshik
(신견식)

Page 48–49, 51, 53, 55, 57, 59
이우재

Page 66–67, 70–71, 74–75, 78–79, 81
오정택

Page 82–83
3dwarehouse.sketchup.
com

Page 87
강봉균

Page 90–91
shutterstock.com

317

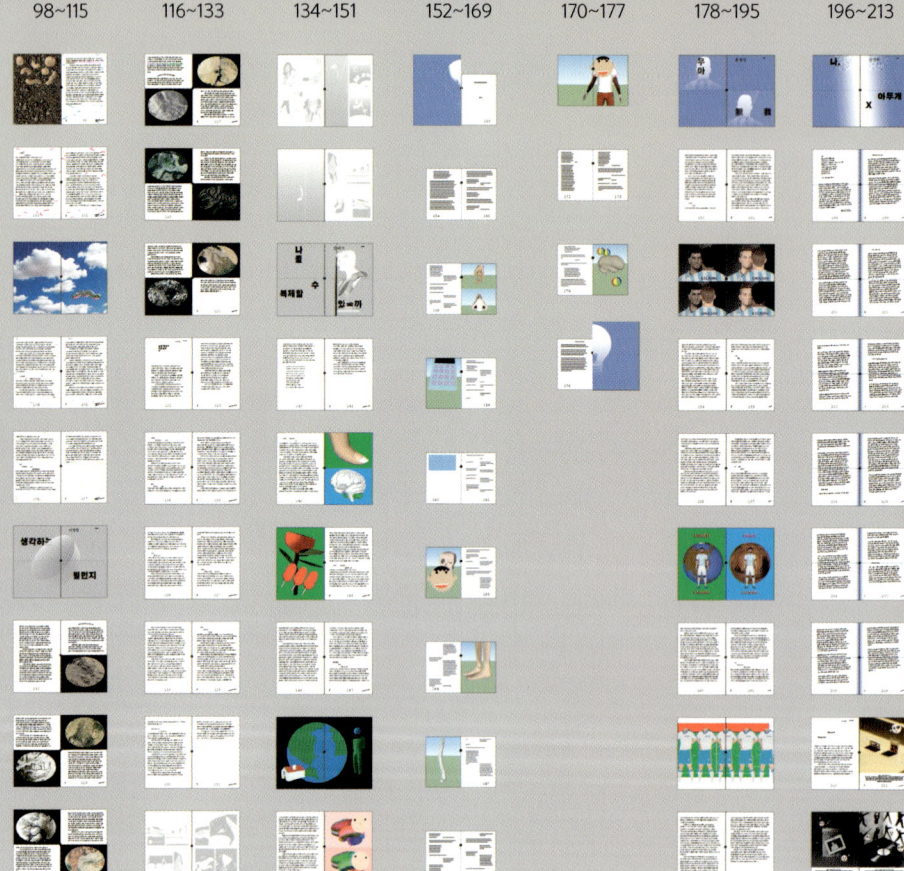

Page 98, 102~103
freestocktextures.com

Page 108~109
3dwarehouse.sketchup.com

Page 111~121
nasa.gov

Page 132~137
정우열(OLDDOG)

Page 139
Trnio 3D Scanner

Page 143~144, 148~149, 151~152, 157~158, 160, 162, 165~166, 170~171, 175, 177
3dwarehouse.sketchup.com

Page 178~179, 182~183
Winning Eleven

Page 188~189
Winning Eleven
3dwarehouse.sketchup.com

Page 192~193
Winning Eleven

Page 211~220
김정인(a)

Page 222–225
김정인(a)

Page 238–249
오정택

Page 250–251
Apple iOS 13.3 Emoji

Page 253
Instagram
@socrates_t0day

Page 254
Google maps

Page 262
Google maps
Instagram
@ken_wilber_virtual

Page 274–275, 278–281
pixabay.com

Page 282, 284
Grayoval

Page 290–301
네이버 책문화 대담
생중계 캡처

Page 303–313
이리치

Page 320–324
김정인(a)

319

케이팝 / 비대면

"만날 수 없어 만나고 싶은데 / 그런 슬픈 기분인걸". 애니메이션 ‹카드캡터 체리› 오프닝 곡 ‹Catch You Catch Me›는 이런 가사로 시작한다. '그런 슬픈 기분'이 대체 무슨 기분인지 알 수 없는 채로 20년을 보내고 이제야 깨달았다. 그 슬픈 기분은 바로 대(大)코로나 시대를 맞이한 케이팝 팬들의 기분이었다. 뛰어난 전파력으로 전 인류를 얼음 상태로 만든 새로운 바이러스 확산에 가장 위험한 매개체가 인간이라는 것이 밝혀진 후, 사람은 사람을 금지당했다. 상상도 못한 갑작스러운 조치에 직접적인 타격을 받은 건 주로 먹고사는 것과 상관없다 여겨지는 분야들이었다. 사람에게 사랑받고 사람을 모아야 사는 문화예술 공연계도 그 가운데 하나였다. 특히 최근 수년 사이 더 깊은 유대감과 좁혀진 거리로 더 많은 국가의 더 많은 팬을 경쟁적으로 불러모으던 케이팝계는 계획하던 거의 모든 것을 멈춰야만 했다.

그러나 당황한 것도 잠시, 케이팝은 특유의 놀라운 응용력과 탄성으로 위기를 기회로 돌파해나가기 시작했다. 앨범 구매자 가운데 추첨을 통해 아티스트와 직접 만날 기회를 제공하는 팬 사인회는 영상통화 이벤트로 대체되었다. 방송국 주도로 전 세계를 돌며 개최되던 케이팝 콘서트, 시상식은 모두 온라인으로 열렸다. 공연장을 가득 채운 함성 대신 팬들의 얼굴을 띄운 수십 개의 모니터가 무대 뒤편에 배치되었다. 가장 곤란했던 건 월드투어가 가능한 규모의 팬덤을 보유한 가수들이었다. 2018~2019년 월드투어로 총 206만 명의 관객을 동원한 방탄소년단은 2020년 역대 최고급 규모를 예상한 스타디움 투어를 취소하고 지난 6월 온라인 콘서트 ‹방방콘›을 열었다. '네이버 브이라이브', '씨즌' 등 온라인 송출이 가능한 채널과 손을 잡고 열리는 온라인 콘서트, 팬미팅이 줄을 이었다. 업계를 대표하는 기획사인 SM과 JYP엔터테인먼트는 함께 손을 잡고 온라인 콘서트 전문 회사 비욘드라이브코퍼레이션(BLC)을 설립했다.

지금 그 누구보다 빠르게 현실에 적응하고 있는 케이팝의 남겨진 과제는 잠깐의 위기 모면이 아닌, 이미 온몸으로 케이팝을 즐기는 '맛'을 본 팬들을 비대면 콘텐츠로 어떻게 설득해나갈 것이냐다. 언젠가 다시 만날 수 있는 그날까지, 케이팝의 도전에는 끝이 없다.

김윤하, 대중음악평론가

브랜드 / '나'

"좋은 콘텐츠를 만나는 것은 행운이라고 생각해요." 어느 날 지인이 해준 말이었다. 살면서 우리는 좋은 콘텐츠를 몇 개나 만나게 될까? 콘텐츠를 찾고자 했을 때 좋은 콘텐츠가 눈앞에 떡하니 나타나는 일이 지인의 말처럼 정말 행운이라면, 나는 운이 무척 좋은 편이다. 야근에 지쳐 쓰러져 잠들기 전 찾아본 유튜브에서 '이수근 레전드 영상'을 보며 아무 생각 없이 웃으며 하루의 노곤함을 날리기도 했고, 무거운 몸을 겨우 끌고 찾아간 헬스장에서 '운동할 때 듣는 신나는 음악'에 저절로 몸이 움직여지는 경험을 하기도 했다. 친구가 파타고니아 창업자의 «파도가 칠 때는 서핑을»을 읽고 자기 인스타그램 계정에 올린 책 리뷰는 내가 사는 이 지구에서 내가 할 수 있는 최소한의 일은 무엇인지 생각하게끔 했다. 이렇게 보면 결국 언제 어디서든 중요한 것은 '나' 자신이다. 좋은 콘텐츠란 지금 나에게 의미 있는 콘텐츠일 것이므로.

좋은 브랜드도 마찬가지 아닐까. 우리가 우연히 접한 브랜드의 팬이 되는 이유는 보통 그것이 '나'를 위한 브랜드처럼 느껴져서다. 특히 내가 지향하거나 실천하고 싶은 가치를 대신 소리 높여 말해주고 또 나의 삶에 깊이 관여해올 때, 우리는 해당 브랜드를 내 삶의 한 부분으로 여기며 사랑하게 된다. 즉 우리는 내 삶에 도움이 될 만한 콘텐츠에 귀 기울이고, 그러한 브랜드가 제공하는 콘텐츠를 적극적으로 소비한다.

예를 들어 나이키는 2018년에 인종 차별에 반대한 콜린 캐퍼닉을 광고 모델로 내세운 후 지금까지 흑인, 성소수자, 여성 등의 인권 문제를 광고 캠페인을 통해 꾸준히 이야기하고 있다. 페트병으로 가방을 만드는 '플리츠마마'나 비건 화장품 '멜릭서'의 제품을 사는 사람은 자신의 소비가 환경에 조금이라도 도움이 되길 바란다. ‹놀면 뭐하니›의 '싹쓰리'나 '모베러웍스' 등 요즘 브랜드들은 소셜 채널을 통해 소비자와 함께 브랜드를 만들어나간다. 곡 선정, 제품 이름, 행사 장소까지. 이제는 소비자 참여 없이 브랜드가 만들어지지 않는 느낌마저 든다.

범대중적 브랜드가 되기보다는 나와 비슷한 가치관과 취향을 가진 사람들끼리 작은 브랜드를 만들어나가는 것이 더 각광받는 시대다. 앞으로는 작은 단위의 '나'라는 브랜드들을 중심으로 다양한 브랜드들이 비슷한 알고리즘으로 묶일 것이다. 그중 더욱더 좋은 콘텐츠로 목소리를 내는 브랜드에 강력한 팔로어들이 생길 것이며, 그렇게 '브랜드의 힘'은 함께 커질 것이다. 다양한 단위의 브랜드들이 책임감을 갖고 개개인에게 의미 있고 '좋은 콘텐츠'를 제공해야만 하는 까닭이 여기 있다. '나'부터 좋은 콘텐츠 프로바이더가 되어야 하는 이유이기도 하다.

이승희, 마케터

게임 / 복고

많은 사람들이 디지털게임을 '애들이나 하는 것'으로 생각한다. 그런 생각을 하는 것 자체가 이제는 옛날 사람임을 방증한다. 현재 국내 디지털게임 매출에 가장 크게 기여하는 연령대는 40대다. 10대 이용자의 영향력은 대체로 50대 이상 이용자의 영향력에도 미치지 못한다. ⟨스트리트 파이터 2⟩, ⟨스타크래프트⟩, ⟨바람의 나라⟩로 이어진 디지털게임 전성기에 게임 문법의 기초를 닦은 이들이 지금의 40대 전후 세대다. '게임은 애들이나 하던 시대'에 '애들'이었던 이들이 이제 중장년층이 된 것이다.

지금의 중장년층은 전 연령대 중 가장 많은 인구수를 자랑하기도 한다. 이후 세대에 닥친 인구 감소 현상 때문이다. 달리 말해, 지금 중장년층은 대중문화 콘텐츠에서 가장 큰 구매력을 발휘할 수 있는 소비자 집단이자 취향 집단이라고 할 수 있다. '복고'는 바로 이들 세대가 이끄는 소비 현상을 일컫는다.

게임에서의 복고는 '가장 많은 인구수, 가장 큰 구매력'이라는 표현이 확 와 닿을 정도의 결과를 보여준다. 현재 모바일 앱스토어에서 매출 1위와 2위를 기록 중인 게임은 ⟨리니지2M⟩과 ⟨리니지M⟩이다. 1990년대부터 2000년대까지를 휘어잡았던 온라인게임 ⟨리니지⟩의 리메이크다. 그 뒤를 잇는 ⟨바람의 나라⟩, ⟨카트라이더 러쉬플러스⟩ 또한 21세기 초반을 휘어잡았던 게임들의 리메이크다. ⟨피구왕통키 M⟩이나 ⟨슬램덩크 모바일⟩ 등은 아예 1990년대 텔레비전 애니메이션의 장면들을 보여주면서 30~40대의 추억을 정통으로 두드린다.

복고는 그래서 단순히 취향이나 유행의 순환에 불과한 것이 아니다. 복고는 가장 많은 인구수를 자랑하는 연령대가 소비자 집단으로 힘을 발휘하고, 제작자는 그 시장에 맞추어 콘텐츠를 만드는 현상의 단면을 상징한다. 게임 이름만 보면 지금의 인기 게임 순위 차트가 20년 전 차트와 다르지 않다는 사실은 일견 희극이지만, 인구 절벽 시대가 만들어낸 시장 취향 왜곡의 결과일 수 있다는 점에선 콘텐츠 업계의 비극이기도 하다. 일인당 구매력에서도, 전체 집단 모수에서도 밀리는 10~20대를 위한 국산 게임의 제작과 유통이 멈춰버렸다는 점이, 오히려 지금의 복고에서 우리가 눈여겨봐야 할 현실일지 모르겠다.

이경혁, 게임평론가

웹툰 / 지금 여기

다 망했다. 2020년의 가장 쓸모없는 물건은 바로 여권이다. 야구장에서 마시는 맥주도, 휴가철의 여유로움도 없다. 최근 유행하는 웹툰의 주인공들은 망한 삶에서 쉽게 탈출한다. ‹전지적 독자 시점›에서는 세계 자체가 붕괴하면서, ‹금수저›에서는 부모를 바꾸면서 인생을 리셋한다. 주인공이 현실을 과감하게 내던지는 작품들은 나의 현실을 잠시 잊게 해준다. 삶은 취소할 수 없지만, 작품 속에선 얼마든지 새로운 삶을 대신 경험할 수 있으니까. 하지만 우리는 지금 밖으로 나갈 수 없다.

웹툰은 '나'와 같을 수 없는 삶을 이야기하고, '여기'와 완전히 분리된 상상의 세계를 대리 체험하게 해준다. 그러나 다 망할 순 없다. 내 삶은 현실에 붙들려 있다. 현실에 발을 붙이고 살 수밖에 없는 나는 웹툰에서 반드시 빠져나와야만 한다. 쪼그라든 세계에서, 그럼에도 살아가는 사람들의 이야기는 없을까. ‹지역의 사생활99›는 이런 고민을 담고 있다. 수도권이 아닌 지역을 기반으로 한 작가들이 만화를 만들고, 군산에 위치한 출판사에서 책으로 엮어낸 아홉 권이 하나의 프로젝트로 탄생했다. 부산, 광주, 대구 등의 광역시부터 고성, 담양, 단양, 충주, 공주, 군산에 이르기까지 전국 각지의 도시들을 테마로 한 작품을 볼 수 있다. 마음만 먹으면 갈 수 있는 곳, 왠지 정말로 일어났을 것 같은 이야기. 삶의 경계에 매달린 환상의 세계가 아니라 현실의 풍경이 살아 있는 만화. 읽는 방식도 그렇다. 즉시 어디서나 읽을 수 있는 웹툰과 달리 ‹지역의 사생활99› 펀딩에 참여하지 못한 독자들은 11월에 발매될 책을 기다려야만 한다.

삶에서 호쾌하게 빠져나가는 지금의 웹툰들과 달리 ‹지역의 사생활99›는 '지금', '여기'를 완전히 떠나지 못한다. 책에 담긴 내용도 마찬가지다. 광안리 해수욕장에서 인어를 만나도, 군산 해망굴에서 도깨비를 만나고 광주 시내를 용과 함께 여행하더라도 다시 지금 여기로 돌아와야만 한다. 올해는 망했지만, 다 던져버리고 떠날 수 없는 우리처럼.

이재민, 웹툰평론가

입맛 / 망고 맛

살림의 주체인 엄마들이 주로 사던 과일을 20~30대 젊은 층이 직접 구매한다. 특정 품종은 사전 예약을 받아 출시되기도 전에 품절된다. 이는 과일이 이미지 중심의 소셜 네트워크에서 이색 음료, 디저트와 함께 '인스타그래머블'한 식재료로 인기를 끌며 파생된 결과다. 1~2인 가구를 위한 소포장 제품이 등장하고 이를 온라인으로 구매할 수 있게 되자 이러한 소비 트렌드는 가속됐다. 덕분에 봄이면 인스타그램 피드가 딸기로 붉게 물드는가 하면, 여름이면 복숭아색으로 도배된다.

특히 최근에는 과일별로 신품종이 빛의 속도로 쏟아진다. 다들 남보다 빨리 신품종을 맛보고 사진 찍어 올리는 데 혈안이다. 포도 중에서는 알이 크고 당도가 높으며 씨가 없는 '샤인머스캣'이, 복숭아 중에서는 맛은 백도에 가까우나 털이 없어 먹기 편한 천도복숭아 '신비'와 한때 유럽 여행자들의 특권으로 여겨진 납작 복숭아의 한국판인 '대극천'이 장안의 화제를 모았다. 토마토에 천연 감미료 스테비아를 첨가한 '스테비아토마토'는 유명 스타일리스트가 다이어트 성공 비결로 깜짝 소개하며 지난봄부터 연일 품귀 현상을 낳고 있다.

그런데 언제부턴가 새로 출시하여 맛을 알 길 없는 신품종의 풍미를 묘사하기 위해 생산자와 유통사들이 '망고 맛'이라는 표현을 즐겨 쓰기 시작했다. 우리가 언제부터 망고 맛을 알았다고 그 많은 토종 과일들을 제치고 망고가 과일 맛의 기준으로 등극했는지 의아하다. 실제로 2018년 한국농촌경제연구원이 '한국인이 좋아하는 과일'을 조사한 바에 따르면 여전히 사과가 전체 1위를 차지했지만, 30대 미만의 청년 세대들은 망고와 딸기를 가장 선호하는 것으로 나타났다. 어려서부터 망고를 먹어온 지금의 Z세대들은 과일 하면 크리미하면서 신맛보다 단맛이 두드러지는 망고를 자연스럽게 떠올리는 듯싶다.

여전히 비싸고 보관과 손질이 어려운 망고를 생과일로 얼마나 즐기는지는 알 수 없다. 하지만 망고 과육과 향을 활용한 다양한 식음료가 개발되며 망고는 한반도에서 어느덧 보편적인 과일 맛으로 자리매김했다. 실제로 샤인머스캣은 '망고맛 포도', 그린황도와 백천황도는 '망고맛 복숭아', 스테비아토마토는 '망고맛 토마토', 블랙보스는 '망고맛 수박'이라는 수식어와 함께 Z세대 사이에서 큰 사랑을 받고 있다. 이들 과일 모두 부드러운 단맛이 신맛을 감싸는 것이 진짜 첫입에 망고를 떠올리게 한다.

오랫동안 우리는 과일은 자고로 신맛과 단맛이 조화를 이루는 가운데 물이 많고 싱그러운 향이 나야 한다고 여겨왔다. 어떤 면에서는 오늘날 과일들이 단맛 그리고 크리미하며 녹진한 식감에 치중된 채 개발되는 점이 아쉽다. 하지만 입맛은 시대에 따라 자연적으로 변화하는 것이니 이러한 흐름 또한 지켜볼 일이다. 당분간 망고의 인기가 식지 않는 한 과일들은 망고를 연상시키는 방향으로 개량되고 개발될 것이다.

이주연, 푸드칼럼니스트

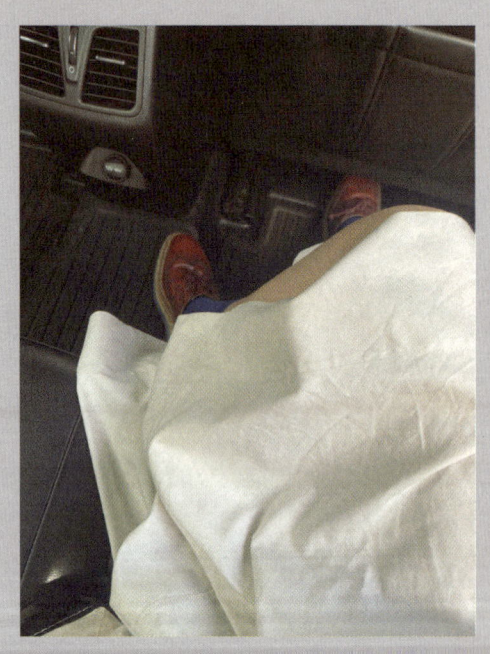

여행 / 작은 여행

코로나19 이후 여행은 어떤 모습으로 변화하고 있을까? 최근에는 제한된 이동 거리 내에서 로컬 콘텐츠를 소비하는 이른바 '작은 여행'이 주목받고 있다. 밀레니얼 세대는 여행을 자신의 세계관을 표현하고 취향을 드러내는 자기표현의 도구로 활용해왔다. 작은 여행은 해외여행에 비해 자기표현을 좀더 손쉽게, 자주 할 수 있다는 이점이 있다.

    작은 여행이 활성화되는 세상에서는 소비자도 '동네 전문가', 즉 생산자의 역할을 할 수 있다. 최근에는 이러한 특징을 반영한 '진짜 서울'이라는 플랫폼도 등장했다. 이 플랫폼에서는 누구든 '서울 크리에이터'가 되어 테마별로 장소를 모으고 안내자의 역할을 할 수 있다.

    코로나19 이후 재택근무가 일상화되고 일상과 일의 경계가 점차 흐릿해지면서, 도시에 거주하다가 지역으로 이주하여 로컬 콘텐츠를 창업으로 연결한 '로컬 크리에이터' 또한 새삼 주목받고 있다. 이들이 개발한 장소나 유무형의 콘텐츠는 과거의 명소 위주 관광보다 밀레니얼의 문화 코드에 훨씬 잘 맞는다. 남해의 '돌창고 프로젝트'는 도시의 젊은이들이 지역 문화 인프라를 구축하며 경제활동을 이어가는 로컬 크리에이터 프로젝트다. 버려진 돌창고를 아름답게 재단장한 공간에서 카페와 도자기 체험 공방 등을 운영, 젊은 여행자들의 발길을 이끌고 있다.

최근에는 로컬 여행에서 소비자가 불편해하는 점을 해결해주는 '강릉 프리미엄 버스 감성여행'(마이리얼트립)과 같은 여행 상품도 탄생하고 있다. 20대 뚜벅이 여행자를 위한 당일 버스 여행으로, 운전으로 돌아보기 힘든 로컬 맥주 브루어리 투어를 할 수 있다. 여러 인원이 다인승 버스로 함께 이동하지만, 여행의 시간은 각자 보낸다.

    작은 여행은 밀레니얼의 커뮤니티 지향성과도 맞아 떨어진다. 밀레니얼은 삶을 풍부하게 해주는 선택지를 다양하게 갖길 희망한다. 정보와 네트워크를 필요로 하고, 본인의 가치관이나 라이프스타일과 맞닿은 장소 혹은 사람들과의 만남에서 깊고 몰입된 경험을 하려는 성향이 강하다. 작은 여행은 해외여행에 비해 정보 및 인적 네트워크 접근성이 좋고, 비용 부담도 덜하다.

    코로나19는 해외여행 열풍에 가려져 있던 국내 여행의 위기이자 새로운 기회다. 지금은 '인스타 스폿' 등 여행자의 시선을 경쟁적으로 잡아끌기 위한 국내 여행 콘텐츠가 소셜미디어에 즐비하지만, 현명한 소비자들은 양질의 경험으로 삶의 질을 높여주는 경험 생산자를 곧 가려낼 것이다. 로컬을 중심으로 한 작은 여행의 태동은, 이제부터가 진짜 시작이다.

김다영, 《여행의 미래》 작가

유튜브 / 무경계

아지랑이와 함께 찾아왔던 코로나19가 여전히 우리 곁을 떠나지 않았다. 찬바람까지 더하며 집에서 유튜브를 보는 시간이 자연스럽게 늘었다. 그사이 '깡'은 저물고 '가짜'가 왔다. 전자의 흥행이 우연에 가까웠다면 후자는 철저한 기획의 산물이다. 단순히 댓글을 이용한 놀이에 기대지 않고 채널과 장르의 경계를 직접 허물었다.

유튜버 여섯 명이 해군 특수전전단(UDT/SEAL) 교육을 받는다는 웹예능 ‹가짜사나이›는 강도 높은 훈련 장면을 사실적이고 담백하게 펼쳐냈다. 나약한 교육생과 엄격한 교관 사이의 갈등, 이따금 나오는 고뇌와 인간적인 모습에 시즌 2까지 제작됐다. 지금은 여러 논란으로 얼룩졌지만, "이러니까 지상파가 망하지"라는 인터넷 반응을 이끌어내며 새로운 유튜브 시대를 알렸다.

‹가짜사나이›의 성공은 컬래버레이션의 힘이다. 각자의 서사를 가진 유튜미들이 한데 뭉쳐 새로운 이야기를 써 내려갔다. 어벤져스를 위시한 "마블 유니버스"처럼 캐릭터 쇼가 펼쳐진다. '뼈 군인' 이근 전 대위와 한국어를 욕부터 배운 크로아티아 출신 게임 유튜버 가비의 만남은 그 자체가 웃음이다. 유튜버 각자가 개성과 전문성을 무기로 경쟁하던 기존 성공 등식과는 다른 모습이다.

이미 대형화한 유튜버들은 적극적으로 경계를 허물고 있다. 매주 최소 2~3개의 영상을 유지해야 한다는 콘텐츠 압박감에 서로의 존재를 애타게 갈구한다. 100만 명 넘는 구독자를 보유한 요리·게임 유튜버 승우아빠는 "같이 한 끼"라는 코너를 만들어 적극적으로 유튜버를 섭외한다. "생존을 위해서 새로운 케미를 만든다"는 논리다.

경계는 계속 모호해진다. 채널뿐만 아니라 플랫폼 차원에서도 활발하다. 방송과 신문 등 레거시 미디어는 이미 유튜브의 탈을 썼다. 유튜브도 이런 상황이 싫지만은 않다. 콘텐츠의 양적, 질적 상승으로 돈이 된다. ‹가짜사나이›로 스타덤에 오른 이근 대위의 추락은 그래서 더 극적이고 상징적이다.

이른바 '꾼'들의 등장으로 유튜브의 1인 미디어로서의 성격은 점점 희미해져 가는지도 모른다. 하지만 그럴수록 '날것'의 냄새가 나는 콘텐츠는 힘을 갖는다, 유튜버 진용진은 유재석을 만나서도 직접 광고한 치킨을 먹는지 물어보고, 밥굽남은 성시경을 불러 산적처럼 먹는 법을 알려준다. 유튜버와 합방한 연예인이 '성덕'임을 자처하는 시대다.

이동우, «머니투데이» 기자

책 / '드러눕고 싶다'

얼마 전 트위터에서 화제가 되었다며 돌아다니는 트윗을 보았다. 일본의 한 편집자가 한국 서점에 왔다가 매대에 놓인 책들을 찍어 올린 사진이었는데, 거기에는 이런 코멘트가 곁들여 있었다. "한국 서점의 에세이 코너. 모두 자고 있다."

실제로 사진 속 책들의 표지는 모두 캐릭터가 누워 있는 형태의 일러스트로 꾸며져 있었다. 그렇게 모아 두고 보니 묘한 공통점이 느껴졌다. 트윗 작성자의 말처럼 '모두 자고 있'는 것 같기도 했다. 가슴 한편에 어딘가 드러눕고 싶은 욕망을 간직한 사람이라면 무심결에 집어 들어 잠깐이라도 펼쳐볼 가능성이 충분할 만큼.

많은 사람들이 책을 딱딱하거나 어려운 것, 혹은 지적 허영을 위한 장식품이나 인테리어 용품처럼 실생활과는 상당히 괴리가 있는 아이템으로 여기곤 하지만, 책은 사실 생각보다 우리와 가까운 거리에 있다. 의식하지 못할 때가 많지만 사람들은 아무런 이유 없이 책을 읽지 않는다. 무언가를 알고 싶을 때, 혹은 무언가 원하는 바가 있을 때 책을 집어 든다.

그런고로 책은 사람들의 욕망을 그대로 담아내는 경우가 많다. 더군다나 평소에 책을 거의 읽지 않는 사람들조차 구매하게 만든다는 소위 '베스트셀러'는 대중 욕망의 집약체라고 보아도 무관하다. 그러므로 시대의 흐름을 놓치고 싶지 않은 사람이라면 반드시 사람들이 어떤 책을 읽고 무슨 책에 흥미를 보이는지를 살펴야 한다. 설사 일일이 읽지는 못하더라도.

하여간 에세이 코너의 표지를 보아하건대 요즘 사람들의 최대 관심사 중 하나는 아마도 어딘가에 '눕는' 것인 듯하다. 그만큼 지쳐 있다는 의미일 텐데, 더 이상은 '노력'도 '자기계발'도, 심지어 '힐링'조차 할 수 없을 만큼 무기력하고 우울한 이들이 많다는 방증이 아닐는지.

한승혜, 《제가 한번 읽어보겠습니다》 작가

웹소설 / 지식

〈전지적 독자 시점〉이라는 웹소설이 있다. 해당 분야의 누적 판매 기록을 갱신할 만큼 큰 사랑과 호응을 받았던 작품이다. 소설의 주인공은 '김독자'라는 이름의 회사원이다. 그는 이름과 어울리게도 작품 속에 등장하는 어떤 소설을 읽는 재미에 기대어서 하루하루의 일상을 버텨나간다. '멸망하는 세계에서 살아남는 세 가지 방법'이라는 표제를 가진 그 소설은 설정의 과잉과 방대한 세계관 때문에 점차 구독자를 잃어갔고, 김독자가 클릭하는 '조회수 1'의 힘에 기대어 겨우 명맥을 이어간다. 긴 소설의 완결이 다가와 실의와 회한에 잠겨 있을 때쯤, 김독자는 퇴근길 지하철에서 익숙한 이야기의 시작과 다시 마주한다. 도깨비가 나타나고 사람들이 죽어가는 비현실적인 그 장면은 김독자가 수없이 읽었던 소설의 첫 장면이었다. 현실과 허구가 겹쳐지는 기이한 세계 속에서 김독자는 등장인물들과 교류하며 자신의 이야기를 새로이 써나간다.

이 작품에는 독특한 메타적 시선과 함께 웹소설에서 흔히 사용되는 여러 장르적 클리셰들이 공존해 있다. 그중 최근 작품들에서 전반적으로 발견되는 흥미로운 키워드 하나를 꼽아본다면, '지식'이라는 요소를 언급할 수 있을 듯하다. "전지적 독자 시점"라는 이름에 걸맞게 주인공 김독자는 자신만이 알고 있는 소설의 내용과 정보의 우위를 이용하여, 마치 작가와 독자의 자리를 뒤바꾼 것처럼 이야기를 주도해나간다. 이는 환생, 회귀, 전생 등 이전 생의 지식을 유지한 채 다른 세계 속으로 개입하는 설정의 소설들에서 공통적으로 엿보이는 모습이기도 하다.

고등 교육과 문화의 축적으로 젊은 세대의 평균적인 지식은 상당히 높은 수준에 이르렀으나, 현실에서 그것은 커다란 비교 우위를 가지기 어렵다. 하지만 이세계(異世界)에서는 주인공이 지닌 사소한 지식들이 굉장히 희귀한 것으로 여겨지거나 그곳의 판도를 뒤바꿔 놓는 특별한 능력이 되기도 한다. 최근 많은 웹소설에서 발견되는 이 같은 앎의 우위는 익숙한 장르적 쾌감을 선사할 뿐만 아니라, 근대적 제도를 통한 지식의 축적으로는 더 이상 아무것도 보장되지 않는 시대의 불안과 욕망을 슬며시 되비추고 있는 것만 같다.

조대한, 문학평론가

예능 / 집

어릴 적 내가 살던 집을 떠올린다. 커다란 호박꽃이 피어 있던 옥상 화단에는 할머니가 앉아 쉬고 있고, 천장에 야광별이 촘촘히 박혀 있던 작은 방엔 어린 동생이 누워 있다. 나는 얼른 그 집을 머릿속에서 허물고 스물다섯에 처음 혼자 구한 집을 다시 생각한다. 볕이 하나도 들지 않는 지층 가장 깊숙한 골방에 누워 누수가 생긴 천장에다 앞으로 살고 싶은 공간을 그리는 나를 본다. 집은 내가 가진 모든 정서들을 환기한다. 떠올릴 때마다 아련한 행복도, 영원히 숨기고 싶은 어둠도.

20년 전만 하더라도 누군가의 집을 통째로 보여주는 것은 방송에서 보기 드문 일이었고, 집을 소재로 한 첫 번째 예능이라고 봐도 무방할 ‹러브하우스›마저 ‘집’보다는 의뢰인의 스토리에 집중하게끔 유도하는 방송이었다. 사람들의 사적인 시간에 부쩍 관심이 커진 요즘의 텔레비전 예능은, 격리된 삶 속에서 희망을 보여주는 매개로 '집'을 선택한다. 집을 구하는 실용적인 팁과 깐깐한 비교로 의뢰인에게 최적의 매물을 찾아주는 ‹구해줘 홈즈›, 실제로 살아갈 수는 없지만 누구나 한 번쯤 생각했던 상상 속 집을 만들어주는 ‹나의 판타집›, '정리'만으로 내 집의 원래 기능을 회복시켜 주는 ‹신박한 정리›까지. 이들은 편안함과 안전함이라는 집의 제 기능을 중추로 삼고 다양한 기획을 덧입힌다. 거기에 더해 ‹나 혼자 산다›, ‹집사부일체›, ‹온앤오프›와 같은 일상 예능 역시 출연자가 사는 집을 중심으로 인물을 보여주는 구성을 취하고 있으니, 이제 텔레비전에서 '집'이란 그 자체로 가장 중요한 아이템이 되었다고 해도 무방하다.

누군가는 ‹나 혼자 산다›의 유아인의 집을 보며 자신의 방과 견주고, ‹구해줘 홈즈›에 등장한 가평의 전원주택과 강남 한복판에 지어진 협소주택의 가격을 비교하며 이 방송의 흥행은 부동산과 집에 관한 한국인의 욕망을 적나라하게 보여주는 광기의 현상이라 과격하게 말하기도 한다. 텔레비전 예능은 곧잘 자신을 '풍속도'라 자처하며 정확한 좌표 찍기를 주저한다. 결국 보는 사람이 알아내야만 하는 이 '집' 방송의 목적지는 부의 축적을 위한 비대한 욕망과 그저 내 한 몸 안전하고 편히 누울 공간에 대한 작은 욕망이 쉴 새 없이 교차하는 어지럽고 모호한 세상 한가운데다. 그 속에서 나는 흩어진 조각들을 모아 '모든 사람에겐 집이 필요하고, 누구나 그곳에서 안전과 편안함을 보장받아야 한다'라는 메시지를 읽고 다시 나누려 할 뿐이다.

복길, «아무튼, 예능» 작가

신조어 / 알잘딱깔센

대학생 잡지 «대학내일»을 거쳐 트렌드 미디어 캐릿에서 일하는 동안 7년이라는 시간이 흘렀다. 매주 '요즘 사람'(«90년생이 온다»의 그 '90년생' 혹은 밀레니얼)이라 불리는 친구들을 적어도 열 명 이상씩 인터뷰한다. 그들과 이야기한 내용을 정리해 콘텐츠로 만드는 일이 나의 업이다. 그중 몇 명과는 (정말 고맙게도) 친구가 되어 일이 끝난 이후에도 편하게 만나고 있다.

나의 이십 대 친구 중 대부분은 일하며 만난 사이이기 때문에, 이십 대가 어떤 태도로 일을 대하는지 눈으로 보고 배웠다. 일하는 이십 대를 요즘 말로 요약하면 '알잘딱깔센'이다. '알아서 잘, 딱 깔끔하고 센스 있게'의 줄임말이다. 실제로 경력이 전혀 없는데도 '알잘딱깔센'하게 일하는 친구들이 많아서 매번 감탄한다.

재밌는 점은 또래끼리 소통할 때도 '알잘딱깔센'한 태도를 요구한다는 거다. 얼마 전에 요즘 친구들 사이에서 인기 있다는 ‹어몽 어스›라는 게임을 경험 삼아 해본 적이 있는데(유행이라면 뭐든 직접 해보는 것! 직업병이다), 사회만큼이나 냉혹한 분위기에 놀랐다. 한 유저가 "저 처음이라서 잘 모름"이라고 말하자 모두가 한마음으로 그를 비난했다. "모르면 유튜브로 공부하고 나서 들어오지", "민폐 오지네. 파랑(캐릭터 색) 때문에 노잼 됐잖아." 험악한 분위기가 신입사원의 실수를 발견한 사무실 공기와 닮아서 괜히 숨이 막혔다. 모른다고 해서, 처음이라고 해서 기꺼이 사정을 봐줄 이가 없다는 걸 다들 이런 식으로 배웠던 거구나.

'알잘딱깔센'이라는 유행어를 처음 알게 됐을 때 가장 먼저 생각난 사람은 1년 동안 함께 일했던 '지원' 씨였다. 당시 스물셋, 생에 첫 인턴 생활을 하던 지원 씨는 누구보다 센스 있는 동료였다. 지원 씨가 작업한 파일에는 항상 내가 요청한 일 이상의 것이 들어 있었는데, 어느 날은 인터뷰 녹음 파일을 풀어달라고 부탁했더니 깔끔하게 정리된 녹취록과 함께 '특별 부록(!)'을 보내주었다. "이건 인터뷰 끝나고 현장 정리하면서 ○○님이랑 스몰 토크하신 내용인데요. 녹음은 안 되었지만 내용이 좋아서 혹시나 필요하실까봐 첨부했어요." 도대체 이런 센스는 어디서 배운 거냐고, 사회생활 처음인 거 맞냐고 호들갑을 떠는 내게 지원 씨는 작게 웃으며 답했다. "다들 바쁘시니까요. 왠지 알아서 잘해야 할 것 같아서 인터넷에서 이것저것 찾아봤어요."

'알잘딱깔센'한 후배를 편애한 나의 태도가, 초보를 견디지 못하는 우리의 조바심이, 안 그래도 버거운 밀레니얼의 생존에 또 다른 과제를 얹어주고 있는 건 아닐까. 모르는 게 생기면 사람이 아니라 유튜브에 묻는 '알잘딱깔센'한 이십 대가 나는 참 애틋하다.

김혜원, 캐릿 에디터

요즘것들의

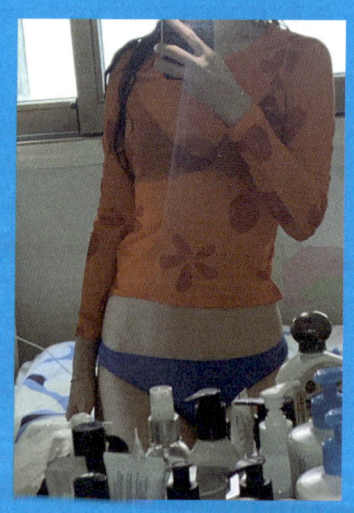

의식주호好락樂

김혜원, 캐릿 에디터
복길, «아무튼, 예능» 작가
조대한, 문학평론가
한승혜, «제가 한번 읽어보겠습니다» 작가
이동우, «머니투데이» 기자
김다영, «여행의 미래» 작가
이주연, 푸드칼럼니스트
이재민, 웹툰평론가
이경혁, 게임평론가
이승희, 마케터
김윤하, 대중음악평론가

사진
김민지

요즘것들의

의식주호好락樂

«매거진 G»는 김영사의 지식교양잡지입니다.

경계를 넘어선 지식, 통찰과 영감을 주는 교양을 지향합니다.
당면한 관심사를 오래된 지혜와 최신 이론으로 접근하여
자유로운 상상력과 디자인으로 표현합니다.

다양한 시선, 깊이 있는 지식, 새로운 형식이 공존합니다.
문학, 역사, 철학, 심리, 사회, 과학, 종교, 공학 등
각 분야의 작가와 연구자가 참여합니다.
에세이, 소설, 그래픽, 팝아트 등
통찰력을 전하는 다양한 기법을 사용합니다.
이 시대를 만들어가는 영 크리에이터들의
생각과 글이 함께합니다.

누구나 꼭 한 번은 마주하는,
가장 보편적이고도 필요한 질문들을
오늘의 독자와 함께 탐구합니다.

Exploring humanity's longstanding questions from today's perspective

MAGAZINE

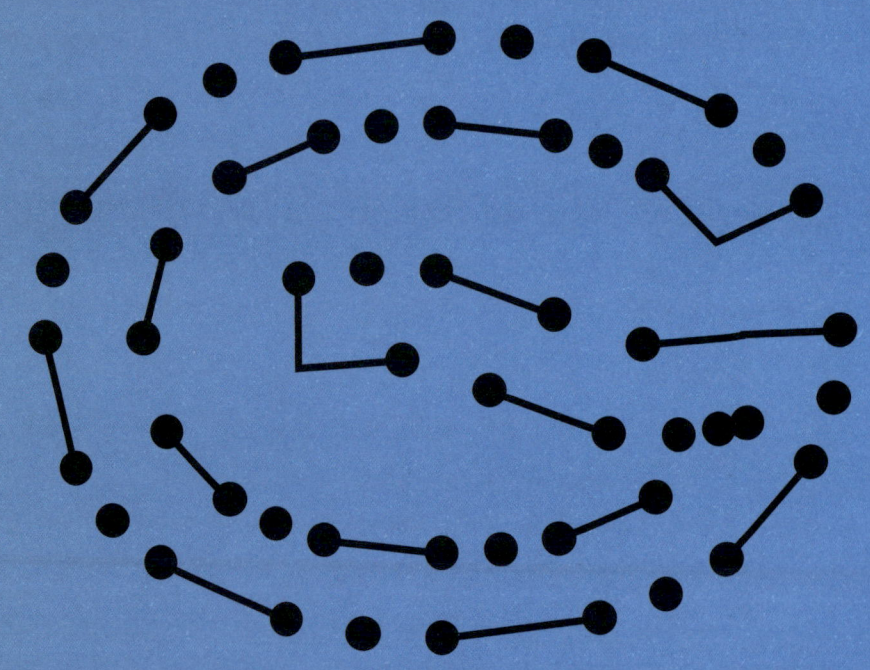

Good & General question

나란 무엇인가?

ISSUE 1